U0943489

2018 年度国家社会科学基金项目青年项目（项目编号：18CFX017）
2022 年成都市哲学社会科学“雏鹰计划”优秀成果出版项目（项目编号：CY004）

国家级开发区、新区之国家机关的组织法治研究

邹　奕——著

图书在版编目（CIP）数据

国家级开发区、新区之国家机关的组织法治研究 / 邹奕著. -- 北京 : 当代中国出版社, 2024. 2
ISBN 978-7-5154-1325-9

Ⅰ. ①国… Ⅱ. ①邹… Ⅲ. ①开发区—国家行政机关—组织法—研究—中国 Ⅳ. ①D922. 104

中国国家版本馆 CIP 数据核字(2024)第 035374 号

出 版 人　王　茵
责任编辑　邓颖君　彭世帆
责任校对　贾云华　康　莹
印刷监制　刘艳平
封面设计　鲁　娟
出版发行　当代中国出版社
地　　址　北京市地安门西大街旌勇里 8 号
网　　址　http://www. ddzg. net
邮政编码　100009
编 辑 部　(010)66572156
市 场 部　(010)66572281　66572157
印　　刷　中国电影出版社印刷厂
开　　本　710 毫米×1000 毫米　1/16
印　　张　18 印张　2 插页　250 千字
版　　次　2024 年 2 月第 1 版
印　　次　2024 年 2 月第 1 次印刷
定　　价　78. 00 元

序

从2007年攻读硕士学位至今，本书的作者邹奕副教授一直致力于宪法学、行政法学的研习，取得了比较丰硕的学术成果。2014年，他入职四川大学法学院，在宪法行政法教研室从事宪法学、行政法学的教学、科研工作。作为一名青年学者，作者对学术专注真诚；作为一名年轻同事，他对人谦逊友善。在写作本书的过程之中，作者曾数次与我讨论，就有关内容同我深入交流。我乐于与他分享我的研究心得，并且邀请他参与理论界、实务界的相关研讨、论证活动，譬如关于《四川省开发区管理条例（修订草案）》的立法论证会。

作者主持了2018年度国家社科基金青年项目和2022年成都市哲社“雏鹰计划”优秀成果出版项目。以前一个项目为依托并且受后一个项目资助，他以三年多的时间完成了本书。诚如本书的前言、导论所述，其选题——“国家级开发区、新区（简称‘两区’）之国家机关的组织法治”，属于宪法学、行政法学的共有领域，既涉及宪法学的地方国家机关理论，也涉及行政法学的行政组织法理论。我一直从事行政法学研究，长期关注“两区”的行政法治实践。自20世纪80年代至今，“两区”管理机构陆续设立并且持续运行，此种实践带来了一系列组织法议题，亟待深入全面的理论研判。本书的理论视域不仅限于“两区”的管理机构，还及于“两区”的其他四类国家机关。在我看来,“两区”全部五类国家机关的组织实践均有待于合法性检视。希望本书对于“两区”国家机关的组织法理论和实践皆能有所助益。当前,类似于“两区”,部分省级开发区、新区以及部分自由贸易区等其他类型的功能区也都设有包括管理机构在内的各类国家机关。由此观之,本书或许还可以为其他功能区的组织法治提供镜鉴。

我很高兴见证该书的付梓,特此向作者表示祝贺。

是为序。

徐继敏

2023 年 7 月 23 日

于成都

目　录

图表目录

前 言

作为我国产生较早、规格较高、影响较大、数量较多的两类功能区，国家级开发区和国家级新区（合称“两区”）均由国务院批准设立，具有确定的区域界限、承担社会经济发展、科学技术创新、重点区域开发等任务并且实行特定的国家优惠政策。“两区”在法律上均不具备行政区域（简称“行政区”）的属性和地位。尽管如此，随着“两区”的发展，一系列“两区”国家机关陆续设立并且持续运行。这些特殊的地方国家机关主要分为五类：其一为人民代表大会常务委员会的工作机构（简称“人大工作机构”），属于国家权力机关系统；其二为管理机构，属于国家行政机关系统；其三为监察机构，属于国家监察机关系统；其四为人民法院（简称“法院”），属于国家审判机关系统；其五为人民检察院（简称“检察院”），属于国家检察机关系统。[①] 其中，“两区”管理机构是其中最为普遍、最有影响、最具争议的一类国家机关。“两区”国家机关的出现和存续提出了一系列组织法议题，主要表现为四个方面：其一是设立依据和基本定性；其二是人员组成和产生方式；其三是机构设置和权力配置；其四是撤销、合并机制。本书围绕这些议题展开研讨，分为导论和正文五个章节。

---

① 本书中关于国家机关的名称，如无特别说明，均采用简称。

导论旨在交代研究背景、界定研究对象、阐释研究意义、介绍研究现状、设定研究方法、研究框架。本书的研究对象即“两区”国家机关的组织法治。截至2018年,我国共有573个国家级开发区和19个国家级新区。所谓“两区”的“国家机关”系指与“两区”对应的,于“两区”设立和运行的行使国家权力、管理国家事务、承担国家任务并且属于地方国家机关系统的专门组织。“组织法治”主要系指特定组织实践符合相关组织法规范——尤其是《宪法》、组织法律中相关组织法规范的状态。研究“两区”国家机关的组织法治具有一定的实践意义和理论意义,一方面有利于提升“两区”治理的法治化水平并且提高组织法规范本身的科学性,另一方面有助于推动组织法理论接受实践检验、回应现实争议、关照实务需求。就我国国内的总体研究情况而言,多个学科对于该论题均有所关注,而法学学科的相关研究仍有待于拓展和深化。另外,既有研究在对象上存在一定程度的失衡:第一,相对于国家级开发区国家机关,国家级新区国家机关受到的关注偏少;第二,较之于“两区”管理机构,“两区”其他国家机关受到的关注不足;第三,相较于“两区”国家机关的设立依据、权力配置,“两区”国家机关的其他组织法议题受到的关注有限。本书采用的研究方法包括:规范研究、实证研究、比较研究、案例研究,其中前二者是主要的研究方法。

第一章旨在考察“两区”国家机关的组织法现状。本章一方面试图考察中央立法之中的相关组织法规范。这一类组织法规范数量较少,中央统一立法的模式尚未形成。就规范对象而言,现行《宪法》和法律均未直接涉及“两区”及其国家机关;行政法规、国务院其他规范性文件和部门规章基本上仅限于规范“两区”管理机构的组织事项;中央立法对国家级开发区国家机关的规范程度明显高于对国家级新区国家机关的规范程度。就规范内容而言,相关组织法规范主要涉及“两区”国家机关的设立依据、基本定性和权力配置,对于其他方面涉及有限。本章另一方面试图考察地方立法之中的相关组织法规范。这一类组织法规范数量相对较多,可见于地方性法规、地方政府规章以及下位法,地方分散立法的模式已经基本形成。从规范对象来看,相关的地方性法规、地方政府规章以及具有同等法律效力的决定对于“两区”管理机构的组织事项有所规范,至于“两区”其他国家机关的组织事项，主要由其他地方立法予以规定。从规范内容来看，相关的组织法规范较之于中央层面的同类规范更加具体和系统。但从法治统一和依法立法的维度来说，地方层面的组织法规范必须符合中央立法，尤其是《宪法》和组织法律的顶层设计，也不得侵入中央立法的专有调整领域。

第二章旨在检视“两区”国家机关的设立依据和基本定性。在“两区”的五类国家机关之中，“两区”监察机构、检察院具备比较充分的设立依据，二者得以设立的主要依据分别为《监察法》第 12 条和《人民检察院组织法》第 16 条。但是，“两区”人大工作机构、管理机构、法院的设立依据均不够充分。如果可以适度修改《地方各级人民代表大会和地方各级人民政府组织法》（简称《地方组织法》）第 59 条、第 85 条和《人民法院组织法》第 24 条，前两个条文有可能分别充当“两区”人大工作机构、管理机构的设立依据，后一个条文以及《人民法院组织法》第 3 条有可能充当“两区”法院的设立依据。此外，由于《宪法》第 95 条第 2 款、第 124 条第 4 款、第 129 条第 3 款、第 135 条第 3 款分别授权法律规定地方人民代表大会（简称“人大”）及地方人民政府（简称“政府”）、监察委员会（简称“监委”）、法院、检察院的组织事项，组织法律作为“两区”国家机关的设立依据具备宪法基础。根据相关的组织法律，“两区”监察机构即为地方监委在“两区”派出的监察机构，“两区”检察院即为地方检察院在“两区”设立的派出机构。如果可以适度修改相关组织法，“两区”人大工作机构可被定性为地方人大常务委员会（简称“人大常委会”）在“两区”设立的工作机构，“两区”法院可定性为不按行政区设立的基层法院、中级法院，但不可定性为专门法院。至于“两区”管理机构究竟是地方政府的派出机关抑或派出机构，相关立法的定性存在明显出入。将其定性为“公务法人”则过于理想，不甚符合实际情况，缺乏充分的可行性。若能经由修法被定性为派出机关，“两区”管理机构在一般意义上就具有行政主体的身份以及行政复议被申请人、行政诉讼被告的资格。不过，此种立法策略存在较高的制度成本，并非长远之计。

第三章旨在厘定“两区”国家机关的人员组成和产生方式。这些组织法事项目前缺乏统一、具体的组织法规范。不同于一般地方国家机关,“两区”国家机关无法由同级人大产生。但是,若能通过解释、修改组织法规范对“两区”国家机关进行适当定位,其人员组成、产生方式基本上可以厘定。“两区”人大工作机构的一般组织形态为地方人大常委会的工作委员会,其可由一名主任和若干名副主任、委员组成。这些组成人员可由上一级地方人大常委会任命。“两区”管理机构的组成人员一般应仅限于其正副职领导人员,不宜包括其工作机构的正职领导人员以及其他工作人员。这些组成人员可由上一级地方政府任命。“两区”监察机构的一般组织形态为地方监委的工作委员会,其可由一名主任和若干名副主任、委员组成。这些组成人员可由上一级监委任命。“两区”法院、检察院在人员组成上与一般地方法院、检察院一致。但不同于后者,“两区”法院、检察院的审判人员、检察人员应当主要由上一级人大常委会任命。另外,“两区”检察院检察长需由上一级检察院检察长提名。考虑到进行权力监督和保证工作效率的需要,某一类“两区”国家机关的组成人员既不宜担任其他类型的“两区”国家机关的职务,也不宜担任其他类型的一般国家机关的职务。

第四章旨在分析“两区”国家机关的权力配置以及“两区”管理机构的机构设置。“两区”人大工作机构的职权可以参照市辖区、不设区的市人大常委会街道工作机构的职权进行设定,相对于设立它们的地方人大常委会的职权,这些职权都是事务性、从属性的。“两区”管理机构的职权在实践中主要源自权力机关的赋权以及行政机关的授权和委托。从目前的立法实践来看,权力机关赋权的主要载体是省地两级地方性法规,以开发区条例为典型;行政机关授权的主要形式是行政层级较高的地方政府向“两区”管理机构下放行政职权。但严格地说,这些组织实践并不符合《宪法》《立法法》《地方组织法》等法律的制度安排。相比之下,行政机关委托具有较大的法律空间。“两区”监察机构的具体职权范围不甚明确,相关组织法规范需要依据组织实践的发展予以限定。对于这些监察机构,地方监委可以进行一定限度的授权。倘若“两区”法院、检察院被定性为地方法院、检察院,它们与一般地方法院、地方检察院在职权上并无二致,前者的受案范围并无特别限定。毋庸置疑,“两区”国家机关在属地管辖范围上对一般地方国家机关构成了挤压和限缩,存在合宪性、合法性困境。在实务中,“两区”管理机构的下属行政组织包括:管理机构的工作机构、上级政府部门派出机构、垂直行政管理机构、下辖园区管理机构。管理机构本身可以设置第一、四类组织,但基于精简机构的宪法、法律原则,这两类组织的数量不宜过多。而上级政府部门在“两区”设立派出机构则应当依循相关的组织法规范。

第五章旨在探究“两区”国家机关的撤销、合并机制。从长远来看,撤销、合并“两区”国家机关在合法性、合理性层面都具有必要性。撤销“两区”国家机关存在充分条件。“两区”的撤销或者相关行政区的设立在逻辑上必然导致“两区”管理机构的撤销。“两区”国家机关的合并通常是指其并入特定的一般地方国家机关——仅限于“一府两院”,形成“一个机构、一套班子(一套人马)、两块牌子”的组织样态。此种合并存在必要条件。只有当“两区”与行政区合并时,二者的国家机关方才有可能实现合并。当前在一些地区进行的“区政合一”管理体制改革即为典型实践。考虑到实定法对于“两区”国家机关的撤销主体鲜有明文规定,以下方案可供参考:如果特定“两区”国家机关具有法定的设立主体,宜将其认定为撤销主体,否则,应将有权监督其设立的一般国家机关认定为撤销主体。有权决定“两区”国家机关之合并与撤销的主体应当基本相同,但有权决定合并的主体还应当包括与“两区”管理机构、法院和检察院合并之“一府两院”的同级人大常委会。基于合理性的考量,“两区”国家机关的撤销、合并主体本身就应当可以直接启动撤销、合并程序。较之于这些国家机关的撤销,它们的合并在实施程序上具有特殊性:原“两区”国家机关的工作人员通常可以转隶到与之合并的一般地方国家机关,如若前者有意担任后者的组成人员,则需由后者的同级人大及其常委会依法进行选任。

导　论

作为中国改革开放的产物,“两区”分别出现于 1984 年和 1992 年,前者是侧重于工业和科技的产业园区,后者是在功能上更具综合性的大城市区。作为产生较早、规格较高、影响较大、数量较多的两类功能区,[①]“两区”得到了国家优惠政策的支持,它们的建设对于推动我国的现代化、城镇化、国际化功效显著。就法律性质而言,除了极少数特例以外,[②]它们显然有别于行政区,在宪法秩序之下和组织法框架当中并不当然具有地方国家机关的建制。[③] 然而,随着“两区”的发展,与其配套的一系列国家机关陆续得以设立。从类别来看,它们主要包括:人大工作机构、管理机构、监察机构、法院、检察院。“两区”国家机关的出现和存续在理论上和实践中提出了有待于回应的一系列组织法议题。

---

① 由我国国务院和地方人民政府主导成立的功能区种类繁多,早于“两区”设立的代表性功能区有经济特区,晚于其设立的代表性功能区有自由贸易试验区。此外,在层级上低于国家级开发区的省级开发区、低于国家级新区的省级新区也属于功能区的范畴。

② 这些特例基本上仅限于上海浦东新区和天津滨海新区这两个国家级新区。

③ 需要注意的是,也有少数学者认为:包括开发区在内的经济特区属于广义的行政区范畴,但不是狭义的行政区,即不是《宪法》所规定的行政区,在这类区域里不存在一级国家机关。参见田穗生、罗辉、曾伟:《中国行政区划概论》,北京大学出版社 2005 年版,第 221 页。但这种论说在一定程度上模糊了功能区与行政区之规范含义的界限。

第一节　研究对象

正如题名所示，本书的研究对象即为国家级开发区、国家级新区之国家机关的组织法治。具体而言，本书旨在分析有关“两区”国家机关之组织法治的现状并且探究完善该组织法治的进路。这里有必要对其中的几个重要概念加以界定。

一、“国家级开发区”和“国家级新区”

我国现行的中央立法尚未专门对“两区”进行界定。不仅如此，国务院有关部门均未在法律意义上就“两区”提供权威定义。这些部门包括但不限于：在业务上归口管理国家级经济技术开发区[①]（简称“经开区”）的商务部和原国务院经济体制改革办公室；在业务上归口管理国家级高新技术产业开发区[②]（简称“高新区”）的科学技术部；在业务上归口管理国家级新区的国家发展和改革委员会。

值得注意的是，一些以“开发区条例”命名的地方性法规明确界定了“开发区”的含义。例如，《河南省开发区条例》第2条第2款规定：“本条例所称开发区，是指按规定批准设立的，有明确的地域界限，具备相应的基础设施，实行国家和省赋予的优惠政策，相对独立的经济区域。”又如，《辽宁省开发区条例》第2条第2款规定：“本条例所称开发区，是指由国务院和省人民政府批准设立，为实现特定发展目标和方向，具有明确管辖边界和管理范围，享受特殊政策的区域。”不过，上述两个条例所界定的“开发区”并不限于国家级开发区，还包括省级开发区。

目前，部分学术论著在规范意义上对于“两区”的概念有所论及，但

---

① 也被称为“国家经济技术开发区”。
② 也被称为“国家高新技术产业开发区”。

尚未形成学界公认的权威定义。[①] 总体而言,既有论著对国家级新区的规范界定明显多于对国家级开发区的规范界定。[②] 由于我国的开发区分为国家级、省级等层次,[③]相关专著更倾向于从整体上界定所有“开发区”。[④] 另外,对国家级经济技术开发区和国家级高新技术产业开发区的直接定义也可见于少数专著。[⑤] 由于国家级经开区和国家级高新区系最主要的两类国家级开发区,相关论著对此二者的界定在某种意义上也可以说是对国家级开发区的不完全界定。总的来看,较之于国家级新区的学理定义,国家级开发区的学理定义更具规范意味。比较有代表性的定义如:“国家级开发区是指经由国务院批准设立的,以相关行政区、特殊功能区为基础,承担国家重大发展和改革开放战略任务的国家级综合功能区。”[⑥]以此为基础并参考其他学理定义,本书权且将国家级开发区界定

---

① 尝试界定“两区”之规范含义的期刊论文数量有限,而且不具有代表性。此外,笔者在两篇硕士学位论文中发现了有关“国家级开发区”和“国家级新区”的定义,但这些定义并不成熟。详见丁勤:《国家级开发区纪检监察机构履行监督责任的困境与对策——以G开发区为例》,江西师范大学2020年硕士学位论文,第4页;杨谊:《国家级新区行政权力的合理化配置研究》,西南政法大学2015年硕士学位论文,第1页。

② “国家级新区”的定义可见:曹云:《国家级新区比较研究》,社会科学文献出版社2014年版,第10页;盛毅、方茜、魏良益:《国家级新区建设与产业发展》,人民出版社2016年版,第42页;国家发展和改革委员会编:《国家级新区发展报告2019》,中国计划出版社2019年版,序言,第1页;卢山冰、黄孟芳主编,王昕、王欢副主编:《国家级新区研究报告(2019)》,社会科学文献出版社2019年版,第5页。

③ 1993年4月28日发布的《国务院关于严格审批和认真清理各类开发区的通知》规定:“设立各类开发区,实行国务院和省、自治区、直辖市人民政府两级审批制度。省、自治区、直辖市以下各级人民政府不得审批设立各类开发区。”根据这一要求,设区的市级、县级、乡级人民政府均不得设立开发区。从这个意义上说,我国的开发区只有国家级和省级这两个层次。但实际上,其他层次的开发区依然存在,其数量还比较可观。

④ 详见鲍克:《中国开发区研究》,人民出版社2002年版,第3页;闫国庆等:《开发区治理》,中国社会科学出版社2006年版,第12页;阎川:《开发区蔓延反思及控制》,中国建筑工业出版社2008年版,第12页;郑国:《开发区发展与城市空间重构》,中国建筑工业出版社2010年版,第1页;黄建洪:《中国开发区治理与地方政府体制改革研究》,广东人民出版社2014年版,第2页。但这些学理定义主要是基于公共管理学、制度经济学、城市规划学的角度而提出的,其中一些定义不限于中国语境,不宜直接作为中国法上的定义。

⑤ 详见叶飞文:《中国经济区比较》,社会科学文献出版社2010年版,第547页;张艳、赵民:《中国国家级开发区的实践及转型——政策研究的视角》,同济大学出版社2019年版,第7页;武常岐等:《国家高新技术产业开发区政策与管理》,科学出版社2020年版,第1页。

⑥ 卢山冰、黄孟芳主编,王昕、王欢副主编:《国家级新区研究报告(2019)》,社会科学文献出版社2019年版,第5页。

如下：由国务院批准设立并且由国务院有关部门审核公告的，具有明确区域界限的，[①]承担特定国家开发任务并且实行国家特定优惠政策[②]和特殊管理体制的，以“开发区”命名的专门性功能区。相应地，国家级新区则可以界定为：由国务院批准设立的，具有明确区域界限的，承担特定国家发展任务并且实行国家特定优惠政策和特殊管理体制的，以“新区”命名的综合性功能区。[③] “两区”被部分实务界、理论界人士定位为经济区、产业区、政策区。但“功能区”的定位明显更为普遍，本书予以采用。国家级开发区与国家级新区的定义主要有两个差异：其一，前者特别强调了“由国务院有关部门审核公告”，这是因为，不同于新区，开发区在数量上明显更多，而且经历了全面的清理整顿，因此，形形色色的所谓“开发区”必须经过国务院有关部门的审核方才得以认定为国家级开发区；其二，前者使用了“专门性功能区”而非“综合性功能区”的表述，这是因为国家级开发区较之于国家级新区偏重于某一方面的社会经济功能。考虑到“两区”都涉及数量繁多、灵活多变的国家政策，[④]上述两个定义均偏重于法律形式而非政策内容。

虽然“两区”在我国现行的实定法上一直缺乏严格的概念界定，但其具体范围已由国务院及其有关部门划定。

首先来看国家级开发区。2000 年前后，我国曾历经“开发区热”，各

---

① 自然资源部、住房和城乡建设部根据《中国开发区审核公告目录（2018 年版）》公告了国家级开发区四至范围。详见《国家级开发区四至范围公告目录（2018 年版）》（自然资源部 2018 年第 15 号公告公布）载自然资源部门户网站。该目录列明了所有 552 个国家级开发区的“国务院批复面积”和“开发区四至范围”。

② 有学者认为国家级新区享有特殊的“先行先试权”，其指出：“这些权力通过中央政府发文方式或者正式国家级新区发展规划方式进行赋予，与此同时，省级政府在承接中央和授权国家级新区所在地的地方政府的过程中，则以更为细致的规划和新区实施建议方式实现。”详见黄建洪：《中国经济特区治理改革与地方政府管理体制创新研究》，人民出版社 2018 年版，第 200 页。

③ 需要说明的是，少数功能区在成为国家级开发区时以“开发区”命名，发展到一定程度后则以“新区”自称。但从国务院归口管理部门的认定来看，它们依然是国家级开发区而非国家级新区。最典型的实例包括更名为“苏州新区”的“苏州高新技术产业开发区”，更名为“无锡新区”的“无锡高新技术产业开发区”以及更名为“常州新区”的“常州高新技术产业开发区”。

④ “两区”的具体配套政策部分可见于一系列行政规范性文件。这些规范性文件的效力位阶通常较低，但也有例外，例如 1986 年发布的《国务院关于鼓励外商投资的规定》和国务院 1991 年批准发布的《国家高新技术产业开发区税收政策的规定》，二者均具有行政法规的效力，前者的第 8 条和后者分别规定了在国家级经开区、国家级高新区实行的具体的税收优惠政策。

地各级各类开发区的数量激增，违规审批设立开发区的现象比较普遍。有鉴于此，国务院办公厅于 2003 年 7 月发布了《关于暂停审批各类开发区的紧急通知》。此后，国务院有关部门根据清理整顿开发区的有关法规和政策性文件，对全国的开发区进行清理整顿并且开展设立审核。2007 年 3 月 27 日，经国务院同意，国家发展和改革委员会、原国土资源部、原建设部发布了《中国开发区审核公告目录(2006 年版)》。该目录显示，全国共有 222 个国家级开发区以及 1346 个省级开发区，前者包括 49 个经开区、53 个高新区、15 个保税区、58 个出口加工区、14 个边境经济合作区、33 个其他类型开发区。① 而在 2010 年之后，考虑到开发区的发展变化，经国务院同意，有关部门会同各地区进行了开发区审核工作，于 2018 年 2 月 26 日发布了《中国开发区审核公告目录(2018 年版)》，这是迄今为止的最新版本。根据该目录，全国共有 552 个国家级开发区以及 1991 个省级开发区，前者包括经开区、高新区、海关特殊监管区域、边境/跨境经济合作区、其他类型开发区等五个类型，分布于我国内地所有的省、自治区、直辖市。自该目录发布至今，国家级开发区的数量又有增加。根据笔者基于“北大法宝”的统计，从 2018 年 2 月至 2023 年 6 月，共有 21 个省级开发区先后升级为国家级开发区，它们在类型上均属于高新区。由于升级时间比较晚近，这些国家级开发区未由《中国开发区审核公告目录(2018 年)》列出。各类型国家级开发区的数量及占比见表导-1、表导-2。

表导-1 各类型的国家级开发区数量及占比(2023 年)[1]

类型	数量(个)	占比(%)	类型	数量(个)	占比(%)
经济技术开发区	219	38.22%	高新技术产业开发区	177	30.89%
海关特殊监管区域	135	23.56%	边境/跨境经济合作区	19	3.32%
其他类型开发区	23	4.01%	所有类型	573	/

注：[1]本表数据主要来源于《中国开发区审核公告目录(2018 年版)》(国家发展改革委、科技部、国土资源部、住房城乡建设部、商务部、海关总署 2018 年第 4 号公告公布)。此外，本表数据还包括该目录发布之后因国务院批复新增的 21 个国家级高新区。

① 《中国开发区审核公告目录(2006 年版)》(国家发展和改革委员会、国土资源部、建设部 2007 年第 18 号公告公布)，载中华人民共和国人民政府网。

表导-2 各省、自治区、直辖市内的国家级开发区数量及占比(2023年)[1]

省级行政区	国家级开发区数量(个)	占比(%)	省级行政区	国家级开发区数量(个)	占比(%)
北京市	3	0.52	天津市	12	2.09
河北省	15	2.62	山西省	7	1.22
内蒙古自治区	12	2.09	辽宁省	26	4.54
吉林省	14	2.44	黑龙江省	16	2.79
上海市	20	3.49	江苏省	67	11.69
浙江省	38	6.63	安徽省	24	4.19
福建省	30	5.24	江西省	23	4.01
山东省	38	6.63	河南省	21	3.66
湖北省	22	3.84	湖南省	22	3.84
广东省	32	5.58	广西壮族自治区	15	2.62
海南省	5	0.87	重庆市	10	1.75
四川省	18	3.14	贵州省	8	1.4
云南省	16	2.79	西藏自治区	2	0.35
陕西省	16	2.79	甘肃省	8	1.4
青海省	3	0.52	宁夏回族自治区	5	0.87
新疆维吾尔自治区	25	4.36	总计	573	100

注:[1]本表数据主要来源于《中国开发区审核公告目录(2018年版)》(国家发展改革委、科技部、国土资源部、住房城乡建设部、商务部、海关总署2018年第4号公告公布)。此外,本表数据还包括该目录发布之后因国务院批复新增的21个国家级高新区。

关于国家级开发区的具体范围,学界存在不尽相同的观点和主张。不过,既然国务院有关部门已经公布了两版《中国开发区审核公告目录》,本书予以依循,因而不再纠结于国家级开发区的具体范围问题。毕竟,国务院及其相关工作部门所制定的国家级开发区配套优惠政策,仅适应于该目录所列的"国家级开发区"。当然,2018年至今,国家级开发区的数量仍有变化,但如前所述,其数量比较有限。因此,本书所研究的国家级开发区基本上限于《中国开发区审核公告目录(2018年版)》所列。目前,国家级经开区、高新区是国家级开发区最主要的类型。其一,不同于其他类型的国家级开发区，二者早已在《中国开发区审核公告目录（2006年版）》中列出。其二，在《中国开发区审核公告目录(2018年版)》中，二者的数量最多，占比之和接近七成。另外，它们也是较为普遍地设立国家机关组织的两类国家级开发区。有鉴于此，本书所关注的国家级开发区主要是国家级经开区和国家级高新区。

再来看国家级新区。在我国的理论研究中，国家级新区有时亦被归入"国家级开发区"这一范畴之中。但严格地说，无论是根据现行的法律规范还是既有的制度实践，国家级新区均明显区别于国家级开发区，二者同属于当代中国的功能区体系。另外，近年来，省级、设区的市级①政府也批准设立了一定数量的"新区"，如重庆北部新区、成都市东部新区、遵义市南部新区。显然，它们在层次上低于国家级新区。以下是国家级新区的基本情况（见表导-3）。

表导-3　国家级新区的基本情况[1]

序号	名称	设立文件	设立时间	统筹区规划面积（平方公里）	统筹区人口（万人）[2]
1	上海浦东新区	《国务院关于上海市设立浦东新区的批复》（国函〔1992〕146号）	1992年10月11日	1210.41	555.02
2	天津滨海新区	《国务院关于推进天津滨海新区开发开放有关问题的意见》（国发〔2006〕20号）	2006年5月26日	2270	不详
3	重庆两江新区	《国务院关于同意设立重庆两江新区的批复》（国函〔2010〕36号）	2010年5月5日	1200	354（2018年7月）

① "设区的市级"即"地级"，前一种表述多见于法律实务中，后一种表述多见于法律规范中。考虑到"设区的市"是更加规范的法律概念，本书一般采用"设区的市级"这一表述。但是，为了表达的便捷，当本书合称省级与设区的市级国家机关或者立法时，也会使用"省地两级"这一表述。

续表

序号	名称	设立文件	设立时间	统筹区规划面积（平方公里）	统筹区人口（万人）
4	浙江舟山群岛新区	《国务院关于同意设立浙江舟山群岛新区的批复》（国函〔2011〕77号）	2011年6月30日	陆地1440，海域20800	117.3
5	兰州新区	《国务院关于同意设立兰州新区的批复》（国函〔2012〕104号）	2012年8月20日	806，2014年扩展为1744	30.01
6	广州南沙新区	《国务院关于广州南沙新区发展规划的批复》（国函〔2012〕128号）	2012年9月6日	803	75.15
7	陕西西咸新区	《国务院关于同意设立陕西西咸新区的批复》（国函〔2014〕2号）	2014年1月6日	882	100.5（2018年10月）
8	贵州贵安新区	《国务院关于同意设立贵州贵安新区的批复》（国函〔2014〕3号）	2014年1月6日	1795	100
9	青岛西海岸新区	《国务院关于同意设立青岛西海岸新区的批复》（国函〔2014〕71号）	2014年6月3日	陆地约2096，海域约5000	157.73
10	大连金普新区	《国务院关于同意设立大连会普新区的批复》（国函〔2014〕76号）	2014年6月23日	约2299	161
11	四川天府新区	《国务院关于同意设立四川天府新区的批复》（国函〔2014〕133号）	2014年10月2日	1578	320（成都片区）
12	湖南湘江新区	《国务院关于同意设立湖南湘江新区的批复》（国函〔2015〕66号）	2015年4月8日	490	不详
13	南京江北新区	《国务院关于同意设立南京江北新区的批复》（国函〔2015〕103号）	2015年6月27日	788（2451）	172.14（2016年）

续表

序号	名称	设立文件	设立时间	统筹区规划面积（平方公里）	统筹区人口（万人）
14	福州新区	《国务院关于同意设立福州新区的批复》(国函〔2015〕137号)	2015年8月30日	800(1892)	不详
15	云南滇中新区	《国务院关于同意设立云南滇中新区的批复》(国函〔2015〕141号)	2015年9月7日	约482	不详
16	哈尔滨新区	《国务院关于同意设立哈尔滨新区的批复》(国函〔2015〕217号)	2015年12月16日	493	98
17	长春新区	《国务院关于同意设立长春新区的批复》(国函〔2016〕31号)	2016年2月3日	499	不详
18	江西赣江新区	《国务院关于同意设立江西赣江新区的批复》(国函〔2016〕96号)	2016年6月6日	465	70.2(2017年)
19	河北雄安新区	《中共中央、国务院关于设立河北雄安新区的通知》	2017年4月1日	起步区约100,中期发展区200,远期控制区2000	104.71(2017年6月)

注:[1]本表信息主要来源于由其所示的一系列设立文件,笔者制作该表时参考的专著包括:国家发展和改革委员会编:《国家级新区发展报告2019》,中国计划出版社2019年版,第201—203页;卢山冰、黄孟芳主编,王昕、王欢副主编:《国家级新区研究报告(2019)》,社会科学文献出版社2019年版,第86—87页。

[2]除非有特别说明,该列所示的统筹区人口一般为2018年底的常住人口。

前文提到了"两区"在功能定位上的差异,正如有学者所提出的:"国家级开发区集中定位于经济功能","国家级新区则着眼于提升城市综合功能"。① 而除此之外,二者在产生时间、现存数量、经济体量、区域面积、行政级别等方面也都存在区别。其一,国家级开发区在总体的设立时间上早于国家级新区。大连经开区作为首个国家级经开区设立于1984

① 曹云:《国家级新区比较研究》,社会科学文献出版社2014年版,第18页。

年,北京市新技术产业开发试验区[①]作为首个国家级高新区设立于1988年。而上海浦东新区作为第一个国家级新区设立于1992年,天津滨海新区作为第二个国家级新区设立于2006年,其他国家级新区则都是在2010年以后陆续设立的。其二,国家级开发区在数量上远远多于国家级新区。如表导-2和表导-3所示,在全国范围内,国家级开发区达573个,国家级新区仅有19个。其三,国家级开发区就平均的经济体量和地域面积而言明显小于国家级新区,部分国家级新区在区域上覆盖了一个甚至数个国家级开发区。[②] 其四,国家级开发区在行政级别上通常低于国家级新区。前者的行政级别基本上都是在副局级以下,而后者的行政级别多数为正局级,少数为副部级。此外,某些国家级新区的设立是以某些国家级开发区的建设为基础的,前者与后者的管理机构往往存在领导关系或者指导关系。

尽管如此,本书依然坚持一并研究国家级开发区和国家级新区之国家机关的组织法治。一方面,诚如前文所述,在我国的功能区家族中,“两区”产生较早、规格较高、影响较大、数量较多,最受社会各界关注。另一方面,大多数国家级开发区——尤其是国家级经开区、高新区,与几乎所有的国家级新区都设有国家机关组织,这些机关组织存在基本相同的组织法议题。

二、“国家机关”

本书所称的“国家级开发区、新区之国家机关”系指与“两区”对应的、于“两区”设立和运行的行使国家权力、管理国家事务、承担国家任务并且归属地方国家机关系统的专门组织。

需要说明的是,本书初稿使用的概念是“政权机关”而非“国家机关”。[③] 此外,笔者也曾考虑采用“国家机构”这一概念。下文针对这三个概念的异同进行分析并且交代本书最终选择使用“国家机关”这一概念

① 该国家级高新区后来更名为“中关村科技园区”。

② 不论是以国家级新区的统筹区抑或直管区与国家级开发区加以比较,这一点都是可以成立的。

③ 另有“国家政权机关”的说法,但是该表述不够简洁,本书未予采用。

的因由。鉴于《宪法》[①]在我国的法律体系中具有最高的法律效力，其规范表述也相对严谨，下面笔者将考察现行《宪法》以及先前的《宪法》对于这三个概念的使用。

先来看“国家机关”与“国家机构”的区分。我国的前三部《宪法》——1954年、1975年、1978年，均有且仅有一次地使用了“国家机构”一语，而且，“国家机构”在这三部《宪法》中均为第二章的章名。现行《宪法》保留了这一章名，只是将原先的第二章改为第三章。论及这一概念，蔡定剑所著《宪法精解》将其界定为“全部国家机关的总称”。[②] 该书认为，“它同‘国家机关’含义的区别在于前者是指全部国家机关的集合体，后者是指某一具体的国家机关。”[③]从现行《宪法》的语言表述和体系结构来看，这种解读是中肯的。一些比较权威的通用、专业汉语辞典亦有类似的界定。《中国大百科全书·法学》的“国家机构”词条有如下表述：“统治阶级为了行使国家权力、实现国家职能而建立起来的国家机关的总称。”[④]《辞海》的“国家机构”词条则有如下表述：“国家机关的总体”。[⑤]现行《宪法》[⑥]的其他3处“国家机构”[⑦]也是都是在这个集合意义上使用的。值得一提的是，该《宪法》第3条第4款有“中央和地方的国家机构”的表述。这里的“地方的国家机构”应该是指所有地方国家机关的集合。

本书之所以选择“两区”国家机关这一表述，主要是考虑到这一类组织在地域上的高度离散性、在组织上的相互独立性、在类型上的复杂多元性。一者，它们管辖的区域通常并不接壤，在国土空间上呈现出明显的“割据”状态。二者，它们各自由不同的地方国家机关领导、指导、监督，而且通常互不统属，它们也不由某一个或者某一类中央国家机关统一

① 本书提及我国《宪法》和法律、行政法规的名称时均省略“中华人民共和国”这一国名。

② 王德祥、徐炳在解读1982年《宪法》第3条时也认为：“本条第1款中的国家机构是各种国家机关的总称。”见王德祥、徐炳：《〈中华人民共和国宪法〉注释》，群众出版社1984年版，第21页。

③ 蔡定剑：《宪法精解》(2版)，法律出版社2006年版，第293页。

④ 《中国大百科全书》总编辑委员会编：《中国大百科全书·法学》(修订本)，中国大百科全书出版社2005年版，第213页。

⑤ 陈至立主编：《辞海：缩印本》(7版)，上海辞书出版社2022年版，第794页。

⑥ 为了表述的便利，若无特别指明，“导论”对我国现行《宪法》具体条文的援引和统计均以2018年的《宪法》修正文本为准。

⑦ 现行《宪法》的“目录”中有1处“国家机构”，未计入。

领导。三者,类似于一般的国家机关,它们分为不同的类型,而其各自的法治现状差别甚大。综上,较之于“两区”国家机构,“两区”国家机关这一表述更加便于本书进行分门别类的精细化研究。还需要说明的是,所谓“两区”国家机关之“国家机关”一语是在广义上使用的,既包括在建制上独立于一般地方国家机关的组织,也包括一般地方国家机关的派出(派驻、分支)组织。

再来看“国家机关”与“政权机关”的区分。一些比较权威的通用、专业汉语辞典都将二者作为同义语。《中国大百科全书·法学》显示:“国家机关通常惯称政权机关。”[①]《现代汉语词典》则直接将“政权机关”等同于“国家机关”。[②] 而根据《辞海》,“国家机关”“亦称‘政权机关’。包括国家立法机关、行政机关、监察机关、审判机关、检察机关以及军队、警察、监狱等”。[③] 如此看来,本书使用“两区”政权机关亦无不可。不仅如此,从以下两点来看,这一概念较之于“两区”国家机关似乎更为可取。其一,这一类组织在诸多方面有别于一般的地方国家机关,毕竟,前者对应的是功能区而非行政区。采用“两区”政权机关可以强调此种特殊性。其二,这一类组织的出现和存续是否具有充分的法律依据不无疑问。采用“两区”政权机关可以在某种程度上表明理论商榷的立场。

尽管如此,本书最终依然选择了“两区”国家机关这一表述。就朴素的语感而言,相比之下,“政权机关”一词侧重于强调政治势力的现实存在,“国家机关”一词侧重于强调国家权力的合法存续。后者一般仅指政治建制派进行统治和管理的官方组织,前者在特定语境下还可以指政治反对派进行革命(叛乱)或者实行割据的非官方组织。由此观之,较之于“政权机关”,“国家机关”的法律意味较浓,政治意味较淡,用于表称由较高层级国家机关(批准)设立的、与“两区”配套的官方组织应该更加妥当。不仅如此,从在我国《宪法》和法律中的使用来看,“政权机关”远远不及“国家机关”。甚至可以说,前者目前并非严格的规范概念。这里仍

---

① 《中国大百科全书》总编辑委员会编:《中国大百科全书·法学》(修订本),中国大百科全书出版社2005年版,第213页。

② 中国社会科学院语言研究所词典编辑室编:《现代汉语词典》(第7版),商务印书馆2017年版,第1674页。

③ 陈至立主编:《辞海:缩印本》(7版),上海辞书出版社2022年版,第794页。

以《宪法》为例加以说明。我国的四部《宪法》均未曾使用“政权机关”一语,但它们都多次提及“国家机关”。“国家机关”一词在四部《宪法》中分别出现了 15 次、10 次、14 次和 14 次。值得一提的是,在曾经作为临时宪法的《中国人民政治协商会议共同纲领》(简称《共同纲领》)中,“国家机关”和“政权机关”分别出现了 3 次和 5 次,后者的使用频率更高,而且被用作第二章的章名。不过,从规范语境来看,《共同纲领》并未将“政权机关”与“国家机关”等量齐观,前者应该是后者的下位概念,仅指人民代表大会(简称“人大”)和人民政府(简称“政府”)。① 另外,“政权”一词在现行《宪法》出现了一次,系与“基层”联用,合称“基层政权”。从规范语境来看,所谓“基层政权”主要是指县级政府及其派出机关,或者同时涵盖了县级、乡级人大。可见,所谓“政权”的外延依然限定于人大和政府。综上,若从《共同纲领》和现行《宪法》的相关表述来看,“政权机关”在外延上小于“国家机关”,很有可能无法涵盖监察机关、检察机关、审判机关等国家机关。最后,在“国家机关”一语中的“国家”之后、“机关”之前插入限定语也比较方便,如此则可形成“国家某某机关”的语式,可以用于专指特定性质的国家机关。现行《宪法》不仅使用了“国家权力机关”“国家行政机关”的表述,也使用了“国家行政机关、监察机关、审判机关、检察机关”的表述。

在民政部认可的各类行政区中,地方国家机关的设置基本上如表导-4所示:

表导-4 各类行政区的地方国家机关设置简况[1]

行政区种类	行政区数量(个)	行政区级别	《宪法》有无规定	人大	政府	监察委员会	法院	检察院
省	23	省级	有	有	有	有	有	有
自治区	5	省级	有	有	有	有	有	有
直辖市	4	省级	有	有	有	有	有	有
自治州	30	设区的市级	有	有	有	有	有	有

① 本书做出这一判断的主要依据在于《共同纲领》第 12 条第 1 款的部分规定:“中华人民共和国的国家政权属于人民。人民行使国家政权的机关为各级人民代表大会和各级人民政府。……各级人民代表大会闭会期间,各级人民政府为行使各级政权的机关。”

续表

行政区种类	行政区数量(个)	行政区级别	《宪法》有无规定	人大	政府	监察委员会	法院	检察院
设区的市①	293	设区的市级	有	有	有	有	有	有
盟	3	设区的市级	无	无	无,有行政公署	有	有	有,称检察分院
地区	7	设区的市级	无	无	无,有行政公署	有	有	有,称检察分院
县	1335	县级	有	有	有	有	有	有
自治县	117	县级	有	有	有	有	有	有
市辖区	970	县级	有	有	有	有	有	有
旗	49	县级	无	有	有	有	有	有
自治旗	3	县级	无	有	有	有	有	有
县辖区	2	副县级	无	无	无,有区公所	无	无	无
乡	9118	乡级	有	有	有	无	无	无
镇	21297	乡级	有	有	有	无	无	无
民族乡	981	乡级	有	有	有	无	无	无
街道	8393	乡级	无	无	无,有街道办事处	无	无	无

注:[1]本表中“行政区种类”和“行政区数量”的信息均来源于中华人民共和国民政部编:《中华人民共和国乡镇行政区划简册 2019》,中国社会出版社 2019 年版,第 3—5 页。除了本表所列的行政区以外,“特区”和“林区”也是民政部所认可的行政区,但二者目前均只有一例,此外,香港、澳门特别行政区的地方国家机关具有明显的特殊性,本表未将它们列出。

由上表可知,大多数类型的行政区均有人大、政府和监委的建制,而绝大多数“两区”则不设人大、政府和监委。“两区”管理机构与行政公署、区公所、街道办事处类似,均为特定地方政府的派出组织。此外,大多数类型的行政区也都有法院、检察院的建制,而仅有一部分“两区”设有

① 这里的“设区的市”包括以下 5 个“直筒子市”:甘肃省的嘉峪关市、广东省的东莞市和中山市、海南省的三沙市和儋州市。

法院和检察院。

本书所称的“两区”国家机关不包括中国共产党和中国人民政治协商会议的组织。党和政协的组织超出了“国家机关”的概念外延。在党和政协在“两区”设置的工作机构比较常见,前者的作用尤其重要,其名称一般为“中国共产党……开发区(新区)工作委员会”,一般简称为“……开发区(新区)党工委”,通常与“两区”管理机构合署办公。本书并非主要关注党的工作机构,但在研讨相关论题时对其有所涉及。[①] 另外,这里所谓的“国家机关”是设立于“两区”的实体组织,所以,其不包括地方党委和政府负责领导、指导“两区”建设的工作部门和议事协调机构。此二者仍属于行政区的党政机关。

另外,部分“两区”设有具备开发功能的公司以及行使管理职能的事业组织。前者具有国企性质,通常与管理机构合署办公;后者使用事业编制,通常为管理机构的下属组织。由于研究主题和研究资源所限,本书仅给予后者一定程度的关注。

从目前的组织实践来看,“两区”主要设有如下五类广义上的国家机关:其一为人大工作机构,属于国家权力机关系统,该机构一般均系省级、设区的市级人大常务委员会(简称“人大常委会”)所设;其二为管理机构,大多数被命名为“管理委员会”,属于国家行政机关系统;其三为监察机构,属于国家监察机关系统,与党的纪律检查工作机构合署办公;[②]其四为法院,属于国家审判机关系统;[③]其五为检察院,属于国家检察机关系统(见图导-1)。其中,管理机构乃是最为普遍、最有影响、最具争议的一类国家机关,系本书的分析重点。而其他四类国家机关的法治现状均

① “两区”党工委是省级、设区的市级党委的派出机构。一般认为,其设立依据是《中国共产党章程》第 13 条第 3 款:“党的中央和地方各级委员会可以派出代表机关。”相对于“两区”管理机构,党工委面临的组织法障碍目前并不突出。

② 极少数国家级开发区设有监委,如海南省洋浦经开区监委和乌鲁木齐经开区监委,其中,乌鲁木齐经开区与特定行政区——乌鲁木齐市头屯河区合一,而海南省洋浦经开区则无此情况。

③ 部分国家级新区下属的功能区(有时甚至包括国家级开发区)还设有人民法庭或者其他审判组织。例如,天津滨海新区人民法院有 4 个派出机构,其中包括大港审判管理委员会和功能区审判管理委员会,前者设于作为省级开发区的天津大港经开区。但是,本书主要关注“两区”的法院。

有待于不同程度的检视。

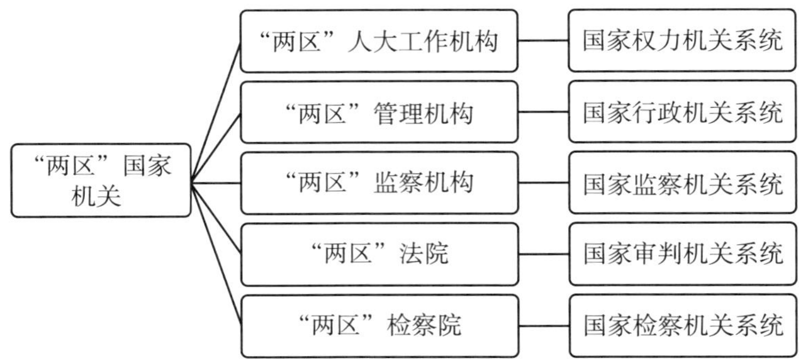

图导-1　"两区"国家机关的五种类型

作为"两区"的两个例外,上海浦东新区和天津滨海新区已经取得行政区的地位,不仅设有法院和检察院,还设有人大、政府和监委,各类地方国家机关一应俱全。① 对于其他的"两区"而言,管理机构的设置比较普遍,而人大工作机构、监察机构、法院和检察院则并不总是一应俱全(见表导-5)。

表导-5　国家级新区的国家机关设置简况[1]

序号	名称	管理机构	法院	检察院	人大工作机构	监察机构
1	上海浦东新区	无(已有上海市浦东新区人民政府)	上海市浦东新区人民法院	上海市浦东新区人民检察院	无(已有上海市浦东新区人民代表大会)	无(已有上海市浦东新区监察委员会)
2	天津滨海新区	无(已有天津市滨海新区人民政府)	天津市滨海新区人民法院	天津市滨海新区人民检察院	无(已有天津市滨海新区人民代表大会)	无(已有天津市滨海新区监察委员会)

① 不同于"两区"的其他国家机关,上海浦东新区和天津滨海新区的国家机关不存在相对特殊的组织法议题,因而不是本书的重点关注对象。不过,二者先前均不是行政区,它们目前设有的国家机关均系由非行政区的国家机关转化而来。这一历时性的转化可以为其他"两区"未来的行政区化提供正反两个方面的经验。

续表

序号	名称	管理机构	法院	检察院	人大工作机构	监察机构
3	重庆两江新区	重庆两江新区管理委员会	重庆两江新区人民法院	重庆市两江新区检察室	无	重庆两江新区纪工委监察室
4	浙江舟山群岛新区	浙江舟山群岛新区管理委员会[2]	无	无	无	无
5	兰州新区	兰州新区管理委员会	兰州新区人民法院	兰州新区人民检察院	无	兰州新区纪工委监工委
6	广州南沙新区	无[3]	无	无	无	无
7	陕西西咸新区	陕西西咸新区开发建设管理委员会	无	无	无	陕西西咸新区纪检监察工委机关
8	贵州贵安新区	贵州贵安新区管理委员会	无	无	无	贵安新区(纪检)监察工作委员会
9	青岛西海岸新区	青岛西海岸新区管理委员会[4]	无	无	无	无
10	大连金普新区	大连金普新区管理委员会	无	无	无	无
11	四川天府新区	四川天府新区管理委员会	四川天府新区成都片区人民法院	四川天府新区成都片区人民检察院	无	四川天府新区监察工作委员会
12	湖南湘江新区	湖南湘江新区长沙高新区管理委员会	无	无	无	湖南湘江新区纪检监察工作委员会

续表

序号	名称	管理机构	法院	检察院	人大工作机构	监察机构
13	南京江北新区	南京江北新区管理委员会	南京江北新区人民法院	南京江北新区人民检察院	无	南京江北新区监察工作委员会
14	福州新区	福州新区管理委员会	无	无	无	福州新区纪检监察工作委员会
15	云南滇中新区	云南滇中新区管理委员会	无	无	无	云南滇中新区纪检监察工作委员会
16	哈尔滨新区	哈尔滨新区管理委员会[5]	无	无	无	无
17	长春新区	长春新区管理委员会	长春新区人民法院	长春新区人民检察院	无	长春新区纪检监察工作委员会
18	江西赣江新区	江西赣江新区管理委员会	无	无	无	赣江新区纪检监察工作委员会
19	河北雄安新区	河北雄安新区管理委员会	河北雄安新区中级人民法院	河北省人民检察院雄安新区分院	无	河北雄安新区纪工委监察组

注：[1]该表信息主要来自国家级新区有关国家机关的官方网站。

[2]与舟山市人民政府合并。

[3]广州南沙新区未设管理机构，其行政事务由广州市南沙区政府以及其他功能区管理机构进行管理。2013年的《南沙区政府工作报告》曾提出：“未来将探索实行南沙新区、开发区、行政区管理机构‘三位一体’的创新型管理体制。”

[4]与青岛市黄岛区政府合并。

[5]与哈尔滨松北区人民政府合并。

从上表来看，国家级新区既有的国家机关按照类别由多及少依次是：管理机构、法院和检察院、监察机构、人大工作机构。需要注意的是，浙江舟山群岛新区、青岛西海岸新区、大连金普新区、哈尔滨新区在地理空间上分别与舟山市、青岛市黄岛区、大连市金州区、哈尔滨松北区基本重合或者完全重合，因此，后者的人大、法院、检察院和监委得以在前者的区域行使相应的国家权力。

三、“组织法治”

本书所指称的“组织法治”主要系指特定组织实践符合相关组织法规范——尤其是《宪法》、组织法律中相关组织法规范的状态。当前，“两区”的组织法治和机制改革依然存在一定的张力，表现为实践与制度之间、制度与原理之间的不协调。这两个层面的实然与应然的“不协调”分属合法性层面和合理性层面。需要特别说明的是，本书对于“两区”组织法治的考察侧重于解释论维度，兼采立法论维度。无论是本书所依托课题之主持人、成员的学科背景和知识结构来看，还是从该课题的学科属性来看，本书的分析维度首先应该是规范主义的解释论，其次方才是功能主义的立法论。因此，本书主要是基于依法立法原则而非科学立法原则来检视相关组织法规范的。对于现行的《宪法》以及组织法律，本书予以较高程度的尊重，慎言修宪、立法，尝试通过特定的宪法解释、法律解释为“两区”管理机构的设立和运作——如果其确系“两区”治理实践所必需，提供顶层的制度供给。当然，这并不等于说，本书完全拒绝研讨《宪法》、组织法律本身的合理性以及相应的修宪、修法方案。毕竟，从法学的外部视角来看，这些都属于广义组织法治的议题。① 党的十八大报告将新时期厉行法治的基本要求概括为“科学立法、严格执法、公正司法、全民守法”。在“两区”组织法治的语境下，如果说后十二字涉及组织实践的合法性议题，那么前四字则涉及组织规范的合理性议题。总之，本书所研讨的组织法议题将以合法性议题（包括合宪性议题）为主、以合理性议题即正当性议题为辅。

所谓“组织法治”当然涉及组织法，而本书研讨的组织法是国家机关组织法，它包括但不限于行政组织法。严格地说，其中的“组织”一词应该是指动态意义的组织行为、活动或者过程而非静态意义的国家组织。

① 亚里士多德提出：“法治应包含两重含义：已成立的法律获得普遍的服从，而大家所服从的法律本身又应该是制定得良好的法律。”参见［古希腊］亚里士多德：《政治学》，吴寿彭译，商务印书馆1965年版，第199页。根据亚氏的这一经典阐释，“法治”确有法律得以遵守以及法律本身完善这样两个面向。而从上述阐释的语言来看，法律得以遵守似乎是法治的第一命题。

如若将组织法笼统地理解为有关国家机关这一类组织的法,其外延未免过于宽泛。因此,简而言之,“两区”国家机关的组织法是指调整和控制对于“两区”国家机关之组织活动或者行为的法律规范的总和。还应当注意的是,组织法有广狭二义。广义的组织法包括狭义的组织法、公务员法、编制法、公物法。本书主要研讨狭义组织法上的议题。实际上,仅仅是狭义的组织法就已经具有比较丰富的内容,本书将探究“两区”国家机关所存在的四个方面的组织法议题:其一是设立依据和基本定性;其二是人员组成和产生方式;其三是机构设置和权力配置,包括与一般地方国家机关的关系设定;其四是撤销、合并机制。[①] 诚然,上述这些组织法议题都是比较基础的课题,但在“两区”治理的特定语境下均不乏研讨的空间。最后需要指出的是,本书所关注的组织法议题主要为“两区”国家机关所特有,实际上,这些国家机关与一般的地方国家机关共同面临着其他的组织法争议。这两类组织法议题是特殊与一般的关系,本书聚焦前者而适度兼及后者。

最后需要说明的是,本书对于上述组织法议题的讨论最终是为了探究“两区”组织法治的完善进路。本书并不打算进行系统化的知识谱系建构或者科普性的专门理论重述。

第二节　研究意义

研究“两区”国家机关的组织法治具有一定的实践意义和理论意义。本书是笔者主持的国家社科基金青年项目“国家级开发区、新区之政权机关的组织法治研究”的最终成果,该课题于 2018 年 6 月经国家社科基金

---

① 值得一提的是,《宪法》第 95 条第 2 款、第 124 条第 3 款、第 129 条第 3 款、第 135 条第 3 款与《立法法》第 11 条第 2 项均特别提到了各类国家机关的“组织”。但《立法法》第 11 条第 2 项使用的“组织”一词在外延上似乎更小。且看该项的具体表述:“各级人民代表大会、人民政府、监察委员会、人民法院和人民检察院的产生、组织和职权。”既然同“产生”“职权”并列,从体系解释的角度来看,这里的“组织”就不包括“产生”和“职权”。倘若依此逻辑,所谓“组织法议题”似乎就不包括产生方式、权力配置等方面的问题。而本书所研讨的“组织法议题”并不限于如此狭窄的范围。

学科评审组评审而获准立项，也在一定程度上说明了有关学科的评审专家对于这一选题之价值的认同。迄今为止，与该选题直接相关的国家社科基金项目仅有郑州大学法学院郑磊2017年立项的“我国开发区管理机构的法律地位研究”。而从名称来看，这一课题既不涉及国家级新区的国家机关，也不涉及国家级开发区除管理机构以外的其他国家机关，而且，它所聚焦的是“法律地位”这一个方面的组织法问题。

一、实践意义

作为特殊的地方国家机关，“两区”各类国家机关随着“两区”的发展从无到有、由少至多。就目前的实际情况来看，“两区”法院、检察院行使着类似于地方法院的审判权、检察权；“两区”管理机构行使着类似于地方政府的行政权；“两区”监察机构行使着部分监察权；部分“两区”人大工作机构则正在尝试体制机制创新，希冀参照或者对标县级人大及其常委会、乡级人大建构其权力体系。从这个意义上说，相当一部分国家级开发区和几乎所有国家级新区已然成了虽无其名却有其实的准行政区。不仅如此，由于部分“两区”的行政级别设置较高，且对乡级行政区甚至县级行政区进行了托管，其国家机关较之于县级、乡级国家机关实际上居于相对优越的地位。“两区”是特殊政策和特定空间的结合，①而“两区”之国家机关的陆续设立和持续运行在实质上对既有的行政区进行了覆盖、切割，挤占、压缩了一般地方国家机关的权力空间，对我国宪法秩序之下和组织法框架之中的地方国家机关体系构成了较大的冲击。

综上所述，本书一方面将“两区”国家机关纳入组织法的规范体系之中加以检讨，有利于提升“两区”治理的法治化水平。在我国现阶段，包括省级开发区、省级新区、自由贸易试验区在内的其他部分功能区也设置了各类国家机关，尤其以管理机构最为普遍。由此观之，研究“两区”国家机关的组织法治便有了举一反三的应用价值。本书另一方面将有关的组织法规范置于“两区”的治理语境之下予以检视，有利于使这些组织法

---

① 有论者将区域、体制、政策作为开发区的三要素。参见王一鸣：《中国开发区实践与思考》，中国商务出版社2016年版，第9—10页。这里将其中的“体制”和“政策”概括为“制度”。显然，国家级新区也具备这些要素。

规范本身更加科学合理。党的十九大报告要求"深化机构和行政体制改革""统筹使用各类编制资源,形成科学合理的管理体制,完善国家机构组织法。"在此背景之下,《宪法》已于2018年3月11日第五次修正,具有组织法律性质的《监察法》已于2018年3月20日通过,《人民法院组织法》《人民检察院组织法》已于2018年10月26日第六次修订,《地方各级人民代表大会和地方各级人民政府组织法》(简称《地方组织法》)已于2022年3月11日第六次修正。当前,我国正处于深入推进国家机构改革和全面完善组织法体系的时期。本书尝试可以为相关的立法工作建言献策,以期为"两区"的治理机制创新提供现实方案。当然,相比之下,本书第一个方面的实践意义更加突出,即确保"两区"先行先试的治理机制改革于法有据。

二、理论意义

"两区"是功能区而非行政区,其国家机关的组织法问题不是传统的公法研究论题,故受到的理论关照比较有限。"两区"各类国家机关的出现和存续不仅冲击了我国现行的组织法框架,而且冲击了我国既有的组织法理论。"两区"管理机构同时涉及宪法学的地方国家机关理论和行政法学的行政组织法理论,而"两区"的其他国家机关则主要涉及前者。为了消解法治与改革在"两区"治理中的张力,于法不符的相关组织实务有待于规范,于理不合的相关组织制度则有待于调整。对此,我国的组织法理论必须接受实践检验、回应现实争议、关照实务需求并在此基础上进行更新。

作为我国宪法学、行政法学的传统领域,组织法理论一直相对滞后,不够成熟。基于解释论、立法论这两个维度,本书将针对"两区"国家机关的组织法问题进行探究,尝试以此进一步完善组织法理论以及相关的其他公法理论。

第三节　研究现状

本书有关研究现状的综述主要限于对我国内地研究的述评。在其他国家与“两区”类似的经济、科技功能区数量众多，其中成就显著者亦不乏其例，具有代表性和影响力的功能区包括但不限于：美国的硅谷、英国的剑桥科技园区、爱尔兰的香农开发区、德国的慕尼黑高科技工业园、法国的法兰西科学岛、日本的筑波科学城、韩国的马山和里里自由出口区、新加坡的裕廊开发区、印度的班加罗尔科技工业园等。但是，不同于我国的“两区”，这些功能区极少设有准政府型的管理机构，[①]更遑论法院等其他国家机关了。[②] 由此观之，虽然我国的“两区”建设在很大程度上借鉴了域外的成功经验，但“两区”国家机关的组织法治基本上是我国特有的法学议题，域外学者对此鲜有关注。

一、总体情况概览

从在我国出版、发表的研究成果来看，涉及“两区”国家机关的研究起步于20世纪90年代中期，2000年以后有所推进。下面主要介绍期刊论文、学位论文、专著的基本情况。

首先来看期刊论文和学位论文的情况。通过精确检索“中国知网”的“学术期刊库”[③]可知：从1980—2020年，篇名同时含“开发区/国家级新区”与“国家机关（国家机构）/政权机关（政权机构）”“人民代表大会（人大）”“管理机构（管理机关）/管理委员会（管委会）”“法院”“检察院”“监察机构（监察机关）/监委”“组织法”的期刊论文分别为0篇、50篇、193篇、30篇、6篇、0篇、0篇，共计279篇。其中，发表于1990—1999年、2000—2009年、2010—2020年的期刊论文分别为34篇、114篇、131篇。但从内容来看，仅有半数以下的期刊论文与“两区”国家机关的组织法治存在关联。这些期刊论文的作者包括理论和实务工作者，后一群体

---

① 以美国的硅谷（Silicon Valley）为例，它是世界范围内开发区建设的发源之地和成功样板。但是，硅谷作为功能区本身不具有十分确定的边界。一般认为，硅谷在区域上包括了圣克拉拉县（Santa Clara County）、圣马特奥县（San Mateo County）和阿拉米达县（Alameda County）的一部分或者大部分。而这三县才是加利福尼亚州（简称“加州”）之下的行政区。联邦政府、加州政府和地方政府未曾在硅谷设立任何形式的开发区管理机构。

② 在其他国家的一部分经济、科技功能区中，政府发挥了重要作用甚至主导作用。尽管如此，这些功能区基本上也是通过中央、地方政府专门性的主管部门或者专司经济、科技管理事务的功能区管理机构（如新加坡的裕廊镇管理局）来治理的。

③ 笔者先后进行了6次检索，最近的检索日期为2021年3月1日。

不乏“两区”国家机关及有关中央、地方国家机关的工作人员。另外，笔者利用“中国知网”的“学位论文库”进行检索，尚未发现直击该研究主题的博士学位论文，与其存在直接联系的硕士学位论文有十数篇。[①] 这些学位论文并非均属于法学学科，其中的一部分来自公共管理学等其他学科。

书名中使用了“国家级开发区”或者“国家级新区”以及类似概念的学术专著在数量上已然比较可观，但就主要内容而言，与“两区”国家机关之组织法治关联较大的专著为数不多。不仅如此，这些专著多数来自公共管理学等学科而非法学学科。譬如《中国开发区组织管理体制与地方政府机构改革》[②]《中国开发区治理与地方政府体制改革研究》[③]《国家级新区体制与政策比较研究》[④]等专著主要是公共管理学的成果，《国家级新区比较研究》[⑤]等专著则主要是区域经济学的成果。而直接涉及该研究主题的法学专著则不超过五本。《法治与改革：国家级新区的成熟范本与两江实践》[⑥]和《中国开发区模式的法治化研究》[⑦]是近年来具有代

① 其中，较有代表性的硕士学位论文包括：周芳：《国家级开发区管委会行政主体资格研究》，湖南师范大学 2009 年硕士学位论文；朱旭光：《西咸新区管委会职能定位及机构设置研究》，西北大学 2013 年硕士学位论文；马梦婷：《国家级开发区招商引资困境及政府职能研究——以江西省抚州高新区为例》，南昌大学 2018 年硕士学位论文；丁勤：《国家级开发区纪检监察机构履行监督责任的困境与对策——以 G 开发区为例》，江西师范大学 2020 年硕士学位论文。另有一篇尚未在“中国知网”显示的硕士学位论文也具有一定的代表性，详见代冬冬：《国家级新区权力配置实证研究》，四川大学 2020 年硕士学位论文。

② 详见朱永新等：《中国开发区组织管理体制与地方政府机构改革》，天津人民出版社 2001 年版。

③ 详见黄建洪：《中国开发区治理与地方政府体制改革研究》，广东人民出版社 2014 年版。

④ 详见西咸新区研究院：《国家级新区体制与政策比较研究》，中国社会科学出版社 2017 年版。

⑤ 详见曹云：《国家级新区比较研究》，社会科学文献出版社 2014 年版。

⑥ 详见张稷锋：《法治与改革：国家级新区的成熟范本与两江实践》，中国政法大学出版社 2015 年版。该书以 2013 年重庆市社会科学规划项目“地方法治背景下重庆两江新区配套法律规范体系建构研究”为基础。

⑦ 详见佘宗良：《中国开发区模式的法治化研究》，中国政法大学出版社 2016 年版。该书以武汉大学宪法学与行政法学专业博士学位论文为基础。

表性的法学专著。[①] 前者对重庆两江新区的配套法律规范进行了系统分析、问题梳理以及比较研究，并且从原则和规划两个层面就前述法律规范的体系建构提出了建议。后者主要从我国开发区模式的规则“表达”、功能定位以及开发区管理机构的“身份”定位和开发区治理的结构转型展开。二者对于推进“两区”国家机关之组织法治的研究均有所贡献。另有《中国开发区年鉴》《国家级新区发展报告》[②]等系列丛书对于“两区”国家机关的发展情况有所涉及，数文结合、图文并茂，具有较大的信息量和较高的权威性，可以作为比较可靠的研究素材，但其本身并非严格意义上的学术专著。

从相关论著的学科定位及其作者的学术背景来看，“两区”国家机关的组织法治显然引起了法学之外的多个学科的关注，它们包括：公共管理学、区域经济学、组织社会学、城市规划学等。严格地说，法学界尤其是公法学界对于该课题的研究依然有待于拓展和深化，法学界对于许多相关具体论题的分析尚不及公共管理学界。后者在研讨“两区”的管理体制时已然涉及“两区”管理机构的组织法治。

另外，若以研究对象为视角加以审视，既有的相关研究存在一定程度的失衡。其一，相对于国家级开发区国家机关的组织法治，国家级新区国家机关的组织法治受到的关注明显偏少。国家级新区的国家机关设立较晚，但其存在的组织法治状况仍有一定的特殊性。其二，较之于“两区”管理机构的组织法治，“两区”其他国家机关的组织法治所受关注严重不足。正如前文所述，在“两区”的各类国家机关之中，管理机构最为普遍、最有影响同时也最具争议，但理论界在关注其组织法治的同时不应忽视其他国家机关的组织法治。其三，相较于“两区”国家机关的设立依据、

---

① 此外，《中国开发区人大工作探索与创新》一书在探讨国家级开发区人大工作的法律瓶颈和制度创新方面具有前沿性，作者黄胜平曾任无锡高新区党工委副书记、无锡高新区人大联络工委主任、无锡市人大常委会新区工委主任，具有丰富的国家级开发区人大工作经验。不仅如此，黄胜平曾担任全国开发区人大研究会会长，其团队也产出了一定的理论研究成果。该书为个人论文集，详见黄胜平：《中国开发区人大工作探索与创新》，中国社会科学文献出版社 2018 年版。

② 笔者所研读的最新版本分别为：中国开发区协会编：《中国开发区年鉴 2018》，首都经济贸易大学出版社 2019 年版；国家发展和改革委员会编：《国家级新区发展报告 2019》，中国计划出版社 2019 年版。

权力配置，这些国家机关的其他组织法议题受到的关注十分有限。

二、主要观点综述

为了更加全面地呈现有关“两区”国家机关之组织法治的研究情况，下文就相关论著中具有代表性的观点进行简要综述。鉴于有关讨论主要集中于“两区”国家机关的设立依据和基本定性、权力配置和机构设置、与一般地方国家机关的职权关系等三个方面，[①]以下综述分三个部分予以展开。

（一）关于“两区”国家机关的设立依据和基本定性

在“两区”国家机关的一系列组织法议题之中，设立依据和基本定性问题受到的理论关注是最多的。其中，有关“两区”管理机构之设立依据、基本定性的论说尤为丰富，这里首先对此加以介绍。

1. 关于“两区”管理机构的设立依据和基本定性

先来看有关“两区”管理机构之设立依据的观点。袁明圣将管理机构的设立依据分为三类：其一为地方性法规，其二为部门规章或者地方政府规章，其三为国务院部门或者地方政府的相关决定。[②] 许多论者则认为管理机构缺乏充分的设立依据。朱晓明提出：宪法、法律和行政法规等中央立法未明确开发区管委会的法律地位，仅凭地方立法的规范难以消解管委会的合法性危机。[③] 王卉青、牛玉兵指出：在制度、实践、理论层面，开发区管委会的法律地位比较模糊，法律风险较大。[④] 佘宗良建议修订《地方组织法》，明确规定省级、设区的市政府可以设立国家级开发区

---

① 有关“两区”国家机关之人员组成、产生方式的研究相对较少，一般附随于有关这类机关之设立依据、权力配置的研究。另外，有关“两区”国家机关之撤销、合并机制的研究也比较有限，尽管多数学者均认为，“两区”作为准行政区的存续只是暂时的，其发展到一定程度之后必然向行政区回归。

② 参见袁明圣：《派出机构的若干问题》，载《行政法学研究》2001 年第 3 期，第 15 页。

③ 参见朱晓明：《地方立法中管委会的合法性危机及其化解进路——基于杭州市地方立法中管委会合法性的考量》，载《中共浙江省委党校学报》2013 年第 2 期，第 109 页。

④ 参见王卉青、牛玉兵：《管委会主导型开发区管理模式的法律风险与防范》，载《辽宁行政学院学报》2014 年第 5 期，第 56 页。

管理机构。①

再来看有关管理机构之基本定性的观点。几乎所有论者都认为管理机构的法律性质或者法律地位尚不明确。譬如,李森等提出,国家级开发区管理机构的法律地位和行政主体资格不明确,是国家级开发区难以回避的法律议题。② 目前,鲜有论者将管理机构定性为一级政府或其工作部门。在这一议题上,主要有派出机关说、派出机构说以及公务法人说等三种论说。需要注意的是,一部分论者是依据现行的法律规范予以界定的,另一部分论者则是基于既有的管理实践进行判断的。

多数论者持派出机关说。潘波认为:"把开发区管委会归类为'法律、法规授权组织'或'派出机构'都明显不妥,而将其界定为一级政府的派出机关更符合实践现状。"③钟芳认为,国家级开发区管委会是省、自治区政府的派出机关,她建议修改《地方组织法》予以明确。④ 刘海潮、葛傲天建议通过修法将管理机构定性为省级政府、设区的市政府的派出机关。⑤

少数论者持派出机构说。袁明圣将派出机构定义为:"地方政府或政府职能部门为了实现某一行政事务或特定区域内行政事务的管理而设立的行政组织。"⑥因此,他将开发区管理机构认定为在特殊经济区域设置的派出机构。⑦ 杨如冰、宋冬梅则依据中央层面的其他规范性文件将国家级经开区管委会定性为派出机构。⑧ 章剑生在其专著中认为可以将各地政府设置的"开发区管理委员会"确定为"本级人民政府的派出机

① 参见佘宗良:《中国开发区模式的法治化研究》,中国政法大学出版社 2016 年版,第 119 页。

② 参见李森等:《困境和出路:转型期中国开发区发展研究》,中国财政经济出版社 2008 年版,第 99 页。

③ 潘波:《开发区管理委员会的法律地位》,载《行政法学研究》2006 年第 1 期,第 36 页。

④ 参见钟芳:《开发区管理委员会的法律地位》,载《海南大学学报(人文社会科学版)》2007 年第 4 期,第 388、390 页。

⑤ 参见刘海潮、葛傲天:《中国开发区的法律地位问题刍议》,载《重庆社会主义学院学报》2013 年第 1 期,第 88 页。

⑥ 袁明圣:《派出机构的若干问题》,载《行政法学研究》2001 年第 3 期,第 15 页。

⑦ 详见袁明圣:《派出机构的若干问题》,载《行政法学研究》2001 年第 3 期,第 16—17 页。

⑧ 详见杨如冰、宋冬梅:《开发区管委会及其职能部门的行政诉讼被告资格研究》,载《山东审判》2013 年第 4 期,第 104 页。

构”,但并未交代相关理据。[①] 何海波在其专著中也认为“各地政府设立的经济开发区”管理机构属于行政机关设立的派出机构,但同样没有说明理由。[②]

也有少数论者试图另寻第三条进路,提出了公务法人说。余宗良主张借鉴大陆法系国家的行政主体理论,引入公务法人制度,并且主张将开发区管委会界定为社会行政主体的公务法人。[③] 另有论者认为以上三种论说均无法为管理机构准确定性。王卉青、牛玉兵提出,开发区管委会在学理上只能被归属于“法律法规授权的组织”之中。[④]

关于管理机构是否具备行政主体身份,存在肯定说和否定说,而前者是主流。大多数论者肯定了管理机构的行政主体身份。郭会文认为:开发区管理机构在学理上属于“法律、法规授权的组织”,在授权范围内享有完全的行政主体资格。[⑤] 徐丹认为:“实践中,开发区管理委员会行使着行政主体的职权,履行着行政主体的职责;理论上,开发区管理委员会是授权行政主体的一种而不是职权行政主体。”[⑥]伊士国提出:“一个组织要取得行政主体资格必须具备以下条件:社会组织具有行政权能、具有独立法律人格和独立承担法律效果。”在其看来,“从理论上和实践上来看,开发区管委会应当具备行政主体资格。”[⑦]但部分论者倾向于采用具体问题具体分析的方案。钟芳认为:开发区管理委员会是否具有行政主体地位应当视情况而定,不能一概而论。在不同情形之下,它有可能是职

---

① 详见章剑生:《现代行政法总论》(第2版),法律出版社2019年版,第113页。

② 详见何海波:《行政诉讼法》(第3版),法律出版社2022年版,第220、222页。

③ 详见余宗良:《困境与出路:开发区管委会法律性质之辩》,载《中南大学学报(社会科学版)》2013年第1期,第111—112页。详见余宗良:《中国开发区模式的法治化研究》,中国政法大学出版社2016年版,第214—232页。

④ 参见王卉青、牛玉兵:《管委会主导型开发区管理模式的法律风险与防范》,载《辽宁行政学院学报》2014年第5期,第66页。

⑤ 参见郭会文:《国家级开发区管理机构的行政主体资格》,载《法学》2004年第11期,第57页。

⑥ 徐丹:《开发区管理委员会的行政主体资格再思考》,载《中共郑州市委党校学报》2007年第4期,第46页。

⑦ 伊士国:《开发区管理委员会法律地位问题探析》,载《行政论坛》2010年第2期,第71页。

权行政主体、授权行政主体或者不具有行政主体地位的受委托组织。[①]应该看到,判断管理机构是否属于行政主体必然涉及我国当前的行政主体理论。薛刚凌、李昕、沈岿、王敬波等行政法学者已就本土的行政法学理论提出了检讨、反思乃至重构,但其相关论著[②]一般不直接涉及"两区"的管理机构。

关于管理机构是否具有行政复议被申请人资格和行政诉讼被告资格,也存在肯定说和否定说,前者占有优势。部分论者依循这两种资格与行政主体身份的对应关系来进行判断。但是,部分论者试图否定此种对应关系。杨如冰、宋冬梅提出:"认定被告资格应该以行为为标准,即适用行为标准论。"[③]在其看来,在管委会及其职能部门之被告资格的认定问题上,适用该标准具有可行性。[④] 郑磊则指出:《行政诉讼法》的修改赋予了"规章授权组织"行政诉讼被告资格,这已经在一定程度上解锁了被告资格与行政主体身份的捆绑关系,《行政复议法》的修改也应该明确开发区管理机构及其职能部门的行政复议被申请人资格,以此实现该资格与行政主体身份的脱钩。[⑤]

2. 关于"两区"法院的设立依据

在设立依据方面,"两区"的法院明显比检察院更受关注。因此,这里主要介绍有关前者之设立依据的观点。

部分学者认为"两区"法院缺乏充分的甚至基本的设立依据,针对这些法院提出了不同程度的合法性、合宪性质疑。刘松山是较早提出此种

---

① 详见钟芳:《开发区管理委员会的法律地位》,载《海南大学学报(人文社会科学版)》2007年第4期,第387—389页。

② 相关的代表性论文如:薛刚凌:《我国行政主体理论之检讨——兼论全面研究行政组织法的必要性》,载《政法论坛(中国政法大学学报)》1998年第6期;李昕:《中外行政主体理论之比较分析》,载《行政法学研究》1999年第1期;沈岿:《重构行政主体范式的尝试》,载《法律科学》2000年第6期;王敬波:《面向整体政府的改革与行政主体理论的重塑》,载《中国社会科学》2020年第7期。

③ 杨如冰、宋冬梅:《开发区管委会及其职能部门的行政诉讼被告资格研究》,载《山东审判》2013年第4期,第106页。

④ 详见杨如冰、宋冬梅:《开发区管委会及其职能部门的行政诉讼被告资格研究》,载《山东审判》2013年第4期,第106页。

⑤ 郑磊:《论我国开发区行政复议体制的抉择》,载《河南财经政法大学学报》2020年第6期,第34页。

质疑的代表性学者,他指出:“在开发区尚不是一级行政区划的情况下,设立开发区法院的做法,是与行政区划和人民代表大会的政权体制背道而驰的。”因此,“开发区法院是违宪违法设立的审判机关”。[①] 其他多数批评者的态度相对缓和,但也持有与之类似的观点。强卉认为:“从学理上看,国家级新区并非一级行政区划,没有国家权力机关,如果其人民法院仅由最高人民法院批准即得以成立,或许与《宪法》和《法院组织法》规定的人民法院由人大产生、对人大负责、受人大监督的原则精神相抵牾。”[②] 而在刘海潮、葛傲天看来,《宪法》和《人民法院组织法》对于基层法院的规定并未提及开发区法院。[③] 他们因而认为:“开发区法院不是我国法院组织体系的一部分。”他们还由此推断:“同理,开发区检察院的设置也是没有法律依据的。”[④]

3. 关于“两区”人大组织的设立依据和基本定性

先来看有关人大组织之设立依据的观点。多数论者主张在“两区”设立人大组织,但在其设立是否具有法律依据这一点上尚存分歧。苏庆亮、潘国红等论者均认为开发区设置人大组织的主要依据在于《地方组织法》(2015 年修正版)第 53 条第 1 款:“常务委员会根据工作需要,设立办事机构和其他工作机构。”[⑤]不过,刘海潮、葛傲天认为,开发区的人大体制——包括人大工作委员会模式和人大工作联络处模式的设置缺乏法律依据。[⑥] 值得一提的是,黄胜平直接依据“一切权力归于人民”的宪法原则主张建立开发区人大制度,其具体表现则是设立开发区人大。[⑦]

---

① 刘松山:《开发区法院是违宪违法设立的审判机关》,载《法学》2005 年第 5 期,第 26 页。

② 强卉:《国家级新区司法创新的法理及其限度》,载《哈尔滨工业大学学报(社会科学版)》2020 年第 6 期,第 40 页。

③ 参见刘海潮、葛傲天:《中国开发区的法律地位问题刍议》,载《重庆社会主义学院学报》2013 年第 1 期,第 87 页。

④ 刘海潮、葛傲天:《中国开发区的法律地位问题刍议》,载《重庆社会主义学院学报》2013 年第 1 期,第 87 页。

⑤ 参见苏庆亮:《关于在开发区设立人大工作机构的思考》,载《人大研究》2013 年第 8 期,第 26 页;参见潘国红:《开发区人大机构:法律定位与实际运行》,载《人大研究》2018 年第 2 期,第 15 页。

⑥ 参见刘海潮、葛傲天:《中国开发区的法律地位问题刍议》,载《重庆社会主义学院学报》2013 年第 1 期,第 86—87 页。

⑦ 详见黄胜平:《中国开发区人大工作探索与创新》,中国社会科学出版社 2018 年版,第 27—28 页。

再来看有关人大组织之基本定性的观点。潘国红指出:“开发区人大机构在性质定位上,应属于设立开发区的政府一级人大常委会在开发区的工作机构,而不是隶属开发区党工委的工作协调机构。”“开发区人大机构与人大常委会其他工作机构一样,都是为人大常委会行使职权提供工作服务”。[①] 但在刘海潮、葛傲天看来,作为人大组织的两个类型,人大工作联络处与人大工作委员会有所不同,前者只是临时协调机构,一般属于党政办公室或者人事组织部门,不具有独立的主体性质。[②]

(二)关于“两区”国家机关的机构设置和权力配置

在机构设置、权力配置方面,“两区”管理机构依然最受关注的,人大工作机构次之,而在这些方面有关“两区”法院、检察院、监察机构的研讨则比较有限。

1. 关于“两区”管理机构的机构设置和权力配置

多数学者认为管理机构在机构设置、权力配置上存在一定的合法性困境。袁明圣指出:派出机构的职责权限缺乏明确的法律界定,其行政权的行使缺乏必要的程序约束,导致超越权限实施行政行为的现象较为普遍。他以某开发区管理委员会通过其他规范性文件设定行政处罚为例进行检讨。[③] 王卉青、牛玉兵提出:开发区管委会的权限、机构设置、人员编制等方面缺乏统一规范,立法机关公布的条例与地方政府的文件频频出现矛盾。其职能界定不清的问题存在于政治事务处理、社会管理与公共服务、土地出让、城市房屋拆迁、文化建设等方面。[④] 白雪洁等注意到了国家级高新区管理体制的弊端,他们指出:“管理体制出现向传统体制回归的现象,机构逐渐膨胀,运行机制丧失活力,各部门分工不合理,权力交叉重叠与空置的现象并存。”[⑤]徐晓明注意到了向开发区下放行政权力的

---

① 潘国红:《开发区人大机构:法律定位与实际运行》,载《人大研究》2018 年第 2 期,第 16 页。

② 参见刘海潮、葛傲天:《中国开发区的法律地位问题刍议》,载《重庆社会主义学院学报》2013 年第 1 期,第 87 页。

③ 详见袁明圣:《派出机构的若干问题》,载《行政法学研究》2001 年第 3 期,第 18 页。

④ 参见王卉青、牛玉兵:《管委会主导型开发区管理模式的法律风险与防范》,载《辽宁行政学院学报》2014 年第 5 期,第 57—58 页。

⑤ 白雪洁、李扬、杜传忠编著:《两岸高新区比较研究》,南开大学出版社 2015 年版,第 59 页。

法律议题。他概括了此种权力下放的总体趋势："在推进层面上，由地方政府推动为主向国家、省层面联合推动转变；在放权模式上，由市级单一授权模式向省、市、县多元授权模式转变；在放权体例上，由列举式为主向列举式和排除式并行转变；在放权内容上，由经济管理权为主向经济和社会管理权并重转变。"①此外，他还强调应当注重权力下放的合法性。② 吴晓林认为，国家级新区通常采取精简行政的组织形式，实际上形成了一种模糊的行政体制，行政权限不清。③ 李敏区分了"法律、法规、规章授权"的两种情形——"行政权设定"和"行政权转让"，并认为开发区管委会的管理权限来自后者。其提出："行政权转让"至少应符合两个条件：其一，"须以授权主体自身所拥有的行政职权为限"；其二，"须有合法的授权法律规范"。④

2. 关于"两区"法院的权力配置

强卉概括了国家级新区司法机构设置的四种情况，其中之一就是"直接设置国家级新区人民法院"，其将所考察的开发区法院分为"浦东新区型""江北新区型""雄安新区型"这三种模式。⑤ 她提出：国家级新区司法创新必须遵循基本的法治限度，其中包括"坚持司法权中央事权属性"和"遵循法律保留原则的要求"。⑥

3. 关于"两区"人大组织的权力配置

黄胜平建议通过立法明确对开发区人大组织的授权以及开发区人大组织的职能定位。⑦ 胡弘弘、张磊认为：国家级开发区人大机构现有的设

---

① 徐晓明：《向开发区下放行政权力法律问题研究》，载《天津行政学院学报》2016 年第 5 期，第 83、85 页。

② 详见徐晓明：《向开发区下放行政权力法律问题研究》，载《天津行政学院学报》2016 年第 5 期，第 85 页。

③ 参见吴晓林：《模糊行政：国家级新区管理体制的一种解释》，载《公共管理学报》2017 年第 4 期，第 16 页。

④ 参见李敏：《开发区管委会规范性文件的行政诉讼附带审查问题——从上海自贸区"行政异议审查"谈起》，载《南都学坛（人文社会科学学报）》2017 年第 4 期，第 72 页。

⑤ 详见强卉：《国家级新区司法创新的法理及其限度》，载《哈尔滨工业大学学报（社会科学版）》2020 年第 6 期，第 36—37 页。

⑥ 详见强卉：《国家级新区司法创新的法理及其限度》，载《哈尔滨工业大学学报（社会科学版）》2020 年第 6 期，第 39—40 页。

⑦ 详见黄胜平：《中国开发区人大工作探索与创新》，中国社会科学出版社 2018 年版，第 110 页。

置模式都有局限,需要中央和地方相互配合予以克服。[1] “在地方层面,开发区要依据本地实际和开发区发展所处的阶段,有步骤地设立人大机构。在国家层面,应加强立法,尽快明确开发区管委会的法律地位,以及完善对开发区进行指导、管理的相关程序和确立职责部门。”[2]苏庆亮认为:开发区人大组织的设置模式主要有二:一种是“市人大常委会在开发区派驻常设工作机构,一般称为工作委员会”;一种是“开发区党工委设立人大组织,一般称为人大工作室或人大联络处”。其中,“开发区人大工委的职责来源于市人大常委会的授权,各地赋予开发区人大工作委员会的职责虽非完全一致,但大同小异。”[3]王磊则认为:开发区人大工作存在如下主要局限:其一,“开发区人大组织承担的主要还是协调职能,监督职能相对弱化。”其二,“开发区人大组织对辖区内乡镇人大或街道人大工委的工作指导尚不到位。”[4]潘国红提出:开发区人大机构的职能定位可以参考《地方组织法》(2015 年修正版)中街道人大组织的职能定位。[5]

(三)关于“两区”国家机关与一般地方国家机关的职权关系

既有的相关研究成果比较有限,在研究对象上有所侧重。以“两区”国家机关的类型而论,“两区”管理机构与一般地方国家机关的职权关系更受关注;以一般地方国家机关的类型而论,“两区”国家机关与一般地方行政机关的职权关系最受关注,与国家权力机关的职权关系则次之;以层级而论,“两区”管理机构与下级地方国家机关——主要是乡级政府、街道办事处的职权关系更受关注。以下主要以层级为序分而述之。

有论者讨论了“两区”管理机构与各层级政府之间的职权关系。王一鸣认为:“区政统筹模式”是开发区管理体制的典型模式之一,该模式

---

① 参见胡弘弘、张磊:《国家级开发区人大机构设置概况考察》,载《人大研究》2012 年第 4 期,第 13 页。

② 胡弘弘、张磊:《国家级开发区人大机构设置概况考察》,载《人大研究》2012 年第 4 期,第 13 页。

③ 苏庆亮:《关于在开发区设立人大工作机构的思考》,载《人大研究》2013 年第 8 期,第 26 页。

④ 详见王磊:《开发区人大工作调查与思考》,载《人大建设》2015 年第 3 期,第 55—56 页。

⑤ 参见潘国红:《开发区人大机构:法律定位与实际运行》,载《人大研究》2018 年第 2 期,第 16 页。

可分为“纵向统筹”和“横向统筹”,前者是指“若干个街道乡镇委托开发区管理”,后者是指“开发区管委会与同级政府融合统筹管理”。[①] 他通过观察指出,开发区建区的时间与采用区政统筹模式的比例呈正相关。[②] 吴金群提出:“在实践中,开发区与管委会与上级政府及其职能部门、属地政府、周边地方政府以及其他治理主体之间,形成了复杂的府际关系网络。在总体上,它们不是顶层设计的结果,而是地方政府充分发挥其自主性进行多元化探索的产物。”[③]

有论者论及“两区”管理机构与同级政府之间的职权关系。王慧指出:开发区并不因其“准行政区”管治模式而成为城市各区中的“弱势者”,相反地,开发区往往在其所在城市成为“强势者”。[④]

更多论者关注“两区”国家机关——主要是管理机构与下级政府之间的关系。林拓、刘君德就开发区与乡镇行政体制的关系展开研讨,他们主张:“推进双向的体制构建”,一方面“改善开发区组织管理模式”,另一方面“转化乡镇政府组织管理模式”。他们同时强调,开发区建设是动态过程,它与乡镇的关系也处于变化发展之中,体制创新的弹性要求也应予关注。[⑤] 此外,相当一部分讨论是在“两区”扩张以及托管乡镇街道的语境下展开的。以国家级新区对乡镇街道的托管为例,安子明界定了此类行政托管的模式并且分析了它的性质。在其看来,此类模式是介于委托和授权之间的、整建制的管理权限的转移模式。[⑥] 庞明礼、徐干提出:由开发区托管乡镇街道有利于前者的空间扩张,也能够为开发区周边发展滞后的乡镇带来发展红利。但是,获得经济高回报的托管主体是否愿意

---

① 参见王一鸣:《中国开发区实践与思考》,中国商务出版社 2016 年版,第 25 页。

② 详见王一鸣:《中国开发区实践与思考》,中国商务出版社 2016 年版,第 25—26 页。

③ 吴金群:《网络抑或统合:开发区管委会体制下的府际关系研究》,载《政治学研究》2019 年第 5 期,第 97 页。

④ 参见王慧:《开发区运作机制对城市管治体系的影响效应》,载《城市规划》2006 年第 5 期,第 21 页。

⑤ 详见林拓、刘君德:《开发区与乡镇行政体制关系问题研究》,载《经济地理》2002 年第 2 期,第 198—199 页。

⑥ 详见安子明:《行政托管的实证研究——以西安市沣渭新区“托管模式”为例》,载《行政法学研究》2011 年第 2 期,第 32 页。

承担托管受体的社会责任则是此种托管能够真正实现的现实困境。① 他们就托管区域的治权调适提出了如下建议：第一，健全开发区管理和行政托管的法律法规；第二，理顺托管对象的管理体制；第三，优化组织结构，明确托管权责。②

第四节 研究方法

本书所采用的研究方法包括：规范研究、实证研究、比较研究、案例研究。其中，前二者是主要的研究方法。

一、规范研究

规范研究是本书采用的首要研究方法。基于法学的内部视角，运用各种宪法、法律解释方法，本书试图检视对于“两区”国家机关的组织活动在哪些方面以及在何种程度上偏离了现行的组织法规范。为了达成这一研究目的，本书尝试全面梳理和深入分析一系列有关“两区”国家机关的组织法规范。无论是中央立法还是地方立法，无论是人大立法还是行政立法、司法文件均在不同程度上含有这一类组织法规范。其中的相当一部分规范并不直接涉及“两区”的国家机关，然而，它们却可以用于检视这些国家机关的合法性。需要说明的是，基于规范研究的视角，本书主要关注下位组织法规范的合法性议题，同时适度关注上位组织法规范的合理性议题。

二、实证研究

本书所采用的实证研究可以分为三种具体形式：定量统计分析、信息资料分析、实地调研访谈。

---

① 参见庞明礼、徐干：《开发区扩张、行政托管与治权调适——以 H 市经济技术开发区为例》，载《郑州大学学报（哲学社会科学版）》2015 年第 2 期，第 67 页。

② 详见庞明礼、徐干：《开发区扩张、行政托管与治权调适——以 H 市经济技术开发区为例》，载《郑州大学学报（哲学社会科学版）》2015 年第 2 期，第 69—70 页。

从涉及“两区”国家机关的研究成果来看，公共管理学、区域经济学等学科相对于法学更加青睐定量统计，对于数据图表的使用比较频繁。本书的研究仍以定性研究为主，但在一些组织法议题上尝试进行定量统计分析。如前所述，无论是“两区”还是其国家机关都是有一定数量的。所以，采用定量统计分析有助于准确地把握涉及这些国家机关的组织行为。

作为本书的研究素材，涉及有关既有组织活动和组织法规范的信息资料主要来源于网络。线上收集信息资料更加便捷，不仅可以在很大程度上节省时间成本和经济成本，也能够比较全面地获取全国范围内“两区”设置国家机关的情况。本书据以进行规范研究的组织法规范主要来自“北大法宝”“威科先行法律数据库”等法律法规数据库，但是，相当一部分位阶较低的规范性文件未被这些数据库收录，它们基本上均取自“两区”的门户网站、“两区”国家机关的官方网站及有关国家机关的官方网站。至于“两区”国家机关的组织情况，自然也主要是从前述网站获悉的。除了通过互联网获取信息资料以外，笔者也通过“开发区年鉴”“国家级新区发展报告”“乡镇行政区划简册”等相关的系列图书收集相关的信息资料。

当然，实地调研访谈更加有助于获取产生时间较晚、公开程度较低、敏感性较强的信息。因此，笔者在东北、华北、华东、中南、西北和西南等六个地区各选取了1—4个国家级开发区以及1个国家级新区进行调研访谈。笔者曾与本书依托课题的部分课题组成员赴国家级开发区数量最多的江苏省开展调研访谈。调研访谈的对象主要是“两区”国家机关、省地两级党委组织部门、机构编制管理机关的工作人员。

三、比较研究

如前所述，“两区”国家机关的组织法治在很大程度上是我国特有的法学议题。因此，就我国与外国的不同情况进行比较研究意义有限。本书基本上没有开展这个层面的比较研究。

尽管如此，国家级开发区与国家级新区的同类国家机关之间，“两区”的各类国家机关之间，“两区”国家机关与一般地方国家机关之间均存在比较研究的空间。但是,笔者并未发现"两区"国家机关在组织法议题上存在显著的地域差异。除了共时性比较之外,本书也以代表性较强的"两区"为例进行了历时性比较。毕竟,在"两区"的初创、发展、成熟、转化等阶段,其组织实践具有不同的特点。

四、案例研究

通过"北大法宝""威科先行法律数据库"等法律法规数据库以及其他网络资源,笔者搜集了相关的执法、司法案件。经由这些案件,本书试图分析"两区"国家机关的组织法议题,尤其是这些国家机关的基本定性、权力配置议题。譬如,"两区"管理机构及其所属行政组织是否具有行政复议被申请人、行政诉讼被告的资格?其职权是来自立法机关赋权、行政机关授权、行政机关委托或者其他渠道?通过具有针对性的群案分析,本书尝试在一定程度上研讨相关议题。

第五节 研究框架以及可能的学术贡献

在导论的最后一节,有必要就本书的基本框架加以大致说明。至于其可能的学术贡献,这里也冒昧地进行预测。

一、研究框架

除了导论以外,本书共分为五大部分即五章,具体如下。

第一章意在梳理"两区"国家机关的组织法规范。在中央立法层面,有关的组织法规范分布于《宪法》、法律、行政法规、部门规章以及国务院及其工作部门的其他规范性文件。此外,最高人民法院的一些司法解释对于"两区"国家机关的组织也有涉及。在地方立法层面,有关的组织法规范可见于省地两级的地方性法规、地方政府规章、"三定"规定等其他规范性文件。

第二章旨在检视"两区"国家机关的设立依据和基本定性。重点研讨的具体议题包括:第一,"两区"管理机构、法院、检察院的设立是否具有充分的宪法、法律依据？第二，“两区”人大工作机构的设立是否具备制度空间？第三，“两区”管理机构是否为特定地方政府的派出机关、派出机构、地位相对独立的“公务法人”？第四，“两区”管理机构是否具有行政复议被申请人和行政诉讼被告的资格？

第三章力图厘定“两区”国家机关的产生方式和人员组成。重点研讨的具体议题包括：第一，“两区”国家机关在实践中如何产生，是选任的抑或委任的？第二，“两区”国家机关组成人员的范围如何，这些机关是否存在领导职数限制？

第四章试图分析“两区”国家机关的机构设置和权力配置。该章重点关注“两区”管理机构的机构设置和权力配置，相关议题包括：第一，“两区”管理机构实际行使的职权有何来源，是立法机关赋权、行政机关授权、行政机关委托抑或其他，这些权力来源是否具有充分的宪法、法律依据？第二，作为省地两级政府的派出组织，“两区”管理机构在何种程度上享有行政处罚、行政许可、行政强制的权力？第三，“两区”管理机构下属的行政组织一般包括哪些类别，其中的工作机构在法律上处于何种地位，具有何种性质？当然，对于其他“两区”国家机关之权力配置的合法性和合理性，该章也将给予理论关照。

需要说明的是，本书未设专章讨论“两区”国家机关与特定的地方行政机关的职权关系，后者主要包括：设立“两区”管理机构的省级、设区的市级政府，与“两区”管理机构平行的设区的市级、县级及其工作部门和乡级政府，由“两区”管理机构托管的乡级政府以及街道办事处。此外，当国家级新区在地域上涵盖一个或者数个国家级开发区时，二者之管理机构的关系也值得研讨。考虑到以上职权关系与“两区”管理机构的机构设置、权力配置联系密切，本书将其置于该章予以分析。

第五章尝试探究“两区”国家机关的撤销、合并机制。重点研讨的具体议题包括：第一，撤销、合并“两区”国家机关是否以及为何具有必要性？第二，撤销、合并这些国家机关是否具有充分条件、必要条件？第三，如何在规范意义上认定这些国家机关的撤销、合并主体？该章将在一定程度上结合上海浦东新区、天津滨海新区成为市辖区的经验展开。

除了第一章之外，各章均以特定的组织法议题为导向，遵循“发现问题—分析问题”的逻辑进路。首先,通过相关的实证材料发现和归纳“两区”国家机关的组织法议题。其次,基于既有的组织立法——尤其是《宪法》和组织法律,分析和研判前述议题。对于一些特定的组织法议题,相关章节还将尝试提出若干对策建议。需要说明的是,由于研究主题相对宏大以及研究资源比较有限,本书既不打算也不可能兼顾“两区”国家机关组织法治的所有面向,仅就实践中和理论上比较突出的组织法议题展开研讨。

二、可能的学术贡献

相对于既有的研究成果,本书可能在以下几个方面做出一定的学术贡献。

其一,本书对“两区”监察机构、法院、检察院的组织法治给予必要的关注。总的来说,既有公法学论著在组织法上对这三类“两区”国家机关——尤其是“两区”监察机构和检察院的关注依然有限。但应该看到,同“两区”人大工作机构、管理机构一样,这三类国家机关均面临现实的组织法议题。

其二,本书对“两区”管理机构之行政职权的来源加以分析。其行政职权的可能来源有三:权力机关的赋权、行政机关的授权及委托。但这三者在组织实践中的总体情况仍有待于系统考察。另外,三者本身是否需要依据组织法规范以及需要依据哪一层级的组织法规范,组织法理论有必要对此进行回应。关于这些问题,我国现行的实定法在很大程度上缺乏明确、具体的规定。有鉴于此,本书尝试依据相对原则的组织法规范以及比较主流的组织法理论予以探究。

其三,本书就“两区”管理机构与地方政府按照事务或者根据地域的分治模式展开研讨。依据国家级开发区最初的管理体制设计,国家级开发区管理机构和地方政府可以在相同的地域范围内分别行使专门的经济(科技)管理职能①和一般的行政管理职能,并行不悖。然而,当国家级开发区发展到一定阶段以后,其管理机构开始全面管理其区域内的大多数

---

① 对于“两区”管理机构尤其是其中的国家级高新区管理机构而言,经济管理和科技管理都是其专门性的职能。为了表述的方便,本书将这两个方面的职能一并简称为“经济管理职能”。

行政事务，作为有实无名的"准政府"得以运行。而后，国家级新区的管理体制也基本上复制了这一模式。在此背景下，本书尝试研讨"两区"既有管理体制向"府委分治模式"转化的必要性和可行性。如若能够将特定经济管理职能以外的行政职能逐渐交还地方政府，或许可以纾解法治与改革在"两区"治理中的张力。

其四，本书对"两区"国家机关的撤销、合并机制进行探究。"两区"作为功能区均具有一定的生命周期，"开发区"总有完成"开发"之日，"新区"也终有成为老区之时。因此，"两区"国家机关无论是在个体意义上还是在群体意义上都是非常设的、阶段性的，终将经历撤销或者合并。"两区"国家机关的撤销相对于地方国家机关的撤销具有显著的特点，但鲜有论著就其机制展开全面系统的讨论。既有相关论著更多地是回顾上海浦东新区和天津滨海新区的"建政"历程，其视角主要是往后看的而非向前看的。至于"两区"国家机关的合并则是非常特殊的组织实践。对此，本书并未在解释论层面完全予以否定，而是在立法论层面探究其机制。

其五，本书就如何通过立法支持"两区"的既有治理模式提供建议。鉴于"两区"国家机关的顶层设计缺失和制度供给不足，相当一部分理论、实务工作者主张调整现行的中央立法。建议制定《国家级开发区法》《国家级新区法》或者类似法律的论著并不鲜见。但是，制定这一类法律的必要性和可行性均有待商榷。[①] 考虑到《宪法》和组织法律的稳定性以及整个组织法体系的安定性，本书主张，对于中央立法仅做必要的、最小幅度的调整。当然，从根本上说，修法仅为暂时的治标之策，并不能彻底消除"两区"国家机关的组织法障碍。

---

① 《高新技术产业开发区法（草案）》的终止审议即为明证。由于各方面对草案的意见分歧较大，一直未能提出对草案的修改方案，全国人大常委会委员长会议于2002年8月16日向全国人大常委会报告终止审议该草案。

第一章　国家级开发区、新区国家机关的组织法现状

本章的任务是系统考察国家级开发区和国家级新区之国家机关的组织法现状，这一工作旨在为以下各章有关"两区"组织法治的规范分析提供基础。

这里首先需要考虑的是：如何界定组织法规范的范围？我国现行的部分规范性文件以"……组织法"或者"……组织条例"命名。但以实质而论，组织法规范并不只是存在于顾其名便能思其义的规范性文件之中。譬如，现行《宪法》第 3 章"国家机构"中的许多规范无疑就是组织法规范。如若采用实质性的界定方式，我们有必要先行确定组织法本身的内容。参酌有关行政组织法之基本内容的主流观点，国家机关组织法至少应该包括以下几个方面的基本内容：其一，国家机关的设立依据和基本性质；其二，国家机关的产生方式和人员组成；其三，国家机关的机构设置和权力配置；其四，国家机关之间的相互关系；其五，国家机关的变更、撤销机制。[①] 对于这些方面的组织活动进行调整和控制的规范都属于组织法规

---

① 根据我国现行法律的规定，薛刚凌将行政组织法的基本内容概括为八个方面：第一，法律依据；第二，行政机关的组成；第三，行政机关的设置；第四，行政机关的地位、性质和相互关系；第五，行政机关的职权职责；第六，行政机关的活动原则；第七，副职设置；第八，行政机关设立、变更和撤销的程序。详见应松年主编：《当代中国行政法》，人民出版社 2018 年版，第 310—311 页。

范。本书将以此为逻辑结构予以展开。

其次需要考虑的是：如何进一步界定“两区”国家机关之组织法规范的范围？综观我国现行的中央立法和地方立法，前者有关这些国家机关的直接规定非常有限，后者之中的这类规定在数量上比较可观，但缺乏体系性。本书试图从较为宽泛的意义上界定“两区”国家机关的组织法规范，主张将相关的直接规定和间接规定均纳入其范围之中。这里所说的间接规定尽管没有明确提及“两区”国家机关，但可以用于调整包括这些特殊国家机关在内的地方国家机关。这一类规定有助于我们就涉及“两区”国家机关的组织实践进行合法性判断。

下面分别针对中央立法和地方立法之中有关“两区”国家机关的组织法规范进行梳理和研判。需要说明的是，对于重要的中央立法——尤其是《宪法》和组织法律，本章将进行一定程度的探讨。但是，鉴于以下各章还将就这些立法进行规范分析，本章的研讨只是点到为止。而对于地方立法，本章则试图在列举代表性立法的基础上择其要点而论之。

第一节　中央立法之中的相关组织法现状

在中央立法层次，“两区”国家机关的组织法规范可见于《宪法》、法律、行政法规、部门规章和国务院及其工作部门的其他规范性文件中。此外，最高人民法院的个别司法解释也含有这一类规范。其中，《宪法》和组织法律是本节的主要关注对象。本节将要梳理的现行有效的中央立法如表1-1所示。

表1-1　有关国家级开发区、新区国家机关之组织事项的现行中央立法

序号	立法名称	法律位阶[1]	制定机关	制定时间	最近修改时间
1	《中华人民共和国宪法》	宪法	全国人民代表大会	1982年12月4日通过	2018年3月11日修正
2	《中华人民共和国地方各级人民代表大会和地方各级人民政府组织法》	基本法律	全国人民代表大会	1979年7月1日通过	2022年3月11日修正

续表

序号	立法名称	法律位阶	制定机关	制定时间	最近修改时间
3	《中华人民共和国人民法院组织法》	基本法律	全国人民代表大会	1979年7月1日通过	2018年10月26日修订
4	《中华人民共和国人民检察院组织法》	基本法律	全国人民代表大会	1979年7月1日通过	2018年10月26日修订
5	《中华人民共和国行政诉讼法》	基本法律	全国人民代表大会	1989年4月4日通过	2017年6月27日修正
6	《中华人民共和国立法法》	基本法律	全国人民代表大会	2000年3月15日通过	2023年3月13日修正
7	《中华人民共和国监察法》	基本法律	全国人民代表大会	2018年3月20日通过	/
8	《中华人民共和国科学技术进步法》	非基本法律	全国人民代表大会常务委员会	1993年7月2日通过	2021年12月24日修订
9	《中华人民共和国行政处罚法》	非基本法律	全国人民代表大会常务委员会	1996年3月17日通过	2021年1月22日修订
10	《中华人民共和国行政复议法》	非基本法律	全国人民代表大会常务委员会	1999年4月29日通过	2023年9月1日修订
11	《中华人民共和国行政许可法》	非基本法律	全国人民代表大会常务委员会	2003年8月27日通过	2019年4月23日修正
12	《中华人民共和国行政强制法》	非基本法律	全国人民代表大会常务委员会	2011年6月30日通过	/
13	《国家高新技术产业开发区若干政策的暂行规定》	行政法规	国务院	1991年3月6日批准发布	/
14	《地方各级人民政府机构设置和编制管理条例》	行政法规	国务院	2007年2月14日通过	/

续表

序号	立法名称	法律位阶	制定机关	制定时间	最近修改时间
15	《行政区划管理条例》	行政法规	国务院	2017 年 11 月 22 日通过	/
16	《关于促进国家级经济技术开发区转型升级创新发展的若干意见》	国务院其他规范性文件	国务院办公厅	2014 年 10 月 30 日发布	/
17	《关于促进开发区改革和创新发展的若干意见》	国务院其他规范性文件	国务院办公厅	2017 年 1 月 19 日发布	/
18	《关于推进国家级经济技术开发区创新提升打造改革开放新高地的意见》	国务院其他规范性文件	国务院	2019 年 5 月 18 日发布	/
19	《关于支持国家级新区深化改革创新加快推动高质量发展的指导意见》	国务院其他规范性文件	国务院办公厅	2019 年 12 月 31 日发布	/
20	《关于促进国家高新技术产业开发区高质量发展的若干意见》	国务院其他规范性文件	国务院	2020 年 7 月 13 日发布	/
21	《国家高新技术产业开发区管理暂行办法》	部门规章	原国家科学技术委员会	1996 年 11 月 4 日发布	/
22	《安全生产违法行为行政处罚办法》	部门规章	原国家安全生产监督管理总局	2007 年 11 月 30 日发布	2015 年 4 月 2 日修正
23	《最高人民法院关于适用〈中华人民共和国行政诉讼法〉的解释》	司法解释	最高人民法院	2017 年 11 月 13 日通过	/

续表

序号	立法名称	法律位阶	制定机关	制定时间	最近修改时间
24	《最高人民法院关于涉外民商事案件诉讼管辖若干问题的规定》	司法解释	最高人民法院	2001 年 12 月 25 日通过	2020 年 12 月 23 日修正

注:[1]本表所示“法律位阶”以“北大法宝”的检索结果的“效力位阶”为准。根据此标准,国务院办公厅发布的其他规范性文件通常被视为国务院的其他规范性文件。

一、《宪法》以及组织法律

所谓“《宪法》”即我国现行有效的 1982 年《宪法》。而所谓“组织法律”即专门或者集中规定国家机关组织事项的形式意义的法律,涉及“两区”国家机关的组织法律包括《地方组织法》《人民法院组织法》《人民检察院组织法》《监察法》。

(一)宪法

“宪法”在拉丁文以及现代西文中对应的单词即有“组织”或者“构成”之意。以此而论,我国现行《宪法》虽无“组织法”之名,但确有“组织法”之实。不仅如此,由于《宪法》作为国家的根本法具有最高的法律效力,它应该是首要的组织法。

作为《宪法》中条数、字数均为最多的一章,第 3 章“国家机构”就国家机关的组织进行了集中规定。该章并无只言片语明确提及“两区”,更遑论其国家机关。尽管如此,从逻辑上推导,“两区”国家机关作为特殊的地方国家机关应该是“国家机构”的组成部分。从国家机关的纵向设置来看,“两区”的五类国家机关——设立于“两区”的人大工作机构、管理机构、监察机构、法院、检察院,分别属于国家的权力机关系统、行政机关系统、监察机关系统、审判机关系统、检察机关系统。而《宪法》的“国家机构”一章规定了这五类国家机关系统并赋予它们相应的国家权力。该章第 1—4 节专门规定中央国家机关;第 5、6 节专门规定地方国家机关;第 7、8 节则同时规定了特定的中央、地方国家机关。相较而言,该章对于中央国家机关的规定更为详尽,这也为组织法律调整地方国家机关的组织事项预留了较大的立法空间。由此观之,倘若“两区”国家机关具备宪法基础,它们应该存在于《宪法》第3章“国家机构”的第5—8节之中。但同时也应当看到,该章有关中央国家机关的规定对于“两区”国家机关之组织的意义不容小觑。基于该章的规定,全国人大及其常务委员会对于各类地方国家机关应当具有组织性权力,国务院对于地方行政机关也应该具有此种权力。另外,由《宪法》第95条第2款、第124条第3款、第129条第3款和第135条第3款可知,《宪法》将其未作规定的地方国家机关组织事项交由法律规定。

除了第3章“国家机构”以外,《宪法》第3条和第30条也值得关注。第3条涉及国家权力的横向配置和纵向配置。该条第3款规定:“国家行政机关、监察机关、审判机关、检察机关都由人民代表大会产生,对它负责,受它监督。”根据这一规定,如果“两区”管理机构、监察机构、法院、检察院分别具有国家行政机关、监察机关、审判机关、检察机关的法律性质,它们就理应由人大产生。而以下两个方面的问题依然有待于研讨。所谓“人大”是否包括上级人大,是否包括作为常设机关的人大常委会?此其一。所谓“产生”是否可以指设立?此其二。第3条第4款规定:“中央和地方的国家机构职权的划分,遵循在中央的统一领导下,充分发挥地方的主动性、积极性的原则。”有关国家机关对于“两区”国家机关的组织活动涉及中央和地方国家机关的权力划分。从“两区”国家机关的设立实践来看,“两区”法院、检察院通常分别由最高人民法院、最高人民检察院批复设立,而“两区”其他国家机关的设立则一般由省、地两级的有关国家机关决定。但根据上述宪法规定,“两区”国家机关的设立从根本上说乃是中央事权而非地方事权,特定的中央国家机关可以实行统一领导。至于“两区”的具体组织事项究竟是全国统一抑或因地制宜,仍取决于中央的统筹。

《宪法》第30条专门规定了我国行政区的划分。具体内容为:中华人民共和国的行政区域划分如下:(一)全国分为省、自治区、直辖市;(二)省、自治区分为自治州、县、自治县、市;(三)县、自治县分为乡、民族乡、镇。直辖市和较大的市分为区、县。自治州分为县、自治县、市。自治区、自治州、自治县都是民族自治地方。根据该条的规定可知,我国的行政区包括：省、自治区、直辖市、自治州、县、自治县、市（包括较大的市）①、乡、民族乡和镇。从一般的宪法解释规则来看，该条对于行政区的列举应为完全列举，而国家级开发区和国家级新区显然不在此列。正因为如此，政学两界普遍认为“两区”不属于法律意义上的行政区。而《宪法》第3章第5节“地方各级人民代表大会和地方各级人民政府”所规定的地方各级人大、地方各级政府与行政区划是严格对应的。因此之故，除了已经成立行政区的上海市浦东新区和天津市滨海新区，所有“两区”均不存在人大、政府的建制。

（二）组织法律

如前所述，“两区”的五类国家机关分属于五类国家机关系统。而这五类国家机关的组织均由专门的组织法律予以规定。其中，国家权力机关、国家行政机关的组织由《地方组织法》规定；国家监察机关的组织由《监察法》规定；国家审判机关的组织由《人民法院组织法》规定；国家检察机关的组织由《人民检察院组织法》规定。这五部组织法律可以说是基于《宪法》第3章“国家机构”之第5节“地方各级人民代表大会和地方各级人民政府”、第7节“监察委员会”、第8节“人民法院和人民检察院”的立法形成。尽管这些组织法律并未直接提及“两区”国家机关，但二者必然存在关联：如若某一类“两区”国家机关确系某一类地方国家机关的特殊形态抑或派出组织，它就应当由相应的组织法律予以调整和规范。

考虑到有关设立依据之组织法规范的基础地位，下面主要考察四部组织法律中有可能涉及“两区”国家机关之设立依据的组织法规范。需要说明的是，下文的考察只是探究式的初步分析，第二章还将进一步展开分析。

1.《地方组织法》

《地方组织法》由全国人大于1979年7月1日通过，迄今为止经历过五次修正。该法由全国人大于1982年12月10日首次修正。现行《宪法》则由全国人大于1982年12月4日通过。因此，前者的通过、首次修

---

① 若从1982年全面修宪时的行政区划来看，市管区县的情况比较少见。《宪法》第30条第2款特别规定：“直辖市和较大的市分为区、县。”从修宪原意和规范语境来看，该款中“较大的市”与“设区的市”在意涵上应该基本一致，后一概念出现在《宪法》第97、100、102条中。

正与后者的通过主体相同,前者的通过、首次修正时间与后者的通过时间相同。[①] 由此观之,关于地方人大和地方政府的组织,《地方组织法》与现行《宪法》的部分原意基本相同。从基本内容来看,《地方组织法》同时涉及地方层次的国家权力机关系统和国家行政机关系统的组织。

首先需要注意的是《地方组织法》第 7 条和第 61 条。前一条规定:"省、自治区、直辖市、自治州、县、自治县、市、市辖区、乡、民族乡、镇设立人民代表大会。"后一条规定:"省、自治区、直辖市、自治州、县、自治县、市、市辖区、乡、民族乡、镇设立人民政府。"这两条中的"省、自治区、直辖市、自治州、县、自治县、市、市辖区、乡、民族乡、镇"均为《宪法》第 30 条所列的行政区。"两区"显然不在其列。从语言逻辑来分析,"行政区"是地理空间范畴而非组织实体范畴,无法成为地方人大和地方政府的设立主体。合理的解释或许只能是,前者系后者得以设立并且进行管辖的区域。依据"明示其一等于否定其余"(*expressio unius est exclusio alterius*)的法解释规则[②],"两区"无法充当地方人大、地方政府对应的设立区域和管辖区域。根据全国人大常委会法制工作委员会(简称"全国人大常委会法工委")工作人员编写的《地方组织法》释义,"如果属于一级行政区划不设立一级人民代表大会和人民政府,或者不是一级行政区划却设定一级人民代表大会和一级人民政府,都是违反宪法和地方组织法规定的"。[③] 本书需要进一步研讨的是,如果无法在不具有行政区地位的功能区设立地方人大和地方政府,那么能否退而求其次,在功能区设立地方人大、地方政府的派出组织?对此,本书第二章将予以研讨。

其次应该注意的是该法第 59 条。该条第 1 款规定:"常务委员会根据工作需要,设立办事机构和法制工作委员会、预算工作委员会、代表工作委员会等工作机构。"第 2 款规定:"省、自治区的人民代表大会常务委

---

① 第五届全国人大第二次会议通过了《地方组织法》,而第五届全国人大第五次会议通过了现行《宪法》并且首次修正了《地方组织法》。

② 这一法解释规则可以追溯至古罗马,其意为:法律"表述或者列入某一事项就意味着排除其他事项或者备选项"。See Bryan A. Garner, et al, ed., *Black's Law Dictionary* (11th edition), Thomson Reuters, 2019, p. 726.

③ 乔晓阳、张春生主编:《〈中华人民共和国地方各级人民代表大会和地方各级人民政府组织法〉释义及问题解答》,中国民主法制出版社 2006 年版,第 3 页;李适时主编:《地方组织法、选举法、代表法导读与释义》,中国民主法制出版社 2015 年版,第 4 页。

员会可以在地区设立工作机构。”第3款规定：“市辖区、不设区的市的人民代表大会常务委员会可以在街道设立工作机构……”第4款规定：“县、自治县的人民代表大会常务委员会可以比照前款规定，在街道设立工作机构。”由此观之，“两区”人大工作机构似乎可以定性为特定地方人大常委会设立的办事机构或者其他工作机构。但有待于讨论的是，第2款中的“地区”是否特指一类行政区[①]？至于第3、4款则似乎可以为“两区”人大工作机构的设立提供参照。

最后还需注意的是该法第85条。根据该条的规定可知，省、自治区政府可以设立若干派出机关；县、自治县政府可以设立若干区公所作为其派出机关；市辖区、不设区的市政府可以设立若干街道办事处作为其派出机关。每当论及“两区”管理机构的设立依据，既有相关论著大多会聚焦这一规定。仅从名称来看，“两区”管理机构一般被命名为“……管理委员会”，它们显然有别于区公所和街道办事处。但关键的疑点在于：前者是否属于省、自治区政府设立的派出机关？鉴于本书第二章还将就此展开讨论，此处不再赘述。

2.《人民法院组织法》和《人民检察院组织法》

《人民法院组织法》和《人民检察院组织法》均由全国人大于1979年7月1日通过，二者在通过主体、时间上均与《地方组织法》相同。

首先来看《人民法院组织法》。根据该法第12、13、20、22、24条的规定可知，我国的法院分为最高人民法院、地方各级法院、专门法院。其中，地方各级法院分为高级法院、中级法院、基层法院。高级法院又分为省、自治区、直辖市高级法院；中级法院又分为省和自治区辖市的中级法院，在直辖市内设立的中级法院，自治州中级法院，在省、自治区内按地区设立的中级法院；基层法院又分为县和自治县法院、不设区的市法院、市辖区法院。那么，“两区”法院是属于地方各级法院抑或专门法院的范畴？如果是前者，它又是属于何级何种人民法院？如若“两区”法院确系以《人民法院组织法》作为设立依据，它们就应当在该法所调整和规范的

① “地区”未被《宪法》第30条所列举，但它是实际存在并且被民政部认可的行政区。在地改市以前，“地区”作为行政区分布广泛、数量较多，目前仅有7个。详见中华人民共和国民政部编：《中华人民共和国乡镇行政区划简册2019》，中国社会出版社2019年版，第4页。

法院系统中具备安身之地。

《人民法院组织法》第 26 条也值得关注。根据该条的规定可知，基层法院可以设立作为其组成部分的人民法庭。多数国家级开发区在地域上被县级行政区所涵盖，就实质而论，前者的法院只不过是后者的法院——在层级上是否属于基层法院所设立的人民法庭？这也是有待于回应的议题。另外，在《人民法院组织法》的 2018 年修订过程中，其修订草案曾有如下规定："经全国人民代表大会常务委员会决定，可以设立跨行政区划人民法院，审理跨地区案件。"但是，该法在此次修订后依然没有就"跨行政区划人民法院"作出规定。[①] 不过，为了适应跨行政区划人民法院改革的需求，上述规定今后仍有可能被写入该法或者相关立法之中。

《人民法院组织法》第 3 条的意旨同样有待于探究。该条规定："人民法院依照宪法、法律和全国人民代表大会常务委员会的决定设置。"基于这一规定，全国人大常委会可否通过决定另行创制一类特殊的法院——"两区"法院？这也是应当予以分析的关键论题。

再来看《人民检察院组织法》。根据该法第 12、13 条的规定可知，我国的检察院分为最高人民检察院、地方各级检察院、专门检察院。其中，地方各级检察院根据行政区划又分为三个层次。但总的来说，较之于法院系统，检察院系统与行政区划的对应关系相对较弱。一方面，根据第 13 条第 2 项的规定可知，设区的市级检察院包括省、自治区、直辖市检察院分院。另一方面，根据第 16 条的规定可知，省级、设区的市级检察院可以在辖区内特定区域设立作为其派出机构的检察院。从立法背景来看，这两类检察院应该是为特殊的行政区设计的。但是，就字面表述而言，特定"两区"的检察院或许可以归入这两类检察院的范畴。

3.《监察法》

我国目前只有《监察法》而无《监察委员会组织法》。但就内容来看，作为《宪法》第 3 章第 7 节"监察委员会"的具体化，《监察法》就监察委员会（简称"监委"）的组织进行了比较系统的规定。因此，该法本身在一定程度上具有组织法律的属性。《监察法》于 2018 年 3 月 20 日由全国

---

① 具体原因详见杨万明主编：《〈中华人民共和国人民法院组织法〉条文理解与适用》，人民法院出版社 2019 年版，第 101—102 页。

人大通过，在我国的组织法律中施行时间较短。

《监察法》第7条第2款规定："省、自治区、直辖市、自治州、县、自治县、市、市辖区设立监察委员会。"可见，地方监委是与县级以上的行政区对应设立的。正因为如此，绝大多数"两区"目前没有监委的建制。根据《监察法》第12条第1款的规定可知，各级监委可以向法律法规授权或者委托管理公共事务的组织和单位所管辖的行政区域派驻或者派出监察机构。有必要探究的论题是：这里的"组织和单位"是否包括"两区"管理机构？这里的"行政区域"是否可以指"两区"涵盖的行政区域？如果答案为是，那么"两区"监察机构就应该具备设立依据，它们在性质上就是地方监委的派出机构或者派驻机构。

二、其他法律

除了组织法律以外，其他一些法律也在不同程度上涉及"两区"国家机关的组织事项。其中，三部行政行为法律——《行政处罚法》《行政许可法》和《行政强制法》，与"两区"管理机构具有比较密切的关联，三部法律均涉及这些管理机构的行政权力配置。鉴于本书第四章将就此展开详细分析，此处不予赘述。另外，两部行政救济法律——《行政复议法》《行政诉讼法》，与"两区"管理机构存在一定的关联，但同样考虑到第二、四章将予以论及，这里也不加以讨论。以下简要讨论《立法法》、《科学技术进步法》、《安全生产法》(2014年修正版)的相关组织法规范。

首先来看《立法法》。顾名思义"立法法"意指规范立法之法，而有关特定国家机关之组织的立法实质上就是对于此类国家机关的组织活动。从这个意义上说，《立法法》也具有组织法的性质。根据该法第11条第2项的规定可知，只能制定法律的事项包括各级人大、政府、监委、法院、检察院的产生、组织和职权。这里的"组织"应该是在狭义上使用的，主要指四类国家机关的机构设置和人员组成。如果只是依照这一规定来检视"两区"国家机关的组织法规范，不难发现相关的绝大多数组织法规范均存在法律位阶过低的情况。而根据《立法法》第12条的规定可知，各级人大、政府、法院和检察院的产生、组织和职权只是相对法律保留事项而非绝对保留事项。当有关该事项的某一方面尚且无法可依时，全国人大及其常委会可以授权国务院先行制定行政法规。这一规定在一定程度上消解了“两区”国家机关之组织法规范的上述困境。可是，倘若由行政法规针对除“两区”管理机构以外的“两区”国家机关进行组织方面的制度安排，此种做法似乎又有悖于宪法上的人大制度和民主集中制。

再来分析《科学技术进步法》和《安全生产法》(2014 年修正版)的个别条文。《科学技术进步法》第 74 条规定：“国务院可以根据需要批准建立国家高新技术产业开发区、国家自主创新示范区等科技园区，……”该条直接提到了“国家高新技术产业开发区”这一类主要的国家级开发区，这在全国人大及其常委会制定的法律中可以说是孤例。该条当然可以作为设立国家级高新区的法律依据，但难以充当国家级高新区管理机构的设立依据。批准建立前者不等于批准设立后者，引导和扶持前者也未必需要批准设立后者。《安全生产法》(2014 年修正版)第 8 条第 3 款规定：“乡、镇人民政府以及街道办事处、开发区管理机构等地方人民政府的派出机关应当按照职责，加强对本行政区域内生产经营单位安全生产状况的监督检查，协助上级人民政府有关部门依法履行安全生产监督管理职责。”这一赋权条款在表述上将开发区管理机构定性为地方政府的派出机关。在法律中，对于国家级开发区的明确定性仅此一次。即便在中央立法中，如此明确的定性亦不多见。但是此种定性始终没有出现在《地方组织法》之中，而是由《安全生产法》(2014 年修正版)附带完成的。另外，经过 2021 年修订，该法将开发区管理机构定性为地方政府之“派出机关”的条文不复存在。

三、行政法规以及国务院的其他规范性文件

国务院制定的现行行政法规以及其他规范性文件对于“两区”国家机关的组织也有所涉及，但程度比较有限。

(一)行政法规

现行的行政法规主要有 3 部：《地方各级人民政府机构设置和编制管理条例》《行政区划管理条例》《国家高新技术产业开发区若干政策的暂行规定》。

正如《地方各级人民政府机构设置和编制管理条例》第 1 条所规定

的,制定该条例是"为了规范地方各级人民政府机构设置,加强编制管理,提高行政效能"。其中的"机构"泛指地方各级政府下属的行政组织。无论是将"两区"管理机构定性为地方政府的派出机关抑或派出机构,其均属于这一范畴。由此观之,"两区"管理机构的设置、编制管理均应遵守该条例。就具体内容来看,该条例的规定比较原则,而且并未就地方政府的派出机关或者派出机构进行专门规定。

顾名思义,《行政区划管理条例》所规范的是行政区划管理。而"两区"国家机关的设置与行政区划并无对应关系。从这个意义上说,该条例与这一类国家机关的组织似乎无甚关联。尽管如此,"两区"国家机关的出现和存续在实然层面改变了我国既有的行政区划。综观该条例,特别值得关注的是其中第 10 条:"依照法律、国家有关规定设立的地方人民政府的派出机关的撤销、更名、驻地迁移、管辖范围的确定和变更,由批准设立该派出机关的人民政府审批。"这一典型的组织法规范是否适用于"两区"管理机构呢?这取决于"两区"管理机构是否具有地方政府之"派出机关"的性质。应当注意的是,作为《行政区划管理条例》第 10 条的前身,《行政区划管理条例(草案征求意见稿)》第 22 条采用了不尽一致的表述。该条规定:"行政公署、区公所、街道办事处和作为派出机关的开发区管理机构的撤销、更名、驻地迁移及其管辖范围变更等涉及行政区划的变更事项,由依法批准设立该机关的人民政府依照本条例规定审批。"① 对比两稿可知,与现行版本中"依照法律、国家有关规定设立的地方人民政府的派出机关"对应的表述是草案征求意见稿中"行政公署、区公所、街道办事处和作为派出机关的开发区管理机构"。从文本的变迁来看,"作为派出机关的开发区管理机构"一语最终未能写入现行的《行政区划管理条例》。这是否意味着立法者无意肯定甚或完全否定开发区管理机构作为地方政府之派出机关的地位?目前似无定论。但至少可以说,现行《行政区划管理条例》第 10 条难以证成开发区管理机构的前述地位。

《国家高新技术产业开发区若干政策的暂行规定》主要是针对国家

---

① 《民政部关于〈行政区划管理条例(草案征求意见稿)〉公开征求意见的通知》,载民政部官方网站。

级高新区有关政策的规定，基本上不涉及国家级高新区的组织事项。但其第4条第2款值得关注，该款规定："海关认为必要时可在高新技术产业开发区内设置机构或派驻监管小组，对进出口货物进行管理。"可见，根据该规定，作为垂直管理机关的海关有权在国家级高新区设立相关机构，而相关机构或可被视为国家级高新区管理机构的特殊行政组织。

（二）国务院的其他规范性文件

就数量而言，国务院的其他规范性文件远远超过了行政法规。但是，直接涉及"两区"国家机关的组织事项的这类文件数量有限。如表1-1所示，5部现行有效的国务院其他规范性文件有此内容。它们是由国务院或者国务院办公厅于2014年至2020年间发布的。从具体内容来看，5部规范性文件的调整对象有所不同。有4部文件所调整的是开发区。这其中，3部所调整的是国家级开发区，具体而言，两部调整国家级经开区，一部调整国家级高新区。另有一部文件所调整的是国家级新区。以下按照发布的时间顺序分别予以简述。

《关于促进国家级经济技术开发区转型升级创新发展的若干意见》第2部分"推进体制机制创新"主要涉及国家级经开区管理机构的组织事项。该部分包括两个子部分：其一以"坚持体制机制创新"开篇①；其二以"推进行政管理体制改革"开篇②。

《关于促进开发区改革和创新发展的若干意见》第4部分"全面深化

---

①　以"坚持体制机制创新"开篇的子部分的有关规定具体如下："各省、自治区、直辖市应根据新形势要求，因地制宜出台或修订本地区国家级经开区的地方性法规、规章，探索有条件的国家级经开区与行政区融合发展的体制机制，推动国家级经开区依法规范发展。鼓励国家级经开区创新行政管理体制，简政放权，科学设置职能机构。国家级经开区管理机构要提高行政效率和透明度，完善决策、执行和监督机制，加强事中事后监管，强化安全生产监管，健全财政管理制度，严控债务风险。"

②　以"推进行政管理体制改革"开篇的子部分的有关规定具体如下："进一步下放审批权限，支持国家级经开区开展外商投资等管理体制改革试点，大力推进工商登记制度改革。鼓励国家级经开区试行工商营业执照、组织机构代码证、税务登记证'三证合一'等模式。鼓励在符合条件的国家级经开区开展人民币资本项目可兑换、人民币跨境使用、外汇管理改革等方面试点。"

开发区体制改革”之中以“完善开发区管理体制”开篇的子部分[①]主要涉及开发区管理机构的组织事项。

《关于推进国家级经济技术开发区创新提升打造改革开放新高地的意见》第 3 部分“赋予更大改革自主权”之中分别以“深化‘放管服’改革”和“优化机构职能”开篇的两个子部分[②]主要涉及国家级经开区管理机构的组织事项。

《关于支持国家级新区深化改革创新加快推动高质量发展的指导意见》第 4 部分“持续增创体制机制新优势”之中以“优化管理运营机制”开篇的子部分[③]主要涉及国家级新区管理机构的组织事项。

《关于促进国家高新技术产业开发区高质量发展的若干意见》第 6 部分“营造高质量发展环境”之中以“深化管理体制机制改革”开篇的子部分[④]主要涉及国家级高新区管理机构的组织事项。

就“两区”管理机构的组织事项而言，这 5 部规范性文件的基本意旨

---

① 以“完善开发区管理体制”开篇的子部分的有关规定具体如下：“开发区管理机构作为所在地人民政府的派出机关，要按照精简高效的原则，进一步整合归并内设机构，集中精力抓好经济管理和投资服务，焕发体制机制活力。各地要加强对开发区与行政区的统筹协调，完善开发区财政预算管理和独立核算机制，充分依托所在地各级人民政府开展社会管理、公共服务和市场监管，减少向开发区派驻的部门，逐步理顺开发区与代管乡镇、街道的关系，依据行政区划管理有关规定确定开发区管理机构管辖范围。对于开发区管理机构与行政区人民政府合并的开发区，应完善政府职能设置，体现开发区精简高效的管理特点。”

② 以“深化‘放管服’改革”开篇的子部分的有关规定具体如下：“支持国家级经开区优化营商环境，推动其在‘放管服’改革方面走在前列，依法精简投资项目准入手续，简化审批程序，下放省市级经济管理审批权限，实施先建后验管理新模式。”以“优化机构职能”开篇的子部分的有关规定具体如下：“允许国家级经开区按照机构编制管理相关规定，调整内设机构、职能、人员等，推进机构设置和职能配置优化协同高效。优化国家级经开区管理机构设置，结合地方机构改革逐步加强对区域内经济开发区的整合规范。地方人民政府可根据国家级经开区发展需要，按规定统筹使用各类编制资源。”

③ 以“优化管理运营机制”开篇的子部分的有关规定具体如下：“优化新区管委会机构设置，健全法治化管理机制，科学确定管理权责，进一步理顺与所在行政区域以及区域内各类园区、功能区的关系。允许相关省（区、市）按规定赋予新区相应的地市级经济社会管理权限，下放部分省级经济管理权限。研究推动有条件的新区按程序开展行政区划调整，促进功能区与行政区协调发展、融合发展。”

④ 以“深化管理体制机制改革”开篇的子部分的有关规定具体如下：“建立授权事项清单制度，赋予国家高新区相应的科技创新、产业促进、人才引进、市场准入、项目审批、财政金融等省级和市级经济管理权限。建立国家高新区与省级有关部门直通车制度。优化内部管理架构，实行扁平化管理，整合归并内设机构，实行大部门制，合理配置内设机构职能。”

可以概括为两个方面。一方面,原则支持“两区”管理机构的设立和存续,并且要求赋予其一定的省级、设区的市级行政管理权限,特别是在经济发展、科技创新、区域开发等领域的行政审批权限,同时允许根据“两区”的发展需要统筹使用编制资源。另一方面,明确要求“两区”管理机构精兵简政,即节约行政资源同时确保行政效能,鼓励“两区”与行政区理顺关系、融合发展,鼓励有条件的国家级新区进行行政区划调整。

国务院其他规范性文件毕竟不是行政法规,其效力位阶有限。然而,在实践中,它们对于地方政府乃至其他地方国家机关具有不容小觑的影响力。当前,我国现行法律、行政法规有关“两区”管理机构之组织事项的规定尚不多见。在此背景之下,上述5部文件确有可能被视为具有较高权威性的规范性文件,甚或可以比肩行政法规,高居于地方性法规、地方政府规章等地方立法之上。然而,这些文件的纲领性较强、规范性较弱,在很多事项上只能为“两区”管理机构的组织实践提供原则性的指引。更有必要注意的是,就“两区”管理机构的组织事项而言,这些文件的指引并不能等同于《宪法》和法律的指令,前者依然需要接受后者的规范检视。

至于由国务院发布的批准设立“两区”的文件,它们通常不涉及“两区”国家机关的具体组织事宜,对“两区”管理机制的规定亦不多见。这一类文件还包括国务院同意省级开发区升级为国家级开发区的批复以及国务院同意设立国家级新区的批复。严格地说,国务院批准设立“两区”是一种组织活动,其有关批复首先应该是组织法规范的调整对象而非组织法规范本身。它既非针对不特定的组织也不能反复适用,缺乏规范性。

四、部门规章

现行的部门规章同样甚少规定“两区”国家机关的组织事项。比较具有代表性的部门规章是原国家科学技术委员会发布的《国家高新技术产业开发区管理暂行办法》和原国家安全生产监督管理总局公布的《安全生产违法行为行政处罚办法》。

作为中央立法层面唯一的国家级高新区管理办法,《国家高新技术产业开发区管理暂行办法》以规范国家级高新区管理活动为立法宗旨。该办法第 9 条以列举的方式规定了国家级高新区管理委员会的主要职责。不仅如此,该办法第 5 条和第 7 条以列举的方式分别规定了原国家科委作为国家级高新区之归口管理、协调指导机关的职责和当地省、市政府作为国家级高新区之领导机关的职责。而所谓"归口管理""协调指导""领导"的对象主要是国家级开发区管理委员会。

同其直接上位法《安全生产法》(2014 年修正版)一样,《安全生产违法行为行政处罚办法》附带性地界定了开发区管理机构的性质。该办法第 12 条第 1 款将开发区管理机构表述为"人民政府的派出机构"。可是,这一定性明显不同于《安全生产法》(2014 年修正版)第 8 条第 3 款的定性。

除了部门规章以外,国务院工作部门的其他规范性文件也涉及"两区"国家机关的组织事项。具有代表性的立法例是国家发展和改革委员会制定和印发的有关特定国家级新区的一系列总体方案。这一类方案经国务院同意印发,涉及国家级新区管理机构的职能设置等组织事项。

五、最高人民法院的司法解释和其他司法文件

作为司法解释,《最高人民法院关于适用〈行政诉讼法〉的解释》(简称《行政诉讼法解释》)在实务中影响了国家级开发区管理机构的基本定性和权力配置。根据该解释第 21 条的规定可知,当事人对国家级开发区管理机构作出的行政行为不服提起诉讼的,以该开发区管理机构为被告;对国家级开发区管理机构所属职能部门作出的行政行为不服提起诉讼的,以其职能部门为被告;开发区管理机构没有行政主体资格的,以设立该机构的地方人民政府为被告。这一条似乎也可以类推适用于国家级新区管理机构。从名称来看,《行政诉讼法解释》自然是有关《行政诉讼法》而非《地方组织法》的司法解释。尽管如此,由于我国的法律实务界和法学理论界传统上将行政主体身份与行政诉讼被告资格勾连在一起,上述规定或有可能被认为间接肯定了国家级开发区管理机构甚至还有其所属职能部门的行政主体身份。倘若具有行政主体的身份,国家级开发区管理机构自然能够以自己的名义独立行使行政职权。该规定为这一类管理机构充当行政诉讼被告提供了明确的、直接的依据。然而,若严格从组织

法视角来看,这一规定它没有也无法确定国家级开发区管理机构本身的基本定性,或是厘定本身的权力配置。

同为司法解释,《最高人民法院关于涉外民商事案件诉讼管辖若干问题的规定》在一定程度上影响了国家级经开区法院的职权设置,确而言之,该文件实际上影响了这一类法院的地域管辖权。根据该规定第 1 条第 1 款的规定可知,国家级经开区法院可以管辖第一审涉外民商事案件,而所有其他的基层法院以及部分中级法院则无此地域管辖权。从实质上说,“两区”法院与一般地方法院的地域管辖处于此消彼长的零和博弈关系。前者之地域管辖的确立和扩张就意味着后者之地域管辖的限缩。而对于两类法院之地域管辖的调整,最高人民法院在实际上具有最终的决定权。除了司法解释以外,最高人民法院的其他司法文件对国家级经开区法院的地域管辖权亦有影响。譬如,《最高人民法院关于指定盐城经济技术开发区人民法院管辖一审涉外商事案件的批复》称:“为进一步发挥人民法院对经济技术开发区改革发展提供司法保障的作用”“指定盐城经济技术开发区人民法院管辖一审涉外商事案件。”

六、小结

综上所述,在中央立法层面,有关“两区”国家机关之现行组织法规范的基本情况可以简要概括为以下几个方面:

首先,中央立法中相关组织法规范在数量上非常有限。严格地说,就规范“两区”国家机关的组织事项而言,中央统一立法的模式尚未形成。

其次,《宪法》和组织法律均未直接涉及“两区”及其国家机关。行政法规、国务院其他规范性文件和部门规章仅限于规范“两区”管理机构的组织事项,基本上没有涉及“两区”其他国家机关的组织事项。这或许是由上述立法之行政立法或者准行政立法的性质所决定的。此外,个别法律、部门规章附带性地规定了国家级开发区管理机构的性质。

再次,中央立法中的相关组织法规范主要涉及“两区”国家机关的设立依据、基本定性和权力配置等方面,很少涉及其他方面。

最后,中央立法中的相关组织法规范显然更加关注国家级开发区国家机关而非国家级新区国家机关。这或许是因为国家级开发区较于国家级新区设立时间更早、相对数量更多。

总而言之,中央立法中的相关组织法规范具有较高的抽象性和原则性,缺乏系统性和全面性。应该看到,对于当前“两区”的治理实践而言,中央立法中相关组织法规范所提供的制度供给比较有限。当然,在解释论层面,我们无法要求中央立法迎合“两区”组织实践的需求。而在立法论层面,我们则需要认真研判中央立法如何能够科学合理地为“两区”治理实践进行制度供给。

第二节　地方立法之中的相关组织法现状

较之于中央立法中有关“两区”国家机关的组织法规范,地方立法中的相关组织法规范在数量上比较可观,在内容上更为具体。下面主要梳理截至 2021 年相关的地方性法规和地方政府规章,[①]其重点是作为地方性法规中的开发区条例。

一、地方性法规

根据《立法法》第 80 条和第 81 条第 1、4 款的规定可知,省、自治区、直辖市人大及其常委会以及设区的市、自治州人大及其常委会均有权制定地方性法规。所以,地方性法规可以分为省级、设区的市级(地级)两个层次。一些地方性法规在不同程度上规定了“两区”国家机关的组织事项,更准确地说,主要是“两区”管理机构的组织事项。尽管如此,作为人大立法的地方性法规却很少涉及“两区”人大工作机构的组织事项。

在相关的地方性法规中,一系列开发区有关条例对于国家级开发区国家机关之组织事项的规定最为全面。根据是否以单一的开发区作为专门的调整对象,作为地方性法规的开发区条例可以分为两类,这里权且称之为通用型开发区条例(见表 1-2)和专用型开发区条例(见表 1-3)。前者旨在规范某个行政区内的两个或两个以上开发区,后者则旨在规范一

① 作为民族自治地方的特有立法,单行条例很少涉及“两区”国家机关的组织,但也有极个别例外,如昌吉回族自治州人大通过的《昌吉高新技术产业开发区管理条例》。

个特定的开发区。

表 1-2　作为省级地方性法规的通用型开发区条例一览

序号	条例名称	制定机关	通过时间	最近修改时间
1	《上海市经济技术开发区条例》	上海市人民代表大会常务委员会	1988 年 11 月 10 日	/
2	《河北省经济技术开发区条例》	河北省人民代表大会常务委员会	1992 年 10 月 30 日	2010 年 7 月 30 日
3	《河南省开发区条例》	河南省人民代表大会常务委员会	1994 年 11 月 1 日	2010 年 7 月 30 日
4	《四川省开发区管理条例》	四川省人民代表大会常务委员会	1996 年 12 月 24 日	/
5	《广西壮族自治区高新技术产业开发区条例》	广西壮族自治区人民代表大会常务委员会	2001 年 5 月 26 日	2016 年 11 月 30 日
6	《河北省高新技术产业开发区条例》	河北省人民代表大会常务委员会	2002 年 3 月 30 日	/
7	《贵州省开发区条例》	贵州省人民代表大会常务委员会	2012 年 5 月 25 日	/
8	《山东省经济开发区条例》	山东省人民代表大会常务委员会	2016 年 7 月 22 日	/
9	《江苏省开发区条例》	江苏省人民代表大会常务委员会	2018 年 1 月 24 日	/
10	《辽宁省开发区条例》	辽宁省人民代表大会常务委员会	2018 年 10 月 11 日	/
11	《山西省开发区条例》	山西省人民代表大会	2019 年 1 月 30 日	/
12	《江西省开发区条例》	江西省人民代表大会常务委员会	2019 年 7 月 26 日	/
13	《湖北省开发区条例》	湖北省人民代表大会常务委员会	2019 年 11 月 29 日	/

续表

序号	条例名称	制定机关	通过时间	最近修改时间
14	《广西壮族自治区开发区条例》	广西壮族自治区人民代表大会常务委员会	2020 年 7 月 24 日	/

除了香港特别行政区、澳门特别行政区和台湾地区之外，我国目前共有 31 个省级行政区。由表 1-2 可知，14 个省级行政区的人大或其常委会已经制定了通用型开发区条例，这一比例接近半数。从名称来看，其中四部通用型开发区条例仅调整经开区或者高新区。

表 1-2 所列的通用型开发区条例基本上不限于调整国家级开发区，省级开发区通常也是其调整对象。而表 1-3 所列的专用型开发区条例则专门调整一个特定的国家级开发区。这些条例基本上都是以与其对应之开发区的名称来命名的。

表 1-3　作为省级地方性法规的专用型开发区条例一览

序号	条例名称	制定机关	通过时间	最近修改时间
1	《宁波经济技术开发区条例》	浙江省人民代表大会常务委员会	1988 年 5 月 18 日	2001 年 12 月 28 日
2	《上海市漕河泾新兴技术开发区暂行条例》	上海市人民代表大会常务委员会	1990 年 4 月 8 日	/
3	《温州经济技术开发区条例》	浙江省人民代表大会常务委员会	1992 年 9 月 26 日	2001 年 12 月 28 日
4	《湛江经济技术开发区条例》	广东省人民代表大会常务委员会	1993 年 5 月 14 日	/
5	《芜湖经济技术开发区条例》	安徽省人民代表大会常务委员会	1993 年 11 月 10 日	2007 年 8 月 24 日
6	《长春经济技术开发区管理条例》	吉林省人民代表大会常务委员会	1994 年 1 月 15 日	/
7	《杭州经济技术开发区条例》	浙江省人民代表大会常务委员会	1994 年 4 月 28 日	2001 年 12 月 28 日

续表

序号	条例名称	制定机关	通过时间	最近修改时间
8	《萧山经济技术开发区条例》	浙江省人民代表大会常务委员会	1994 年 4 月 28 日	2001 年 12 月 28 日
9	《北京经济技术开发区条例》	北京市人民代表大会常务委员会	1995 年 4 月 14 日	/
10	《福建省东山经济技术开发区条例》	福建省人民代表大会常务委员会	1995 年 11 月 24 日	2002 年 5 月 31 日
11	《天津经济技术开发区条例》	天津市人民代表大会常务委员会	2003 年 1 月 9 日	2019 年 5 月 30 日
12	《石河子经济技术开发区管理条例》	新疆维吾尔自治区人民代表大会常务委员会	2005 年 5 月 27 日	/
13	《洋浦经济开发区条例》	海南省人民代表大会常务委员会	2010 年 6 月 1 日	/
14	《阿拉尔经济技术开发区条例》	新疆维吾尔自治区人民代表大会常务委员会	2016 年 9 月 29 日	/
15	《喀什经济开发区条例》	新疆维吾尔自治区人民代表大会常务委员会	2016 年 9 月 29 日	/
16	《霍尔果斯经济开发区条例》	新疆维吾尔自治区人民代表大会常务委员会	2017 年 11 月 29 日	/

在作为设区的市级地方性法规的开发区条例中，专用型开发区条例占绝大多数。[①] 以下仅列出其中适用于国家级开发区者（见表 1-4）。

① 从名称来看，仅有《西安市开发区条例》是通用型开发区条例。而从内容来看，也只有前者和《苏州市经济开发区管理条例》可被归属于这一类别。

表 1–4　作为设区的市级地方性法规的开发区条例一览

序号	条例名称	制定机关	通过时间	最近修改时间
1	《广州经济技术开发区条例》	广东省人民代表大会常务委员会	1987 年 1 月 22 日	2021 年 5 月 27 日
2	《大连经济技术开发区条例》	大连市人民代表大会常务委员会	1987 年 6 月 25 日	2010 年 8 月 25 日
3	《福州市经济技术开发区条例》	福州市人民代表大会常务委员会	1993 年 7 月 29 日	2002 年 4 月 29 日
4	《无锡国家高新技术产业开发区条例》	无锡市人民代表大会常务委员会	1993 年 7 月 31 日	/
5	《哈尔滨经济技术开发区条例》	哈尔滨市人民代表大会常务委员会	1993 年 8 月 28 日	2004 年 10 月 21 日
6	《武汉经济技术开发区条例》	武汉市人民代表大会常务委员会	1993 年 12 月 21 日	2020 年 11 月 18 日
7	《宁波大榭开发区条例》	宁波市人民代表大会常务委员会	1994 年 6 月 30 日	2013 年 4 月 26 日
8	《苏州国家高新技术产业开发区条例》	苏州市人民代表大会常务委员会	1994 年 7 月 7 日	2010 年 12 月 22 日
9	《杭州高新技术产业开发区条例》	杭州市人民代表大会	1994 年 11 月 25 日	2004 年 8 月 27 日
10	《鞍山高新技术产业开发区管理条例》	鞍山市人民代表大会常务委员会	1994 年 12 月 9 日	2002 年 9 月 27 日
11	《吉林高新技术产业开发区管理条例》	吉林市人民代表大会常务委员会	1995 年 6 月 23 日	1997 年 5 月 29 日
12	《石家庄高新技术产业开发区管理条例》	石家庄市人民代表大会常务委员会	1996 年 8 月 30 日	/
13	《福清融侨经济技术开发区条例》	福州市人民代表大会常务委员会	1996 年 5 月 15 日	2002 年 4 月 29 日
14	《长春净月潭旅游经济开发区管理条例》	长春市人民代表大会常务委员会	1998 年 12 月 8 日	/

续表

序号	条例名称	制定机关	通过时间	最近修改时间
15	《包头稀土高新技术产业开发区条例》	包头市人民代表大会常务委员会	1999 年 7 月 23 日	/
16	《乌鲁木齐高新技术产业开发区管理条例》	乌鲁木齐市人民代表大会常务委员会	2000 年 10 月 12 日	2020 年 9 月 25 日
17	《乌鲁木齐经济技术开发区管理条例》	乌鲁木齐市人民代表大会常务委员会	2000 年 10 月 12 日	2004 年 8 月 6 日
18	《南昌高新技术产业开发区条例》	南昌市人民代表大会常务委员会	2002 年 7 月 26 日	/
19	《西安市开发区条例》	西安市人民代表大会常务委员会	2002 年 11 月 27 日	2020 年 11 月 26 日
20	《济南高新技术产业开发区条例》	济南市人民代表大会常务委员会	2002 年 12 月 19 日	/
21	《南宁高新技术产业开发区管理规定》	南宁市人民代表大会常务委员会	2003 年 5 月 29 日	2016 年
22	《长春高新技术产业开发区条例》	长春市人民代表大会常务委员会	2003 年 6 月 27 日	/
23	《南昌市经济技术开发区条例》	南昌市人民代表大会常务委员会	2004 年 10 月 29 日	/
24	《兰州高新技术产业开发区条例》	兰州市人民代表大会常务委员会	2005 年 7 月 12 日	/
25	《呼和浩特经济技术开发区条例》	呼和浩特市人民代表大会常务委员会	2005 年 12 月 23 日	2010 年
26	《南宁经济技术开发区条例》	南宁市人民代表大会常务委员会	2006 年 3 月 24 日	/
27	《长春汽车产业开发区条例》	长春市人民代表大会常务委员会	2007 年 8 月 31 日	/
28	《宁波国家高新技术产业开发区条例》	宁波市人民代表大会常务委员会	2009 年 4 月 10 日	2016 年 7 月 1 日

续表

序号	条例名称	制定机关	通过时间	最近修改时间
29	《兰州经济技术开发区条例》	兰州市人民代表大会常务委员会	2009 年 11 月 6 日	/
30	《贵阳高新技术产业开发区条例》	贵阳市人民代表大会常务委员会	2010 年 12 月 30 日	2020 年 10 月 30 日
31	《银川经济技术开发区条例》	银川市人民代表大会常务委员会	2012 年 5 月 4 日	/
32	《昆明高新技术产业开发区条例》	昆明市人民代表大会常务委员会	2014 年 8 月 29 日	/
33	《昆明经济技术开发区条例》	昆明市人民代表大会常务委员会	2014 年 8 月 29 日	/
34	《长沙高新技术产业开发区条例》	长沙市人民代表大会常务委员会	2014 年 10 月 31 日	/
35	《库尔勒经济技术开发区条例》	巴音郭楞蒙古自治州人民代表大会	2018 年 1 月 16 日	/
36	《乌鲁木齐甘泉堡经济技术开发区(工业区)条例》	乌鲁木齐市人民代表大会常务委员会	2022 年 4 月 19 日	/
37	《保定国家高新技术产业开发区条例》	保定市人民代表大会常务委员会	2022 年 12 月 21 日	/
38	《广州市增城经济技术开发区条例》	广州市人民代表大会常务委员会	2022 年 12 月 22 日	/

就具体内容而言，表 1-2、表 1-3、表 1-4 所示的开发区条例就国家级开发区的组织事项进行了不同程度的规定，而对于国家级开发区其他国家机关的组织事项则鲜有涉及。其中的部分开发区条例设有以“管理体制”或者类似表述命名的专章，相关的组织法规范大多集中于该章。

总的来看，多数开发区条例对于国家级开发区管理机构的基本定性、权力配置、与一般地方国家机关的职权关系都有所规定。在基本定性方面，国家级开发区管理机构时常被界定为特定地方政府的“派出机关”或者“派出机构”的情况较多。在权力配置方面,这一类管理机构被赋予了多项行政职权,通常包括但不限于专门的经济管理职权。这些职权往往通过列举的方式得以规定,表现为附有兜底条款的职权清单。此外,大多数开发区条例还规定了上级地方政府及其工作部门对于国家级开发区管理机构的授权、委托机制。在职权关系方面,这些管理机构与作为其设立主体的地方政府之间纵向的行政权力关系基本上都得到了比较明确的规定,后者和前者处于领导与被领导、管理与被管理的关系。一些开发区条例对于国家级开发区管理机构的机构设置亦有规定。其中,国家级开发区管理机构下设的工作机构受到的规范相对较多,而设于国家级开发区的上级政府部门派出(派驻、分支)机构以及垂直管理机构受到的规范则相对较少。另外,只有少数开发区条例规定了国家级开发区管理机构的设立依据和产生方式。

在地方性法规层次,部分国家级新区也有综合性的条例,但绝对数量十分有限。依据笔者的检索,现行有效的国家级新区条例仅有 6 部,见表 1-5。

表 1-5 国家级新区条例基本情况一览

序号	条例名称	制定机关	通过时间	最近修改时间	章数(章)	条数(条)
1	《天津滨海新区条例》	天津市人民代表大会常务委员会	2002 年 10 月 24 日	2015 年 5 月 21 日	7	59
2	《广州市南沙新区条例》	广州市人民代表大会常务委员会	2014 年 6 月 20 日	/	10	77
3	《山东省青岛西海岸新区条例》	山东省人民代表大会常务委员会	2017 年 12 月 1 日	/	8	55
4	《黑龙江省哈尔滨新区条例》	黑龙江省人民代表大会常务委员会	2019 年 12 月 18 日	/	9	60
5	《河北雄安新区条例》	河北省人民代表大会常务委员会	2021 年 7 月 29 日	/	10	80
6	《四川天府新区条例》	四川省人民代表大会常务委员会	2023 年 7 月 25 日	/	9	53

表1-5所示的6部国家级新区条例都是专门为一个特定的国家级新区制定的，因而均属于专用型条例。当前，我国仅有19个国家级新区，在数量上与国家级开发区相差悬殊，并非所有的省级行政区都设有国家级新区，而且，一个省级行政区至多设有一个国家级新区。由此观之，此种“一新区一条例”的地方立法模式目前来看是大体适宜的。在6部国家级新区条例中，只有《广州市南沙新区条例》属于设区的市级地方性法规，其他5部条例均属于省级地方性法规。并且除了《天津滨海新区条例》以外，其他5部条例均以专章或者数条款具体规定国家级新区管理机构的组织事宜。[①] 另外，这6部国家级新区条例基本上没有提及国家级新区其他类型的国家机关，更遑论具体规定其组织事宜了。

另外，一些省级、设区的市级人大常委会发布了有关国家级新区行政管理体制或者行政管理事项的专门性决定，如《重庆市人民代表大会常务委员会关于重庆两江新区行政管理事项的决定》《南京市人民代表大会常务委员会关于南京江北新区行政管理事项的决定》《黑龙江省人民代表大会常务委员会关于哈尔滨新区行政管理有关事项的决定》。虽然这些决定并非省级地方性法规，但从发布主体来看，它们与省级地方性法规应该具有基本相同的效力位阶。从名称和内容来看，此类决定的调整对象仅限于国家级新区的管理机构。

最后需要说明的是，就“两区”管理机构之外的其他国家机关进行组织规范的地方性法规确有其例，但数量极少。典型的立法例当属《河北省人民代表大会常务委员会关于河北雄安新区中级人民法院和河北省人民检察院雄安新区分院人事任免暂行办法》。

二、地方政府规章

地方政府规章中的相关组织法规范较之于地方性法规中的相关组织法规范更为庞杂。作为一类主要的行政立法，地方政府规章自然主要针对“两区”的管理机构而非其他国家机关进行规定。在相关的地方政府规章中，比较值得关注的是特定开发区条例的实施性规章和有关特定国

---

① 以天津滨海新区为基础的县级行政区已经设立，它系天津市所辖的区。天津滨海新区先前的管理机构已经被天津市滨海新区政府取代。

家级开发区的综合管理性规章。前者如《北京市人民政府关于实施〈北京经济技术开发区条例〉办法》《四川省开发区管理条例实施办法》《湛江经济技术开发区条例实施细则》,后者如《厦门火炬高技术产业开发区暂行管理办法》《汕头高新技术产业开发区暂行规定》《平顶山高新技术产业开发区暂行规定》。

三、其他规范性文件

此处的"其他规范性文件"是指地方国家机关制定的地方性法规、地方政府规章以外的所有规范性文件。含有相关组织法规范的其他规范性文件数量众多,其中的部分文件尚未正式对外公开,因而难以完全列举。从目前的情况来看,相对于地方权力机关和地方行政机关,其他地方国家机关较少制定涉及"两区"国家机关之组织事项的其他规范性文件。下面简要介绍两类文件。

首先是省级、设区的市级、县级政府及其工作部门向"两区"管理机构或其职能部门授予、委托行政职权的其他规范性文件,如《重庆市人民政府关于向两江新区下放市级行政审批等管理事项和权限的决定》《福建省人民政府关于印发下放福州新区省级经济管理权限目录的通知》《云南省人民政府关于授予滇中新区管委会行使部分省级行政职权等事项的决定》《长沙市人民政府关于赋予湖南湘江新区市级经济管理权限的决定》。自不待言,此种授权和委托本身即为典型的组织活动,乃是上位组织法规范的调整对象。然而,从另一个角度来看,这里所谓的授权、委托本身也必须依托一系列有关权力配置的组织法规范,其载体就是上述的其他规范性文件,原因在于:这些规范性文件对于下级行政机关的组织活动同样具有约束性。

其次是"两区"国家机关的"三定"规定。所谓"三定"即定机构、定职能、定编制。因此,这一类文件与"两区"国家机关的组织具有直接的、密切的联系。但应该看到,这些国家机关的"三定"规定均系"两区"管理机构的机构编制管理部门①所制定的其他规范性文件,效力位阶不高而且

① 该部门同时隶属中国共产党"两区"工作机构和"两区"管理机构,是后二者的一个工作部门。

公开程度有限。因此，对于“两区”管理机构而言，这类“三定”规定仅能起到自我约束的作用。另外，既有的“三定”规定并未涵盖一些重要的组织法规范。有学者提出，“三定”规定对于行政组织的法律地位、行政组织人员之间关系等方面的规范尚付阙如。①

四、小结

综上所述，在地方立法层面，有关“两区”国家机关之现行组织法规范的基本情况可以大体概括为以下几个方面：

其一，较之于中央立法中的相关组织法规范，地方立法中的相关组织法规范在数量上明显更加可观。这一类组织法规范可见于一系列综合性、专门性的地方性法规和地方政府规章。可以说，就规范“两区”国家机关的组织而言，地方分散立法的模式已经基本形成。

其二，相对于中央立法中的相关组织法规范，地方立法中的相关组织法规范在内容上更加具体和系统，最具代表性的地方立法当属作为省地两级地方性法规的通用型、专用型开发区条例。因此，基于这一类规范，围绕“两区”国家机关的组织事项，地方人大对同级政府的横向监督与上下级地方人大之间的、上下级地方政府之间的、地方政府对其工作部门的纵向监督均可以在一定程度上展开。

其三，地方性法规和地方政府规章主要涉及“两区”管理机构的组织事项。至于“两区”其他国家机关的组织事项，则一般由其他立法进行有限的规定，但其在效力位阶上尚不及地方性法规和地方政府规章。

诚然，地方立法中的相关组织法规范对于较高层级的地方国家机关有关“两区”国家机关的组织活动具有法律上的约束力。但是，从法治统一和依法立法的维度来看，这些组织法规范本身也必须符合中央立法——尤其是《宪法》和组织法律的顶层设计。

---

① 参见钱宁峰：《行政组织法立法论研究》，东南大学出版社 2015 年版，第 135 页。

第二章　国家级开发区、新区国家机关的设立依据和基本定性

国家级开发区和国家级新区国家机关的设立依据、基本定性无疑是基础性的组织法议题。倘若“两区”国家机关的设立依据不足、基本定性不明，那么这一类机关的出现和存续本身就存在困境。有鉴于此，本书将这两个议题置于其他组织法议题之前进行研讨。

“两区”国家机关的设立依据与基本定性联系密切。如前所述，现行《宪法》以及法律并未专门规定“两区”国家机关的设立和性质。所以，论及这一类机关的设定依据，我们有必要考虑其基本定性，反之亦然。申言之，我们必须研讨两个论题：其一，具有特定法律属性的“两区”国家机关基于什么法律依据得以设立？其二，基于特定法律依据得以设立的“两区”国家机关具有何种法律属性？考虑到二者之间的关联，本章将这两个论题联系起来一并加以分析。

自不待言，“两区”国家机关与一般地方国家机关在设立机理上有明显差异。本书权且将二者的设立模式分别称为“个别式设立”和“概括式设立”。后者系指由《宪法》和组织法律统一设立同一类型的机关；前者系指由有权国家机关以决定的形式专门设立单一个体的机关。前者是狭义的设立而后者属于广义的设立。然而，“两区”国家机关的个别式设立在《宪法》和组织法律之中缺乏直

接的规范依据，因此，此种个别式设立的合法性、合宪性更有必要予以研判。

第一节　“两区”管理机构的设立依据和基本定性

绝大多数“两区”管理机构的通名均为“管理委员会”，极少数管理机构则以“开发建设管理委员会”“办公室”“管理局”等命名。就目前的情况来看，作为两类主要的国家级开发区，经开区和高新区大多数都设有管理机构，而部分其他类型的国家级开发区也设有管理机构。① 正如表导-5所示，除了南沙新区之外，其他18个国家级新区均设有管理机构。② 至于这些管理机构是否具有充分的设立依据，理论界和实务界均不无争议。

一、“两区”管理机构的设立依据

较之于“两区”管理机构的基本定性，这一类机构的设立依据受到的关注较少。这里就此展开分析。

如前所述，“两区”管理机构与一般地方政府的设立机理迥然有别。各级地方政府的设立所采用的模式都是概括式设立。根据《宪法》第95条第1款、第112条和《地方组织法》第61条的规定可知，省、自治区、直辖市、自治州、县、自治县、市、市辖区、乡、民族乡、镇设立政府。依据一般的语义逻辑，“设立”政府的主体自然不可能是该条所列的行政区本身，而是有权修改《宪法》和制定《地方组织法》的国家机关，即全国人大。经由概括式设立，特定类型的国家机关就具备了本源性的宪制基础。一

---

①　黄建洪总结了开发区的五种治理模式：政府治理型模式、企业治理型模式、政企合作型模式、委托管理型模式和“协治”型模式。除了企业治理模式以外，其他治理模式均有开发区管理机构的建制，尽管这些管理机构在不同治理模式之下的作用和功能有所不同。详见黄建洪：《中国开发区治理与地方政府体制改革研究》，广东人民出版社2014年版，第59—70页。

②　上海浦东新区和天津滨海新区具有特殊性，二者既是国家级新区也是县级行政区域。因此，上海市浦东新区人民政府和天津市滨海新区人民政府不仅是县级人民政府，在某种意义上亦可被视为国家级新区管理机构。

旦特定的行政区得以设立，相应的地方政府则随之生成，以抽象形态存在。接下来，具体形态的地方政府便可经由选举产生。不同于地方政府的设立，“两区”管理机构在组织实践中的设立均采用个别式设立的模式。一个“两区”管理机构通常是由一个（批复）设立决定得以设立的。“两区”管理机构并不会随着“两区”的设立而自动生成。相比之下，地方政府的概括式设立具有宪法、法律层次的依据，而“两区”管理机构的个别式设立则不然，它需要宪法、法律层次的特别赋权。

《宪法》和《地方组织法》并无直接关于“两区”管理机构的只言片语。但在规范意义上，这些机构的设立依然应当以《宪法》和《地方组织法》的特定条文作为终极意义的依据。

我国现行《宪法》第3章“国家机构”全面系统地规定了我国的各级各类国家机关。作为宪法概念，“国家机构”是“全部国家机关的总称”。基于法解释学的立场，我们可以推定：该章作为《宪法》的国家机构篇章对于国家机关的列举应该是穷尽的、无遗漏的。反过来说，国家机关的设立同国家权力的配置一样，都应该遵循“法无明文规定即为禁止”的原则。如若不然，《宪法》对于各级各类国家机关的系统罗列在组织法上便难以发挥限权、控权的功能。那么，设立“两区”管理机构的宪法依据究竟何在？我们似乎只能在《宪法》第3章第5节“地方各级人民代表大会和地方各级人民政府”之中进行寻觅。就形式而言，“两区”管理机构并非地方政府而是其派出组织。综观该节的所有条文，有可能为这些管理机构提供设立依据的条文无非是第95条第2款：“地方各级人民代表大会和地方各级人民政府的组织由法律规定。”

既然如此，我们有必要将目光转向《地方组织法》。在这部基本法律中，有可能充当“两区”管理机构之设立依据的条文主要是第85条。该条分为3款，完整表述如下：

> 省、自治区的人民政府在必要的时候，经国务院批准，可以设立若干派出机关。
>
> 县、自治县的人民政府在必要的时候，经省、自治区、直辖市的人民政府批准，可以设立若干区公所，作为它的派出机关。
>
> 市辖区、不设区的市的人民政府，经上一级人民政府批

准，可以设立若干街道办事处，作为它的派出机关。

关于“两区”管理机构究竟是属于地方政府的派出机关抑或派出机构，下文将展开分析，此处仅讨论管理机构在形式上是否有可能充当《地方组织法》第 85 条规定的“派出机关”。根据该条第 2、3 款的规定可知，县、自治县政府和市辖区、不设区的市政府在一定条件下可以设立的派出机关分别为“区公所”和“街道办事处”。此二者所对应的管辖区域分别为县辖区和街道。[①] 显然，无论是从名义还是从实质来看，“两区”管理机构既不是区公所，也不是街道办事处。再来看第 85 条第 1 款：“省、自治区的人民政府在必要的时候，经国务院批准，可以设立若干派出机关。”该条只是规定省、自治区政府在一定条件下可以设立派出机关，但并未明确该派出机关的具体类别。[②] 当然，从我国行政区划的历史和现实来看，省、自治区政府的派出机关主要是指行政公署，其对应的管辖区域是“地区”或者“盟”[③]。尽管如此，如果采用严格的文义解释，省、自治区政府的派出机关并不必然被限定为行政公署。但即便如此，该款也只能在非常有限的范围内为“两区”管理机构的既有设立实践提供支持。其一，所有国家级开发区管理机构基本上都是由设区的市级、县级政府所设立的，前者通常被定性为后者的派出机关或者派出机构；其二，重庆两江新区管理委员会是由重庆市政府设立的，后者确系省级政府但并非省、自治区政府；其三，少数国家级新区管理机构是由设区的市级政府设立的，[④]它们对应的国家级新区在地域上并不跨越设区的市级行政区。当然，从理论上说，不管“两区”是否跨越设区的市级行政区，其管理机构均

---

① 目前，县辖区仅有 2 个，而街道则多达 8393 个。参见中华人民共和国民政部编：《中华人民共和国乡镇行政区划简册 2019》，中国社会出版社 2019 年版，第 5 页。

② 1986 年修正《地方组织法》之前，这一款中确实含有“行政公署”的表述。依据全国人大常委会法工委实务工作者编写的《地方组织法》释义，省、自治区政府的派出机关具体如何命名，由国务院决定。参见乔晓阳、张春生主编：《〈中华人民共和国地方各级人民代表大会和地方各级人民政府组织法〉释义及问题解答》，中国民主法制出版社 2006 年版，第 115 页。

③ 这种情况也有例外。作为北京市政府的派出机关，“北京市人民政府天安门地区管理委员会”“北京西站地区管理委员会”即属例外。二者名称中的“地区”并不是作为《宪法》未列行政区的“地区”。

④ 这些国家级新区管理机构包括：青岛西海岸新区管理委员会、大连金普新区管理委员会、南京江北新区管理委员会。

可以由省、自治区政府根据该款设立。但如此一来，作为省、自治区政府的派出机关，“两区”管理机构应该具有较高的行政层级和较广的职权范围，与设区的市级、县级政府的协调会面临体制上的困难。不过，如若省级政府可以设定多个行政层级的“两区”管理机构作为其派出机关，而不限于设区的市级规格的管理机构，那么上述困境则可以在一定程度上得以消解。

接下来研讨《地方组织法》第 79 条第 1 款：“地方各级人民政府根据工作需要和优化协同高效以及精干的原则，设立必要的工作部门。”从 20 世纪八九十年代的“两区”发展历程来看，相当一部分“两区”当时并未设置管理机构。在此情形下，“两区”的行政事务由地方政府的业务主管部门负责。而后，这些业务主管部门被整合为地方政府的归口管理部门，如商务部门、科学技术部门、发展和改革部门。无论是先前的业务主管部门还是后来的归口管理部门均属于地方政府的工作部门，它们都可以直接依据《地方组织法》第 79 条第 1 款设立。值得一提的是，20 世纪 80 年代末至 90 年代初制定的少数开发区条例明确将地方政府的特定工作部门表述为开发区管理机构。其中，目前依然有效的立法例有《上海市经济技术开发区条例》和《上海市漕河泾新兴技术开发区暂行条例》。前者的第 6 条和后者的第 7 条均规定：“上海市人民政府主管外国投资工作的部门是开发区的管理机构。”但是，这个意义的“开发区的管理机构”与目前的绝大多数开发区管理机构迥然有别。从一般的行政组织实践来看，前者未必在开发区设置办公场所，它们只是负责开发区相对单一的行政管理事务，而后者通常在开发区设置办公场所，并且负责开发区更为综合的行政管理事务。因此，较之于前者，后者的属地性、综合性较强。

应该看到，《地方组织法》所规定的地方政府之下属行政组织仅限于地方政府直接下属的行政组织。譬如，该法第 79 条第 1 款只是提到了地方各级政府的工作部门，并未进一步规定该工作部门的内设机构和派出机构。后者主要是由机构编制管理机关编制的“三定”规定予以具体调整。可是，“两区”管理机构毕竟不同于工作部门的内设机构和派出机构，它们直接从属于地方政府。基于法解释学的立场，既然《地方组织法》专门就地方政府的工作部门和派出机关作出了简要规定，地方政府直属的行政组织就应仅限于此二者。倘若“两区”管理机构既非地方政府的工作部门也非地方政府的派出机关，它们在地方行政机关系统中就无法安置，因而缺乏合法性。另外，《宪法》和《地方组织法》的多处规定都体现了精简机构的原则。《宪法》第 27 条第 1 款规定：“一切国家机关实行精简的原则。”而根据《地方组织法》第 79 条第 1 款和第 85 条第 1、2 款的规定可知，无论是地方政府设立工作部门还是省、自治区、县、自治县政府设立派出机关，都应以必要为限。根据这一精简原则进行推论，《地方组织法》应该不会为其未予涉及的地方政府所属行政组织留出设立空间。

实际上，从《宪法》第 95 条第 2 款的字面意思来看，《地方组织法》之外的法律也可以规定地方各级政府的组织。但是，现行的其他法律并无涉及“两区”管理机构之设立的规定。《安全生产法》（2014 年修正版）第 8 条第 3 款提到了“开发区管理机构等地方人民政府的派出机关”，但并未就其设立作出任何规定。况且，在 2021 年修正之后，该法不再含有“开发区管理机构”的表述。

总体而言，“两区”管理机构的设立确实具备地方立法层面的直接依据。其中，最主要的设立依据当属作为省地两级地方性法规的开发区条例。譬如，《河南省开发区条例》第 11 条第 1 款规定：“开发区由所在地的省辖市人民政府、县（市）人民政府设立的开发区管理机构实行统一管理。”又如，《贵州省开发区条例》第 10 条规定：“开发区设立管理委员会。”然而，不论国家级开发区由哪一级地方政府设立，其终极意义的设立依据都应该是《宪法》和法律。否则，单凭地方性法规等地方立法设立的“两区”管理机构就势必显得单薄。另外，根据《立法法》第 11、12 条的规定可知，各级政府的组织是相对法律保留事项，一般情况下只能制定法律予以规定，特殊情况下才可以制定行政法规予以规定。从逻辑上说，“两区”管理机构是地方政府的派出组织，因此，前者的设立属于“各级政府的组织”这一范畴。既然如此，包括地方性法规在内的所有地方立法都不足以充当“两区”管理机构基础性的设立依据。

综上所述，“两区”管理机构的设立实践在《宪法》和法律层面尚缺乏充分的依据。从“两区”治理的实践来看，在一定时期之内，管理机构不仅不会减少、消失，还很有可能继续增多。因此，笔者认为仍或许可以考虑将《地方组织法》第 85 条修改如下：

> 省、自治区、直辖市的人民政府在必要的时候，经国务院批准，可以设立若干**派出机关**。
>
> 自治州、设区的市、县、自治县的人民政府在必要的时候，经省、自治区、直辖市的人民政府批准，可以设立若干**派出机关**。
>
> 市辖区、不设区的市的人民政府，经上一级人民政府批准，可以设立街道办事处等若干**派出机关**。

上述修改可作如下解释：区公所长期有减无增，目前仅存 2 个，即将消亡，故第 2 款不再保留“区公所”的表述。相比之下，街道办事处多达 8000 多个，非常普遍，故第 3 款不作变动。大多数国家级开发区管理机构由设区的市政府设立，但县级政府设立国家级开发区管理机构也不无可能。因此，第 2 款将自治州、县、自治县、市、市辖区的政府一并列为设立主体。当然，县级政府设立国家级开发区管理机构应由省级政府严格把控，必要非充分条件在于：特定的县级行政区设有国家级开发区。[①] 除了“两区”的管理机构之外，其他的重要功能区之管理机构也需要设立依据，第 1、2 款并未将派出机关限定为“两区”管理机构。

此种“因区设法”的方案实乃权宜之计，它将在一定程度上对既有的地方国家机关体系造成一定的影响。不过，较之于制定《国家级开发区法》《国家级新区法》或者类似法律，其立法成本应该相对较低。

二、“两区”管理机构的基本定性[②]

“两区”管理机构应当如何定性？这一点在实务中和理论上颇具争议。对此，无论是实务界还是理论界至今未有基本统一的共识。依据传统的行政组织法理论，管理机构的基本定性决定了其是否享有行政主体的身份。而根据主流的行政救济法理论，该基本定性也在很大程度上决

---

① 设立于县级行政区的国家级开发区确有其例，但数量非常有限。譬如设立于昆山市（不设区的市）的昆山经开区和昆山高新区。

② 本部分已经发表于邹奕：《检视开发区管理机构的法律性质——基于规范分析的视角》，载《中南大学学报（社会科学版）》2017 年第 4 期，第 44—52 页。

定了这些机构是否具备行政复议被申请人和行政诉讼被告的地位。下面一并予以分析。

（一）“派出机关”和“派出机构”的定性检视

“两区”管理机构既不是一级地方政府，也不是该政府的工作部门，这一点已经成为实务界和理论界的共识。然而，这些机构究竟是地方政府的派出机关抑或派出机构？从既有的组织法规范以及一般的组织法原理来看，两种定性各有理据。下面分而述之。

1. 定性为“派出机关”的规范依据以及困境

总的来看，“两区”管理机构作为地方政府之派出机关的定性可以得到个别中央立法、部分地方立法的明确支持。

一方面，个别现行的中央立法将国家级开发区管理机构定性为派出机关。譬如，作为国务院的其他规范性文件，2017 年 1 月 19 日发布的《国务院办公厅关于促进开发区改革和创新发展的若干意见》第 4 部分有如下表述：“开发区管理机构作为所在地人民政府的派出机关。”

另一方面，相当一部分现行的地方立法也将特定的“两区”管理机构定性为派出机关。这里以作为省级地方性法规的通用型开发区条例进行例示（见表 2-1）。

表 2-1　作为省级地方性法规的通用型开发区条例对于开发区管理机构的定性[1]

序号	条例名称	开发区管理机构的定性	
1	《上海市经济技术开发区条例》	第 6 条	政府部门
2	《广西壮族自治区高新技术产业开发区条例》	第 13 条	派出机构
3	《河北省高新技术产业开发区条例》	第 4 条	派出机构
4	《贵州省开发区条例》	第 10 条	派出机构
5	《山东省经济开发区条例》	第 7 条	派出机构
6	《江苏省开发区条例》	第 23 条	派出机关
7	《辽宁省开发区条例》	第 22 条	派出机关
8	《山西省开发区条例》	第 14 条	派出机关
9	《江西省开发区条例》	第 23 条	派出机关

续表

序号	条例名称	开发区管理机构的定性	
10	《湖北省开发区条例》	第6条	派出机关
11	《广西壮族自治区开发区条例》	第20条	派出机关

注：[1]该表仅列出表1-2中的部分开发区条例，其他开发区条例未明确定性开发区管理机构。

在表2-1中，将开发区管理机构定性为派出机关和派出机构的开发区条例分别为6个和4个，前者明显较多，而且制定时间更为晚些，①这反映了省级权力机关对于国家级开发区管理机构的最新定性。值得一提的是，上述6个开发区条例包括了《江苏省开发区条例》。以国家级开发区的数量而论，江苏省一直稳居全国之首。

尽管如此，“两区”管理机构作为地方政府派出机关依然面临障碍。其一，将国家级开发区管理机构定性为派出机关的现行中央立法数量极其有限，而且效力位阶明显较低。前述的《国务院办公厅关于促进开发区改革和创新发展的若干意见》即为现存的极少数立法例之一。作为非基本法律，《安全生产法》(2014年修正版)第8条第3款将“开发区管理机构”与“街道办事处”一并表述为“地方人民政府的派出机关”。但此种定性只是附带做出的。况且，经过2021年修法，这一表述已经不复存在。而作为国务院的其他规范性文件，2005年3月21日发布的《关于促进国家级经济技术开发区进一步提高发展水平的若干意见》②第2部分明确规定：“国家级经济技术开发区的管理机构一般是所在地市级以上人民政府的派出机构。”可是，这一文件已于2015年11月失效。鉴于此种从有到无的立法史变迁，业界人士有理由揣测：关于国家级开发区管理机构作为地方政府派出机关的定性，中央立法经历了由明示肯定到默示否定的态度转向。其二，就包括开发区条例在内的相关地方立法而言，国家级开发区管理机构被定性为派出机关的情形依然少于被定性为派出机构的情

① 目前，《四川省开发区管理条例》正在经历修订。据笔者的了解，该条例被修订之后很可能也会将“开发区管委会”界定为“地方政府的派出机关”。

② 该意见由商务部、原国土资源部、原建设部发布，经国务院同意并由国务院办公厅于2005年3月21日转发。

形。其三，几乎没有规章以上的规范性文件将国家级新区定性为派出机关。当然，最为关键的是，将“两区”管理机构定性为派出机关与《地方组织法》的相关规定存在抵牾。依据该法第 85 条的字面意思，国家级开发区管理机构只能充当省、自治区政府的派出机关，但在实践中，几乎所有的国家级开发区管理机构都是由设区的市级、县级政府派出的。

2. 定性为“派出机构”的规范依据以及困境

“两区”管理机构作为地方政府之派出机构的定性同样可以得到个别中央立法、部分地方立法的明确支持。

一方面，个别现行的中央立法将特定的“两区”管理机构定性为派出机构。作为部门规章，《安全生产违法行为行政处罚办法》第 12 条第 1 款以“人民政府的派出机构”来表称开发区管理机构。作为国务院部门的其他规范性文件，国务院六部门《关于规范和促进边境经济合作区发展的意见》第 4 部分规定：“边合区的管理机构应是所在地人民政府的派出机构。”这里的“边合区”即“边境经济合作区”，系《中国开发区审核公告目录（2018 年）》所示的 5 类国家级开发区之一。

另一方面，相当一部分现行的地方立法将特定的“两区”管理机构定性为派出机构。如表 2-1 所示，在省级地方性法规中，有 4 部通用型开发区条例将开发区管理机构定性为派出机构。接下来考察省级地方性法规中专用型开发区条例的定性（见表 2-2）。

表 2-2　作为省级地方性法规的专用型开发区条例对于开发区管理机构的定性[1]

序号	条例名称	开发区管理机构的定性	
1	《上海市漕河泾新兴技术开发区暂行条例》	第 7 条	政府部门
2	《长春经济技术开发区管理条例》	第 9 条	派出机构
3	《天津经济技术开发区条例》	第 6 条	法定机构
4	《石河子经济技术开发区管理条例》	第 6 条	派出机构
5	《阿拉尔经济技术开发区条例》	第 5 条	派出机构
6	《喀什经济开发区条例》	第 6 条	派出机构
7	《霍尔果斯经济开发区条例》	第 7 条	派出机构

注：[1] 该表仅列出表 1-3 中的部分开发区条例，其他开发区条例未明确定性开发区管理机构。

在表2-2所示的7部开发区条例当中,有6部均将开发区管理机构定性为派出机构,没有任何一部将其定性为派出机关。而设区的市级地方性法规中相关的开发区条例也存在类似的情况(见表2-3)。

表2-3　设区的市级地方性法规中的开发区条例对于开发区管理机构的定性[1]

序号	条例名称	开发区管理机构的定性	
1	《苏州国家高新技术产业开发区条例》	第6条	派出机构
2	《鞍山高新技术产业开发区管理条例》	第5条	派出机构
3	《长春净月潭旅游经济开发区管理条例》	第7条	派出机构
4	《南昌高新技术产业开发区条例》	第9条	派出机构
5	《西安市开发区条例》	第4条	派出机构
6	《济南高新技术产业开发区条例》	第51条	派出机构
7	《长春高新技术产业开发区条例》	第3条	派出机构
8	《呼和浩特经济技术开发区条例》	第3条	派出机构
9	《长春汽车产业开发区条例》	第4条第1款	派出机构
10	《贵阳高新技术产业开发区条例》	第4条	派出机构
11	《银川经济技术开发区条例》	第2条第1款	派出机构
12	《昆明高新技术产业开发区条例》	第6条第1款	派出机构
13	《昆明经济技术开发区条例》	第5条	派出机构
14	《长沙高新技术产业开发区条例》	第5条第1款	派出机构
15	《库尔勒经济技术开发区条例》	第5条	派出机构
16	《乌鲁木齐甘泉经济技术开发区(工业区)条例》	第4条	派出机构
17	《保定国家高新技术产业开发区条例》	第6条第1款	派出机构

注:[1]该表仅列出表1-4中的部分开发区条例,其他开发区条例未明确定性开发区管理机构。

表2-3所示的17部开发区条例——不论是通用型抑或专用型开发区条例,都无一例外地将开发区管理机构定性为派出机构。可见,就对开发区管理机构的定性而言,这些开发区条例类似于作为省级地方性法规的专用型开发区条例,但明显区别于作为省级地方性法规的通用型开发

区条例。

在地方立法层次，国家级新区管理机构通常被定性为特定地方政府的派出机构而非派出机关。这里主要以现行有效的6部国家级新区条例为例加以说明。其中，《天津滨海新区条例》没有规定国家级新区管理机构，《广州市南沙新区条例》未对管理机构予以明确定性。其他4部国家级新区条例均将管理机构定性为"派出机构"。[①] 此外，其他地方立法也采用了这一定性。典型的具体立法例包括：《重庆两江新区管理办法》(省级政府规章)第7条、《中共贵州省委、贵州省人民政府关于支持贵安新区高质量发展的意见》(省级政府其他规范性文件)第2条、《南京市人民代表大会常务委员会关于南京江北新区行政管理事项的决定》第1部分。[②]

尽管如此，"两区"管理机构作为地方政府的派出机构同样不无商榷的余地。首先，作为此种定性之规范依据的中央立法屈指可数，而且效力位阶比较有限。无论是地方政府的派出机关抑或派出机构均属于派出组织的范畴，均直属于该政府。《地方组织法》对于地方政府的派出机关作了简要规定，对于地方政府的派出机构却只字未提。由此看来，地方政府设立作为其派出机构的"两区"管理机构未必符合《地方组织法》的规范意旨。其次，尽管诸多地方立法都将"两区"管理机构明确定性为派出机构，但如前文所述，根据《立法法》第11、12条的规定，地方政府的组织乃是相对法律保留事项。因此，"两区"管理机构的基本定性在规范层面并不取决于地方立法。另外，如果将"两区"管理机构定性为地方政府的派出机构而非派出机关，这些机构的行政职权则应受到更大程度的限制。在这种情况下，"两区"治理的制度供给与现实需求的矛盾将更为突出。

3. 徘徊于"派出机关"与"派出机构"之间

从现行的行政组织法规范来看，"派出机关"和"派出机构"的区别主要体现在三个方面。第一，就设立依据而言，派出机关都是依据《地方组织法》设立的，而派出机构则是依据其他法律以及行政法规设立的。第

---

① 详见《山东省青岛西海岸新区条例》第6条；《黑龙江省哈尔滨新区条例》第5条第1款；《河北雄安新区条例》第6条第1款；《四川天府新区条例》第7条第1款。

② 《南京市人民代表大会常务委员会关于南京江北新区行政管理事项的决定》第1部分规定："南京市江北新区管理委员会是市人民政府派出机构"，这一规定将南京江北新区的管理机构定性为设区的市级政府的派出机构而非省政府的派出机构。

二，就设立主体而言，派出机关是由地方政府设立的，而派出机构则通常是由地方政府的工作部门设立的。第三，就职权设置来看，派出机关具有综合性的行政职权，而派出机构一般则具有专门性的行政职权。

"派出机关"和"派出机构"均为我国实定法上的规范概念。二者在表述上仅有一字之差，但在性质上存在明显区别。在理论上和实务中，地方政府的派出机关通常被视为除政府及其工作部门之外的一类行政机关。譬如，有的学者编写的《地方组织法》的释义就将"派出机关"界定如下："县级以上地方各级人民政府根据需要，经上一级国家行政机关批准，在其辖区内设立的，并委托它们指导下级国家行政机关工作和办理各项事宜的行政机关。"①虽然理论界存在一些不同的观点，但它们并非主流的理论。② 众所公认，行政机关是最主要的一类行政主体。因此，如果可以被定性为地方政府的派出机关，"两区"管理机构就具备了行政机关的地位和行政主体的身份。相比之下，派出机构不具有行政机关的地位。一般认为，其必须经法律、法规、规章授权③方才具有行政主体的身份。而根据我国传统的行政主体理论，行政主体的身份与行政复议被申请人、行政诉讼被告的资格存在比较紧密的关联。

言归正传，面对"两区"管理机构可能的两种定性——"派出机关"和"派出机构"，我国立法在现阶段究竟应当何去何从？倘若二者必居其一，本书主张我国现阶段的立法将"两区"管理机构定性为地方政府的派出机关。当然，这是立法论层面而非解释论层面的立场。理由如下：

第一，采用"派出机关"的定性更加有利于保证法律概念在逻辑上的

---

① 乔晓阳、张春生主编：《〈中华人民共和国地方各级人民代表大会和地方各级人民政府组织法〉释义及问题解答》，中国民主法制出版社 2006 年版，第 114 页；李适时主编：《地方组织法、选举法、代表法导读与释义》，中国民主法制出版社 2015 年版，第 125 页。

② 姜明安主编的《行政法与行政诉讼法》指出：地区公署、区公所、街道办事处均不是一级地方行政机关，只是相应的地方政府的派出机关。但该书又提出：行政机关是依据《宪法》或者行政组织法设置的行使国家行政职能的国家机关，这一点使其区别于法律法规授权的组织和其他社会公权力组织。参见姜明安主编：《行政法与行政诉讼法》（第 7 版），北京大学出版社 2019 年版，第 94、104 页。依据该书的这一界定，地方政府的派出机关仍应属于一般意义之"行政机关"的范畴。

③ 根据《行政诉讼法》第 2 条的规定可知，行政机关及其工作人员的行政行为包括法律、法规、规章授权的组织作出的行政行为。也有论者据此认为，规章授权的派出机构也是行政主体。

周延性。如前所述，“派出机关”与“派出机构”作为两个并列的概念在语义上存在显著区别。如若将“两区”管理机构直接定性为地方政府的派出机构，两个法律概念的界限无疑将被突破。“两区”管理机构有可能被误解为以“派出机构”之名行“派出机关”之实。

第二，采用“派出机关”的定性更加有助于应对“两区”治理的实践。这倒并不是说，规范建构必须无条件地满足管理实践。但从目前的情况来看，许多“两区”管理机构实际上全面行使着广泛的行政管理职权，是综合性而非专门性的派出组织，甚至与一级地方政府无甚差别。若将其定性为地方政府的派出机构，其行政管理职权将受到比较严格的限定，其作为行政复议被申请人、行政诉讼被告将遭到更多的质疑。此举恐怕无法应对“两区”治理的实践，既不是权宜之计，也不是长久之策。

第三，采用“派出机关”的定性将影响行政区划和地方国家机关体系，但这种影响是必要的、有限的、暂时的。诚然，选择这一进路有必要修改以《地方组织法》为代表的中央立法以及包括部分开发区条例在内的一系列地方立法。但经此修改，“两区”管理机构更名正言顺地行使综合性的行政职能。

如若将“两区”管理机构定性为派出机构，立法成本依然存在。而且，“两区”的地位将更加尴尬：其作为特殊的行政区缺乏法律依据，作为纯粹的功能区也不符合现实情况。

值得注意的是，有论者倾向于认为“两区”管理机构既不是派出机关也不是派出机构，而是法律法规授权组织。① 但是，“法律法规授权组织”这一表述显然无法作为管理机构的基本定性。这一进路似乎意在将这些管理机构笼统地定性为地方政府特殊的派出组织。但此种定性在实定法上并无依据，也无法满足“两区”治理实践的制度需求。

当然，将“两区”管理机构定性为派出机关只是暂时的立法策略。正本清源，“两区”管理机构的撤销和合并或许才是消解其定性之两难的最终方案。

---

① 详见王卉青、牛玉兵：《管委会主导型开发区管理模式的法律风险与防范》，载《辽宁行政学院学报》2014 年第 5 期，第 66 页。

（二）“公务法人”的定性检讨

面对将“两区”管理机构定性为“派出机关”抑或“派出机构”的两难之境，以余宗良为代表的学者试图另辟蹊径，提出了“公务法人”的定性。在以法国为代表的大陆法系国家，公务法人是国家和社会团体之外的行政主体。而在余宗良看来，“公务法人”是消解开发区管委会身份困境的正解和出路，他主张引入公务法人制度，将管委会界定为社会行政主体。[①] 为此，余宗良提出了五点理由：其一，“我国引进公务法人制度的条件已日趋成熟”；其二，“助推开发区治理的示范性探索，有益于公务法人制度的实行”；其三，“实施公务法人制度能满足区域治理需求”；其四，“实行公务法人制度契合于开发区体制创新的国际战略定位”；其五，“实施公务法人制度是国际游戏规则的内在要求”。[②]

本书认为，将“两区”管理机构定性为从事社会行政的公务法人过于理想，并不可行。依据王名扬对法国法上公务法人的介绍，“法律规定某种公务脱离一般行政组织，具有独立的管理机构和法律人格，能够享受权利、负担义务，这种公务组织就是公务法人”。[③] 这种意义的公务法人具有较强的独立性，包括行政和财政的独立性。而反观我国当前的“两区”管理机构，其在性质上与法国的公务法人相去甚远。一方面，“两区”管理机构在行政上不具有充分的独立性。它们均由地方政府设立、经地方政府授权、受地方政府领导，作为地方政府的派出组织从事国家行政。这些管理机构区别于一般的社会组织，与地方政府的联系更加密切。另一方面，只有极少数“两区”管理机构在财政上具备有限的独立性。[④] 绝大多数“两区”管理机构的财政高度依赖上级政府的拨款。从根本上说，“两区”管理机构是国家机器而非社会组织的一部分，国家行政向社会行

① 详见余宗良：《困境与出路：开发区管委会法律性质之辩》，载《中南大学学报（社会科学版）》2013 年第 1 期，第 111—112 页；余宗良：《中国开发区模式的法治化研究》，中国政法大学出版社 2016 年版，第 220—221 页。

② 余宗良：《困境与出路：开发区管委会法律性质之辩》，载《中南大学学报（社会科学版）》2013 年第 1 期，第 112 页。

③ 王名扬：《王名扬全集 · 法国行政法》，北京大学出版社 2016 年版，第 98—99 页。

④ 典型实例如南宁高新技术产业开发区，其管理机构建立了相应的财政体制，设立了国库分支机构。

政的转向最终将导致其消亡而非转型。将其定性为“公务法人”不符合实际情况,缺乏现实可行性,至多催生出一种名义上的“公务法人”——实质上的准政府。

（三）作为行政主体的身份问题

一般认为,行政主体是指依法享有行政职权,能以自己的名义实施行政行为和独立承担法律责任的行政组织和其他组织,其范围主要包括行政机关和法律法规授权组织。其主要类型有两种:行政机关和法律法规规章授权组织。至于其他社会公权力组织是否属于行政主体,行政法学界尚存争议。因此,如果将“两区”管理机构定性为地方政府的派出机关,它们就是当然的行政主体,毕竟派出机关也是一类行政机关。但若将“两区”管理机构定性为派出机构,这些机构就只有在得到法律、法规、规章授权时才具有行政主体的身份。[①] 当然,大多数“两区”管理机构都得到了地方性法规的授权,表1-2、表1-3、表1-4所列之开发区条例的相关规定即为此种授权的直接依据。就行政审判实践来看,“两区”管理机构的行政主体身份通常被法院所肯定。譬如,最高人民法院在张某与广西壮族自治区南宁经济技术开发区管理委员会房屋强制拆迁纠纷再审案中明确指出:“南宁经开区管委会作为地方性法规批准设立的经济开发区管理委员会,属于南宁市政府的派出机关,依法具有行政主体资格,能够作为行政诉讼的适格被告。”[②]而在《行政诉讼法解释》于2018年2月28日施行以后,“两区”管理机构具有行政主体身份则基本上成了法院的共识。在当前的行政审判中,即使是这些管理机构所属的职能部门也通常被法院认定为具有行政主体资格。

一些行政法学者就我国既有的行政主体理论进行了深刻检讨和系统反思。基于对法国等欧陆国家之行政主体理论的借鉴,他们试图重新界定我国行政主体的范围。譬如,沈岿认为:行政主体应当主要包括中央政府、地方各级政府,而法律法规授权组织的主体地位不应轻易摒弃。[③] 又

---

① 参见北京大学法学百科全书编委会编:《北京大学法学百科全书·宪法学 行政法学》,北京大学出版社1999年版,第324、580页。在我国,派出机关与派出机构的二分与行政主体理论联系密切。

② 最高人民法院(2017)最高法行申5253号行政裁定书。

③ 详见沈岿:《重构行政主体范式的尝试》,载《法律科学》2000年第6期,第46—48页。

如王敬波认为:应该确立国家和各级政府的行政主体地位。同时,应该否认各级政府职能部门的行政主体资格并且赋予从事公共行政之社会组织"准行政主体"身份。[1] 包括两位学者在内的许多行政法学者都主张行政主体身份与行政诉讼被告资格脱钩。

本书认为,如若严格比照法国等欧陆国家的行政主体理论来界定我国行政主体的范围,由于我国缺乏地方自治和社会自治的传统,国家就是主要的甚至是唯一的行政主体。第一,我国各级政府的工作部门没有独立财政。另外,《宪法》第 85 条、第 105 条第 1 款和《地方组织法》第 2 条第 3 款也只是将各级政府而非各级政府及其工作部门定性为地方各级国家行政机关。虽然我国当前的通说将各级政府的工作部门视为一类行政机关,但其相对于各级政府无疑具有从属性。第二,基于单一制的国家结构形式,我国宪法秩序下的"国家"并不与地方团体分立,国家不限于中央,而是包括了中央和地方两个层次。因此,国务院和地方政府分别是"国家"这一法律共同体在中央和地方的代表。第三,我国的社会公权力组织不甚发达,其享有的公共行政权力主要来自法律、法规、规章的授予,而非个人和组织的让渡。不仅如此,相当一部分社会公权力组织亦不具有独立财政。综上,如果借鉴法国等欧陆国家的行政主体理论加以分析,与其说"两区"管理机构本身显然无法充当行政主体,严格来说,它们应当是"国家"这个唯一行政主体在地方之代表的派出组织。

(四)作为行政复议被申请人的资格问题

较之于"两区"管理机构作为行政诉讼被告的资格问题,行政复议被申请人的资格问题受到的理论关注较少。但该问题在实务上同样不无争议。依据郑磊的考察,关于国家级开发区管理机构及其所属职能部门是否具有行政复议被申请人的资格,不同地方政府之间、不同地方法院之间的立场不尽一致,具体立场有三:其一,否认管理机构及其所属职能部门的被申请人资格;其二,承认管理机构的被申请人资格,但否认其所属职能部门的被申请人资格;其三,承认管理机构及其所属职能部门的被申请

---

① 详见王敬波:《面向整体政府的改革与行政主体理论的重塑》,载《中国社会科学》2020年第 7 期,第 113—119 页。

人资格。其中，第一种立场已不常见。[①] 以下结合具体的法律规范对另外两种加以分析。

如果被定性为地方政府的派出机关，“两区”管理机构充当行政复议被申请人则应该不存在规范障碍，这一点结论比较容易证成。《行政复议法》第19条第1款规定：“公民、法人或者其他组织对行政行为不服申请行政复议的，作出行政行为的行政机关或者法律、法规、规章授权的组织是被申请人。”地方政府的派出机关关系一类行政机关，一旦被定性为派出机关，“两区”管理机构即可作为行政机关充当被申请人。但若被定性为派出机构，这些管理机构则只有经过法律、法规授权才能充当行政复议被申请人。此外该条文规定的“法律、法规授权的组织”应该可以涵盖诸多“两区”管理机构。而根据《行政复议法实施条例》第14条，行政机关设立的派出机构，未经法律、法规授权，对外以自己名义作出具体行政行为的，该行政机关为被申请人。由此可以推导，若未经法律、法规授权，“两区”管理机构则不是被申请人，这一角色应由设立它们的行政机关——省级、设区的市级或县级政府充任。

既然如此，“两区”管理机构所属职能部门是否具有行政复议被申请人的资格？我们首先需要考虑其本身的定性。如若管理机构为派出机关，其职能部门则有可能具有行政机关的地位，类似于行政公署、区公所的工作部门。在此情况下，管理机构所属职能部门可以充当被申请人。如若管理机构为派出机构，其职能部门则当然不具有行政机关的地位。依据《行政复议法》第19条第1款的规定以及《行政复议法实施条例》第14条的意旨，这些职能部门必须经过法律、法规授权才能充当被申请人。郑磊曾建议：通过修改《行政复议法》或者《行政复议法实施条例》“明确开发区管理机构及其所属职能部门的行政复议被申请人资格”。[②] 实际上，这一建议也可以适用于国家级新区管理机构及其所属职能部门。应该看到，在“两区”管理机构未得以明确定性的情况下，该建议具有一定

---

① 参见郑磊：《论我国开发区行政复议体制的抉择》，载《河南财经政法大学学报》2020年第6期，第31页。

② 参见郑磊：《论我国开发区行政复议体制的抉择》，载《河南财经政法大学学报》2020年第6期，第35页。

的现实意义,为针对“两区”管理机构及其所属职能部门的行政复议提供了便于操作的方案。

(五)作为行政诉讼被告的资格问题

关于“两区”管理机构是否具有行政诉讼被告的资格,《行政诉讼法解释》第21条提供了明确的指引:

> 当事人对由国务院、省级人民政府批准设立的开发区管理机构作出的行政行为不服提起诉讼的,以该开发区管理机构为被告;对由国务院、省级人民政府批准设立的开发区管理机构所属职能部门作出的行政行为不服提起诉讼的,以其职能部门为被告;对其他开发区管理机构所属职能部门作出的行政行为不服提起诉讼的,以开发区管理机构为被告;开发区管理机构没有行政主体资格的,以设立该机构的地方人民政府为被告。

就上述规定来看,国家级开发区管理机构及其所属职能部门作为行政诉讼被告似乎不存在疑义。实际上,国家级新区管理机构及其职能部门也有可能类推适用这一规定,从而得以充当行政诉讼的被告。但应当看到,如果将“两区”管理机构定性为派出机关,其被告资格已然可以得到《行政诉讼法》的支持。该法第2条第1款规定:“公民、法人或者其他组织认为行政机关和行政机关工作人员的行政行为侵犯其合法权益,有权依照本法向人民法院提起诉讼。”这里的行政机关自然包括派出机关。当然,如果“两区”管理机构只能被定性为派出机构,问题则相对复杂。根据《行政诉讼法》第2条第2款、第26条第1款的规定可知,法律、法规、规章授权的组织可以成为行政诉讼被告。但如若实务中没有此类授权,“两区”管理机构的被告资格无法得到《行政诉讼法》的支持。作为长期任职于最高人民法院行政审判庭的法官,梁凤云指出:“……国务院和省级政府批准设立的开发区管理机构或者所属职能部门,一般情况下,其法律地位等同于法规、规章授权行使职权的组织。”①这应该就是部分法院在行政审判实务中的立场。

在吴某与安庆市人民政府、安庆经济技术开发区管理委员会、安庆市

---

① 梁凤云:《行政诉讼法司法解释讲义》,人民法院出版社2018年版,第101页。

菱北办事处、安庆市城市管理行政执法局经济技术开发区分局房屋强制拆迁再审案（简称“吴某案”）中，申请人吴某提出：“开发区管委会是安庆市政府的派出机构，其实施的法律后果应当由安庆市政府承担。”[①]但最高人民法院拒绝采纳这一意见，该法院的最终结论是：该案的适格被告之一应该是安庆经开区管理委员会，安庆市政府并非适格被告。[②] 最高人民法院的分析值得思考。实际上，最高人民法院对于吴某案的处理并不主要依凭其本身所发布的《行政诉讼法解释》。如前所引，《行政诉讼法解释》第 21 条有如下明文规定：“当事人对由国务院、省级人民政府批准设立的开发区管理机构作出的行政行为不服提起诉讼的，以该开发区管理机构为被告。”该规定显然可以直接导出最高人民法院的前述结论。作为国家级开发区，安庆经开区的管理机构当然可以充当行政诉讼的被告。然而，最高人民法院选择了更加迂回的分析进路。最高人民法院回到了《行政诉讼法》的规范语境，并且将安庆经开区管理委员会认定为规章授权的派出机构，确而言之，即将安庆经开区管理委员会认定为《国家高新技术产业开发区管理暂行办法》授权的安庆市政府的派出机构。[③] 这一分析的规范依据在于：根据《行政诉讼法》第 2 条第 2 款以及《行政诉讼法解释》第 20 条第 3 款[④]，如有规章规定，行政机关授权其派出机构行使行政职权的，属于行政授权，应以行政机关派出机构为被告。[⑤] 严格来说，最高人民法院的上述分析还有待商榷。《国家高新技术产业开发区管

① 最高人民法院行政裁定书，（2019）最高法行申 1380 号。

② 参见吴某与安庆市人民政府、安庆经济技术开发区管理委员会、安庆市菱北办事处、安庆市城市管理行政执法局经济技术开发区分局房屋强制拆迁再审案，最高人民法院行政裁定书（2019）最高法行申 1380 号。

③ 《国家高新技术产业开发区管理暂行办法》第 8 条第 2 款的具体表述如下：“开发区管理委员会作为开发区日常管理机构，可以行使省、自治区、直辖市、计划单列市人民政府所授予的省市级规划、土地、工商、税务、财政、劳动人事、项目审批、外事审批等经济管理权限和行政管理权限，对开发区实行统一管理。”最高人民法院援引了这一款，并且认为安庆经开区管理委员会据此获得了规章的授权。

④ 《行政诉讼法解释》第 20 条第 3 款的具体表述如下：“没有法律、法规或者规章规定，行政机关授权其内设机构、派出机构或者其他组织行使行政职权的，属于行政诉讼法第二十六条规定的委托。当事人不服提起诉讼的，应当以该行政机关为被告。”

⑤ 详见吴某与安庆市人民政府、安庆经济技术开发区管理委员会、安庆市菱北办事处、安庆市城市管理行政执法局经济技术开发区分局房屋强制拆迁再审案，最高人民法院行政裁定书（2019）最高法行申 1380 号。

理暂行办法》确系部门规章，但顾名思义，其所调整之国家级开发区管理机构的类别为国家级高新区管理机构而非国家级经开区管理机构。而安庆经开区管理委员会属于后一类别。当然，正如最高人民法院指出的，安庆经开区管理委员会不仅获得了《国家高新技术产业开发区管理暂行办法》的原则授权，也取得了《安庆市市区集体土地征收与房屋补偿安置暂行办法》的具体授权。不过，后者在性质上属于安庆市政府制定的其他行政规范性文件而非地方政府规章。由此观之，最高人民法院的分析缺乏充分的理据。尽管如此，综观最高人民法院在吴某案中所持的立场，有两点或许值得肯定。其一，该法院并未将国家级开发区管理机构当然视为地方人民政府的派出机关，这符合《地方组织法》有关派出机关的列举式规定。其二，该法院并未直接将其《行政诉讼法解释》第 21 条作为判决依据，而是"舍近求远"地以《行政诉讼法》第 2 条作为分析起点，此种做法表明了其对《行政诉讼法》的依循。当然，最高人民法院对于吴某案的处理尚不至于对《行政诉讼法解释》第 21 条的实效造成消极影响。一者，最高人民法院在该案中只是没有援引而并未直接否定第 21 条的效力；二者，第 21 条可操作性较强，可以为涉及开发区管理机构之被告资格的行政诉讼提供比较直接的、明确的指引，而且，该条出自最高法院的司法解释，对于其他法院的审判工作应该具有较高的权威性和较大的影响力。

在印某与连云港经济技术开发区人力资源和社会保障局行政确认案中，连云港市连云区人民法院直接根据《行政诉讼法解释》第 21 条肯定了国家级开发区管理机构之职能部门的行政诉讼被告资格。该法院指出："……开发区人社局作为经国务院批准设立的连云港经济技术开发区管理委员会社会保险行政职能部门，依法具有工伤认定的行政职权，是本案适格被告。"①由此推论，该法院应该也会承认国家级开发区管理机构的行政诉讼被告资格。或许在其看来，这一类管理机构及其职能部门的行政诉讼被告资格并不以其获得法律、法规、规章授权作为前提。

另外值得讨论的是，《行政诉讼法解释》第 21 条最后一个分句中的"开发区管理机构"究竟是泛指各层次开发区的管理机构还是特指国家

---

① 连云港市连云区人民法院一审行政判决书，(2018)苏 0703 行初 25 号。

级、省级开发区之外其他开发区的管理机构？若是泛指，未经法律、法规、规章授权的国家级开发区管理机构则有可能不具备被告资格。但从最高人民法院行政审判庭编著的司法解释释义来看，所谓"开发区管理机构"应该是特指其他开发区的管理机构，而此分句的立法目的是防止开发区过多过滥损害农民利益和国家利益，防止地方政府利用开发区管理机构逃避行政责任。① 江苏省高级人民法院法官吕长城对于第21条最后两个分句的解读是："对于省级以下开发区管理机构所属的职能部门，《行政诉讼法解释》一律不赋予其行政诉讼被告资格，其只能以所属的开发区管理机构为被告；如果开发区管理机构也不具有行政主体资格的，就只能以设立开发区管理机构的地方人民政府为被告。"②由此观之，这两个分句的规定不适用于国家级开发区管理机构及其所属职能部门。无论是否得到了法律、法规、规章的授权，它们都能充当行政诉讼的被告。可见，行政主体身份与行政诉讼被告资格的勾连在此出现了松动（见表2-4）。

表2-4　现行司法解释有关开发区管理机构及其职能部门之行政诉讼被告资格的确定规则[1]

被诉行政行为的作出者		行政诉讼被告
国家级开发区管理机构		国家级开发区管理机构
国家级开发区管理机构所属职能部门		国家级开发区管理机构所属职能部门
省级开发区管理机构		省级开发区管理机构
省级开发区管理机构所属职能部门		省级开发区管理机构所属职能部门
其他开发区管理机构	有行政主体资格	其他开发区管理机构
	没有行政主体资格	设立该机构的地方政府
其他开发区管理机构所属职能部门	有行政主体资格	其他开发区管理机构
	没有行政主体资格	设立该机构的地方政府

注：[1]本表根据《行政诉讼法解释》第21条及其主流解释制作。

综上，根据《行政诉讼法解释》第21条的意旨，不同于其他开发区管理机构及其职能部门，国家级、省级开发区管理机构及其职能部门当然具

① 详见最高人民法院行政审判庭编著：《最高人民法院行政诉讼法司法解释理解与适用》（上），人民法院出版社2018年版，第136页。

② 吕长城：《开发区管理机构被告资格辨识》，载《人民司法》2019年第22期，第56页。

有行政诉讼被告资格，即使其在未经法律、法规、规章授权的情况下实施行政行为。这应该是行政审判实务目前所普遍依循的一般规则。

第二节 “两区”人民法院、人民检察院的设立依据和基本定性

就设立依据和基本定性而言，“两区”的法院和检察院面临着一些类似或者相同的争议。本节主要分析“两区”法院的相关组织法议题，并且有针对性地探究“两区”检察院特有的相关组织法议题。

一、“两区”法院、检察院的设立依据

对于“两区”的法院和检察院而言，所谓“设立依据”或许可以分为两个层面的解读：其一是整体意义上的设立基础——在“两区”设立法院、检察院是否具备《宪法》、法律基础？其二是个体意义上的设立标准——在特定“两区”设立法院、检察院是否符合法定标准？下面的分析主要从第一个层面展开。

（一）“两区”法院的设立依据检视①

依据笔者从“中国法院网”“百度·中国法院地图”等网站以及相关文献中收集、汇总的信息，可以查实的“两区”法院数量见表 2-5。

表 2-5 各省级行政区内已经查实的“两区”法院数量[1]

省级行政区	国家级开发区法院数量（个）	国家级新区法院数量（个）
天津市	/	1
河北省	6	1
内蒙古自治区	1	/
辽宁省	5	/
吉林省	4	1

① 本部分已发表于邹奕：《困境与出路：开发区人民法院设立的合法性检视》，载《四川师范大学学报（社会科学版）》2020 年第 2 期，第 39—46 页。

续表

省级行政区	国家级开发区法院数量(个)	国家级新区法院数量(个)
黑龙江省	1	/
上海市	/	1
江苏省	13	1
浙江省	2	/
安徽省	2	/
江西省	4	/
山东省	16	/
河南省	2	/
湖北省	3	
广东省	2	/
海南省	1	/
重庆市	/	1
四川省	3	1
甘肃省	/	1
合计	65	8

注:[1]最后查询日期为2020年10月27日。本表计入了与一般地方法院合署的国家级“两区”法院。笔者已经查实之“两区”法院的名称详见附录2。

如表导-1所示,我国目前共有573个国家级开发区,其中包括219个国家级经开区和177个国家级高新区,而笔者查实的国家级开发区法院只有65个,这说明国家级开发区仅有一成多设有法院。由附录2可知,这65个法院均设立于国家级经开区和国家级高新区。但是,就比例而言,这两类主要的国家级开发区也仅有不到两成设有法院。因此,对于国家级开发区而言,法院并非普遍设立的国家机关。相比之下,国家级新区设有法院的比例则明显较高。我国目前共有19个国家级新区,其中8个均设有法院,占到四成有余。

1.“两区”法院的设立基础检视

现行《宪法》中第3章第8节“人民法院和人民检察院”以6个条文就人民法院进行了集中规定。其中,第129条第1款规定:“中华人民共和国设立最高人民法院、地方各级人民法院和军事法院等专门人民法院。”由此,《宪法》概括性地设立了法院。那么,《宪法》是否因而设立了“两区”法院?换句话说,《宪法》所设立的上述三类法院是否可以涵盖“两区”法院?显然,“两区”法院并非最高人民法院。那么,这些法院在性质上应当归入地方各级法院抑或专门法院?从组织实践来看,“两区”法院都是作为地方法院而非专门法院设立的。

接下来需要研讨的论题是,“两区”法院的设立是否与行政区划存在冲突?刘松山提出:“开发区法院是游离于行政区划……之外的东西”。[①]《宪法》第30条就我国的行政区进行了列举,而开发区作为功能区不在其列。由此不难推论,开发区并非县级行政区,因而不能设置基层法院。若能够将第30条的“行政区域”解读为行政机关的管辖区域,那么,地方各级法院的设立或许就可以免受行政区划的约束,将“两区”法院纳入“地方各级法院”这一范畴则并非难事。不过,此种解读有望文生义之嫌。依据比较权威的专业辞典释义,“行政区域”一般解释为:“依照宪法和法律的规定,由特定的机关按照一定的原则和程序将国家领土划分为若干不同层次的区域并设置相应的地方国家机关分层管理,以实现国家职能的一项国家制度。”[②]在行政区设立的“地方国家机关”包括但不限于地方行政机关。在规范意义上,我们不宜将行政区仅仅理解为行政机关的管辖区域,此举将消解地方各级法院与各级行政区的基本对应关系。[③]

尽管如此,《宪法》第30条并不必然构成设立“两区”法院的规范障

① 刘松山:《开发区法院是违宪违法设立的审判机关》,载《法学》2005年第5期,第27页。

② 《中国大百科全书》总编辑委员会编:《中国大百科全书·法学》(修订本),中国大百科全书出版社2005年版,第595页。蔡定剑教授的《宪法精解》一书有关“行政区域划分”的释义如下:“国家为了便于实行行政管理,按照一定的原则,把国家所管辖的领土划分成区域,并设立相应的地方国家机关,从而实现国家对全国领土的统一管理。”参见蔡定剑:《宪法精解》(第2版),法律出版社2006年版,第229页。这一释义虽然认为行政区划便于实现行政管理,但并未因此将在行政区设置的地方国家机关限定为行政机关。

③ 值得注意的是,近年来一些法学者——包括宪法学者、行政法学者、诉讼法学者,确有此种理论倾向,他们的目的是减少甚至消除地方政府在人事、财政等方面对地方法院的支配和控制,从而避免前者对于后者审判工作的干涉。但是,对行政区的此种限缩理解并不完全符合《宪法》和组织法律之相关规定的意旨。不仅如此,他们希望借此实现的司法改革目标也并非治本之策。所谓“司法权与行政区的分离”是相对的,在设区的市级和省级特别是省级,此种分离难以实现。而且,地方法院对于审判权的独立行使最终有赖于人大制度下横向的权力配置和权力制约。

碍。考察我国行政区划的历史沿革可知，即使在现行《宪法》通过之初，我国也未完全依照其所确立的行政区划来设立包括法院在内的各类国家机关。1982 年，全国共有 54 个旗、3 个自治旗、4 个特区和 12 个其他县级行政单位。[①] 它们均不是《宪法》第 30 条所列的行政区，但基本上均设有地方国家机关，其中，法院和检察院的设置尤其普遍。不仅如此，这种情况一直持续至今。2019 年全国共有 49 个旗、3 个自治旗、1 个特区和 1 个林区，[②]它们全都设有基层法院。但从体系解释的维度来看，《宪法》其他条文并未规定地方各级法院必须与行政区完全对应。[③] 综上，“两区”法院的设立与《宪法》确立的行政区划并无直接冲突。当然，较之于与行政区对应的地方法院，不与行政区对应的地方法院只是少数，而“两区”法院又只是这少数中的一部分。

实际上，设立“两区”法院的规范障碍主要是《人民法院组织法》第 24 条。该条就基层法院的种类进行了完全列举：“（一）县、自治县人民法院；（二）不设区的市人民法院；（三）市辖区人民法院。”“两区”法院显然不在其列。《宪法》第 129 条第 3 款委托法律规定法院的组织，这就意味着，“两区”法院是否得以设立主要取决于《人民法院组织法》的规定。而从《人民法院组织法》第 24 条的表述来看，这一类法院不属于基层人民法院。综上，我们可以得出结论：在现行的宪法秩序下，“两区”法院作为地方各级法院的设立基础尚有不足。为了补强“两区”法院的设立依据，修改法律或许是权宜之计。如前所述，设立“两区”法院的规范障碍主要是《人民法院组织法》而非《宪法》的规定。具体而言，《人民法院组织法》第 24 条未将“两区”法院纳入基层法院的范围之内。因此，可以考虑在第 24 条中增列一项“国家级开发区、国家级新区人民法院”或者“其他基层人民法院”。这是通过修订法律突破规范障碍的关键所在。但

---

① 陈潮、陈洪玲主编：《中华人民共和国行政区划沿革地图集》，中国地图出版社 2003 年版，第 156—157 页。

② 中华人民共和国民政部编：《中华人民共和国乡镇行政区划简册 2019》，中国社会出版社 2019 年版，第 5 页。

③ 《宪法》第 95 条第 1 款规定：“省、直辖市、县、市、市辖区、乡、民族乡、镇设立人民代表大会和人民政府。”这一规定将地方各级人大、政府与行政区对应起来。可是，《宪法》并未就地方各级法院作出类似的规定。

是,由于“两区”法院毕竟没有对应的行政区,它们应该由全国人大常委会而非其他主体决定设立。

下面针对国家级开发区法院的设立实践加以检讨。从实践来看,这一类法院的设立主要存在三种情形。其一是由最高人民法院批复设立。[①] 此种做法由来已久。1992 年,烟台经开区人民法院经最高人民法院批准,成为全国范围内首家国家级开发区法院。此后,这种做法成了比较流行的模式。其二是由省级或者设区的市级人大常委会决定设立。例如,绵阳高新区人民法院是由四川省人大常委会通过决定设立的;又如,郑州经开区人民法院是由郑州市人大常委会通过决定设立的。其三是先由最高人民法院批复同意设立,再由省级或者设区的市级人大常委会决定设定。

综观《宪法》《人民法院组织法》等相关法律可知,最高人民法院批复同意设立国家级开发区法院于法无据。《宪法》将最高人民法院定性为“最高审判机关”,但经由这一定性无法推导出该法院决定设立下级法院的权力。

由省级或者设区的市人大常委会决定设立国家级开发区法院同样无《宪法》《地方组织法》等相关法律的支持。这一类法院不同于地方各级政府的组成部门,其设立不应该由地方各级权力机关决定。此外,省级、设区的市级人大及其常委会也不宜通过地方性法规确定国家级开发区法院确定设立主体,根据《立法法》第 11 条第 2 项的规定可知,这属于法律保留事项,应该由《人民法院组织法》或者其他法律予以规定。值得一提的是,郑州市人大常委会在设立郑州经开区人民法院的决定中称:该法院系郑州市中级人民法院的派出机关。但综观现行《人民法院组织法》于 1979 年通过之后的各个修改版本可知,该法始终未就中级法院设立派出机关作出规定。[②]

既然如此,倘若被定性为专门法院而非地方各级法院,“两区”法院又是否具备设立基础呢?我们倾向于肯定的答案。如前所述,《宪法》将

① 在最高人民法院批复之前,国家级开发区法院的设立一般需要先后由设区的市级党委或机构编制委员会、省级党委或机构编制委员会批准。

② 现行《人民法院组织法》第 19、26 条只是规定:最高人民法院和基层人民法院分别可以设巡回法庭和人民法庭。

规定法院之组织的任务委托给了法律。而《人民法院组织法》第 3 条规定："人民法院依照宪法、法律和全国人民代表大会常务委员会的决定设置。"从逻辑上说，因为《宪法》《人民法院组织法》并未就专门法院的设立作出具体规定，所以这一类法院可以也只能由全国人大常委会直接予以设立，此种设立即前文所述的"个别式设立"。反观一般的地方法院，它们已由《宪法》《人民法院组织法》概括式设立，并无个别式设立的必要，只需由本级人大通过选举产生即可。[①] 但实际情况是：几乎所有"两区"法院都不是由全国人大常委会决定设立的。在组织实践中，国家级开发区法院通常是经由最高人民法院批复同意或者省级、设区的市级人大常委会决定而设立的，而国家级新区法院的设立模式也大体如此。

2. "两区"法院的设立标准检视

如前所述，仅有一成多的国家级开发区和不到半数的国家级新区设有法院，其他"两区"都没有法院的建制。那么，"两区"法院究竟有何设立标准？笔者至今尚未发现相关的法定标准。

一般而言，人口和经济体量较大或者托管乡、镇、街道较多的"两区"设有法院的可能性较大。例如，成都高新区托管了成都市 3 个区的 7 个街道，其设有法院。正因为如此，尽管国家级开发区在数量上明显少于省级开发区，但前者在设立法院的数量上远远多于后者。不过，在组织实践中，最高人民法院以及省级、设区的市级人大常委会在决定设立"两区"法院时究竟考虑了哪些因素却不十分清楚。倘若确实存在某一具体的或抽象的标准，该标准也从未由官方予以公布。另外，"两区"的人口、经济

---

① 据《中华人民共和国最高人民法院公报》1993 年第 1—4 期和 1994 年第 1、3 期所示，从 1992 年 1 月至 1994 年 6 月，最高人民法院批准设立了 143 个基层法院和 16 个中级法院。详见：《最高人民法院批准撤销、设立、变更人民法院的公告》(1993 年第 1 期)、《最高人民法院批准撤销、设立的人民法院》(1993 年第 2 期)、《最高人民法院批准撤销、设立、更名的人民法院》(1993 年第 3 期)、《最高人民法院批准撤销、设立、更名的人民法院》(1993 年第 4 期)、《最高人民法院批准撤销、设立、更名的人民法院》(1994 年第 1 期)、《最高人民法院批准撤销、设立、更名的人民法院》(1994 年第 3 期)，载中华人民共和国最高人民法院公报网。可见，最高人民法院在实务中以批准的形式曾经"个别设立"了上述地方法院。从最高人民法院批准设立这些地方法院的背景来看，它们的设立均可以归因于相应行政区的设立。但从逻辑上说，基于《宪法》《人民法院组织法》的概括式设立，特定的行政区一旦产生，相应的一般地方法院便可自动生成，最高人民法院通过批复对这些法院进行个别式设立委实没有必要性。《中华人民共和国最高人民法院公报》并未显示 1994 年 7 月至今最高人民法院仍有此种组织实践。

体量不仅在个体上存在差异而且在时间上也有变化。从这个意义上说,不同“两区”在同一时期、同一“两区”在不同时期设置法院的必要性就不宜等量齐观。

实际上,决定在哪些“两区”设立法院很可能是出于对多种因素的综合考量,这其中或许也包括优先、重点发展特定“两区”的考虑。另外,“两区”法院通常不跨设区的市级行政区设立,唯一的例外也许就是雄安新区中级人民法院。对于是否在特定“两区”设立法院,最高人民法院以及省级、设区的市级人大常委会在实践中拥有较大的裁量权。此外,在这些机关作出最终决定之前,“两区”法院的设立通常还需要经过省地两级党委或者机构编制委员会的批准。

从理论上说,是否在特定的“两区”国家级开发区、国家级新区设立法院应该主要取决于该“两区”的司法需求,后者与开发区的人口、经济体量以及托管乡级行政区的数量等因素有关。鉴于准确评估各种因素的影响存在难度,或许可以针对“两区”直管区内近年的案件数量进行统计,以此作为主要指标来决定是否专门为其设立法院。

(二)“两区”检察院的设立依据检视

依据笔者从“中国检察网”等网站以及相关文献中收集、汇总的信息,可以查实的“两区”检察院与“两区”法院在数量上相当,二者一一对应设置。①

不同于“两区”法院,“两区”检察院具备比较充分的设立依据。《宪法》第135条第3款授权法律规定检察院的组织。根据《宪法》第135条第1款和《人民检察院组织法》第12条的规定可知,检察院分为最高人民检察院、地方各级检察院、军事检察院等。在实践中,“两区”检察院都是作为地方各级检察院而非专门检察院得以设立的。而《人民检察院组织法》的相关规定为这些检察院的设立预留了规范空间。一方面,根据该法第13条第2项的规定可知,设区的市级检察院包括了省级检察院分院。这里的省级检察院分院是指在省、自治区、直辖市所属的地区或工矿区、农垦区、林区等区域设置的检察院。因此,它们未必与设区的市级行政区

① 笔者已经查实之“两区”检察院的名称详见附录3。

对应。既然省级检察院分院可以在工矿区、农垦区、林区等区域设置，它们也应该可以在“两区”设置。实际上，作为“两区”检察院中目前唯一的设区的市级检察院，河北省人民检察院雄安新区分院就属于此种情况。另一方面，依据该法第 16 条的规定可知，省地两级检察院根据检察工作需要，经最高人民检察院和省级有关部门同意，并提请本级人大常委会批准，可以在辖区内特定区域设立作为“派出机构”的检察院。一般认为，这里的“特定区域”主要是指地区、盟、旗、自治旗、特区、林区等《宪法》未列的行政区，但这一概念在文义上也应该可以包括“两区”。事实上，既有的“两区”检察院通常都是由省级、设区的市级检察院设立的，具体的设立程序通常也符合《人民检察院组织法》第 16 条的规定。

另外值得一提的是，《人民检察院组织法》第 3 条规定：“人民检察院依照宪法、法律和全国人民代表大会常务委员会的决定设置。”无论是从组织法原理还是从组织实践来看，该条所规定的依照全国人大常委会的决定“设置”主要是个别式设立。全国人大常委会通过决定设立法无明文规定的专门检察院自无疑义。但是，除非《人民检察院组织法》确有明文规定，全国人大常委会似乎无权设立不与行政区对应的地方检察院系统。如若不然，该法第 14 条也就无须特别规定“在新疆生产建设兵团设立的人民检察院”并且专门授权全国人大常委会就其组织进行规定了。而如前所述，《人民检察院组织法》第 13 条第 2 项中规定的是省级检察院分院，无法涵摄除河北省人民检察院雄安新区分院以外的所有“两区”检察院；该法第 16 条所规定的则是省地两级检察院设立的派出机构。因此，全国人大常委会难以直接依据《人民检察院组织法》第 3 条设立“两区”检察院系统，此种组织实践也几乎不存在任何实例。

至于“两区”检察院的设立标准，其与“两区”法院的设立标准具有同质性，此处不再赘述。

二、“两区”法院、检察院的基本定性

下面分别讨论“两区”法院和“两区”检察院的基本定性。实际上，前面对此已经有所涉及。

（一）“两区”法院的基本定性分析

“两区”法院均是相对独立的国家审判机关，并非上级法院的派出组

织。根据《人民法院组织法》第 19 条第 1 款、第 26 条第 1 款的规定可知,最高人民法院和基层法院分别可以设立巡回法庭和人民法庭。不过,“两区”法院既不是巡回法庭也不是人民法庭。应当注意的是,部分“两区”下辖若干园区(组团),所以“两区”法院存在设有人民法庭的一系列实例。

“两区”法院在实践中被定性为地方各级法院而非专门法院。由于绝大多数“两区”的直管区均未涵盖一个完整的县级行政区,“两区”法院基本上均为基层法院。河北雄安新区人民中级法院乃是唯一的例外。① 由于雄安新区的直管区完全涵盖了保定市的三个县,该法院也就自然被设置为三个基层法院的上一级法院。

接下来的论题是:“两区”法院在规范层面是否有可能被定性为专门法院?如果答案为是,这些法院就可以与行政区划完全脱钩,不被归类为《人民法院组织法》第 24 条中所列的基层法院、中级法院。当然,全国人大常委会采取“一决定一法院”的方式来设立“两区”法院或许不甚便捷,但其完全可以采用“一决定数法院”的方式进行设立。实际上,全国人大常委会以此种方式设立专门法院已有前例。

目前,我国的专门法院主要包括早前设立的军事法院、铁路运输法院、海事法院、水上运输法院、森林法院和近年设立的知识产权法院②、金融法院③、互联网法院④等。一般认为,专门法院的所谓“专门”主要是指其专门管辖特定性质的案件或者其专门审理有关特定类型之组织及其人员的案件。当然,从实践来看,部分专门法院的专门性早已弱化,铁路运输法院即为典型。为了贯彻铁路法院管理体制改革,《最高人民法院关于铁路运输法院案件管辖范围的若干规定》于 2012 年发布。根据该文件第 1 条第 2 款第 1 项的规定可知,车站、货场、运输指挥机构等铁路工作区

---

① 海南省洋浦经济开发区中级人民法院于 1994 年挂牌,并于 2008 年更名为海南省第二中级人民法院并迁出海南洋浦经济开发区。该法院在众多国家级开发区法院中或许是唯一的中级法院,但目前已不存在。

② 知识产权法院由全国人大常委会于 2014 年 8 月 31 日决定设立。

③ 金融法院由全国人大常委会于 2018 年 4 月 27 日决定设立。

④ 最高人民法院于 2018 年 8 月 9 日印发《关于增设北京互联网法院、广州互联网法院的方案》的通知。

域发生的犯罪所引发的刑事公诉案件由铁路运输法院管辖。这实际上是按照特定地域划定司法管辖范围。而根据该文件第 5 条的规定可知，高级法院可以指定辖区内的铁路运输基层法院受理一般民事案件。如果说专门法院与地方各级法院的区分只是相对的，取决于最高人民法院的司法文件或者全国人大常委会的决定，那么将“两区”法院定性为专门法院似乎就是为它们提供设立依据的现实进路了。当然，在严守专门法院与地方各级法院之实质界限的前提下，若要坚持将“两区”法院定性为专门法院，其案件管辖范围就有必要进行限定。就目前的总体情况而言，“两区”法院与一般地方法院在受案范围上无甚差别，通常可以审理各类第一审案件。

值得一提的是，程雪阳提出：“我国现行宪法已经为‘跨行政区划法院’改革提供了‘制度通道’”，而在现阶段，“宪法能为该项改革提供的‘制度通道’只有‘专门人民法院’制度。”[①]近些年来，“跨行政区划法院”改革在我国法学界——尤其是诉讼法学界呼声甚高。这里的“跨行政区划”主要是指跨越县级行政区，很可能也包括跨越设区的市级行政区。由此观之，这一改革似乎可以为部分“两区”法院的设立提供契机，但其前提是：将“两区”法院定性为专门法院而非地方各级法院。在程雪阳看来：“人们常常把现行《宪法》第 129 条所规定的‘专门人民法院’理解为‘专业法院’。这种理解是计划经济时代的产物，存在着误区。”“我国宪法上的‘专门人民法院’主要是基于‘办理地方各级人民法院难以公平有效办理的案件’这一逻辑而设立，其可以管辖某一类专业性强的司法案件，但‘专业性强’只是专门人民法院的一个特点，‘跨行政区划设置和进行跨行政区划司法管辖’才是其本质特征。”[②]然而，这一见解不甚符合我们有关专门法院的一般理解。据《北京大学法学百科全书·宪法学 行政法学》所示，“专门人民法院”是“中国在特定部门设立的专门性质的审判机关，是人民法院的组织系统中的一个特殊的组成部门”“它们不是按行政区划，而是按特定部门或特定案件设立的；它们不受理普通的刑事、民

---

① 详见程雪阳：《跨行政区划法院改革的合宪性制度通道》，载《法律科学》2021 年第 4 期，第 141 页。

② 详见程雪阳：《跨行政区划法院改革的合宪性制度通道》，载《法律科学》2021 年第 4 期，第 140 页。

事案件等，而是专门审理与本部门有关的案件或特定的案件，因此这些案件一般都具有专业性、技术性很强的特点”。[①] 按照此种释义，“两区”法院难以被归入“专门法院”这一类别。从这个意义上说，程雪阳将“跨行政区划设置和进行跨行政区划司法管辖”作为专门法院的本质特征似乎不够全面，有可能缩小了“专门法院”这一概念的内涵同时扩大了其外延。

（二）“两区”检察院的基本定性分析

为了明确“两区”检察院的基本定性，有必要专门分析《人民检察院组织法》第16条所规定的作为“派出机构”的检察院。这一类检察院是由省级、设区的市级检察院根据检察工作的需要设立的。而“两区”检察院基本上都可以归入这一类别。那么，应该如何理解该条中的“派出机构”一词？如果以这一类检察院的设立实践来反推立法意旨，这里的“派出机构”实际上就是派出机关。因此，“两区”检察院也就是相对独立的国家检察机关。当然，由于“两区”检察院没有对应的行政区，也不存在对应的一级人大，其设立在一定程度上由省级、设区的市级检察院决定，其检察长的任命也有赖于省级、设区的市级检察院检察长的提请。

第三节　“两区”人民代表大会工作机构的设立依据和基本定性

本节尝试分析“两区”人大工作机构的设立依据和基本定性，它们在实务中同样存在不小的争议。而在进入正题之前，有必要从总体上介绍在“两区”专门从事人大工作的组织。较之于国家级新区的人大组织，国家级开发区的人大组织设立时间更早、绝对数量也更多。因此，这里主要介绍后者。本书将以下五类组织归入“国家级开发区人大组织”这一范畴。

第一类是县级以上地方人大常委会——主要是设区的市级人大常委

---

① 北京大学法学百科全书编委会编：《北京大学法学百科全书·宪法学 行政法学》，北京大学出版社1999年版，第813页。

会,在国家级开发区设立的工作机构,包括综合性机构和联络机构。譬如,成都高新区先后设有成都市人大常委会高新区人大工作联络处和成都市人大常委会高新区工作委员会。前者为联络机构而后者为综合性机构。

第二类是国家级开发区管理机构——通常与中国共产党的工作委员会合署办公,直属的负责人大工作的机构,一般为人大联络机构。如洛阳高新区人大联络处。

第三类是国家级开发区管理机构下设于其的工作机构——通常是办公室、综合办公室、党政办公室、综合部的负责人大工作的机构,一般也是人大联络机构。如 1992—2002 年间的苏州高新区管委会党政办人大联络处。

第四类是县级以上地方人大负责人大工作的专门委员会及县级以上地方人大常委会负责人大工作的工作机构。如无锡市人大开发区委员会和本溪市人大常委会高新区工作委员会,前者是我国首个地方人大开发区专门委员会。

第五类是与国家级开发区合并的行政区的人大,在此情况下不再另设专门的国家级开发区人大组织。这一类人大可以定性为地方权力机关。如苏州市虎丘区(苏州新区)人大、无锡市新吴区(无锡新区)人大、常州市新北区(常州新区)人大。

通过对国家级新区管理机构官方网站的检索可知,就至少 7 个国家级新区而言,负责人大工作属于管理机构之特定工作机构的职能。这 7 个国家级新区及其相关的工作机构具体包括:兰州新区管理委员会办公室①、陕西西咸新区开发建设管理委员会办公室(人大政协工作联络办公室)②、贵州贵安新区管理委员会办公室③、四川天府新区管理委员会办公

① 兰州新区管理委员会办公室负责新区与省、市、县人大的联系工作。详见"中国 · 兰州新区"门户网站的"走进新区"栏目。

② 陕西西咸新区开发建设管理委员会办公室负责各级人大代表建议办理的协调督促检查工作、负责联系人大工作。详见陕西西咸新区开发建设管理委员会官方网站的"政务公开"栏目。

③ 贵州贵安新区管理委员会办公室负责组织协调、督促检查有关人大代表建议的办理工作。详见贵州贵安新区管理委员会官方网站的"政务公开"栏目。

室[1]、南京江北新区管理委员会综合部[2]、长春新区管理委员会党政综合办公室[3]、江西赣江新区管理委员会办公室[4]。它们的具体职能一般为联系人大、人大代表以及协调办理人大议案、人大代表建议。需要特别说明的是,上海市浦东新区人大和天津滨海新区人大与上述五类组织均有实质性区别。此二者系直辖市所辖区的人大,属于地方国家权力机关。

作为本书的分析对象,所谓"两区"人大工作机构即为上文所列的第一类组织,也就是县级以上地方人大常委会在"两区"设立的工作机构。严格来说,第二、三类组织均从属于"两区"管理机构,属于地方行政机关系统而非地方权力机关系统。第四类组织设置在地方人大或其常委会本部,是该人大或者该人大常委会负责"两区"人大工作的组织而非"两区"本身的实体组织。第五类组织本身即为县级行政区的国家权力机关,将其视为"两区"的人大不甚妥当。从历时性的维度来看,除了并非设置于"两区"的前述第四类组织之外,其余四类组织有可能随着"两区"的发展而依次更替:首先是"两区"管理机构下设于其工作机构的负责人大工作的机构,其次是"两区"管理机构直属的负责人大工作的机构,再次是县级以上地方人大常委会在"两区"设立的工作机构,最后是与"两区"合并的行政区的人大。

一、"两区"人大工作机构的设立依据

据江苏省人大常委会调研处2018年1月的资料所示,在当时333个国家级经开区、高新区中,已有70多个建立了不同模式的人大组织。[5] 这

① 四川天府新区管理委员会办公室负责人大代表建议办理工作。详见天府新区公园城市门户网站的"政务"栏目。

② 南京江北新区管理委员会综合部负责人大代表的联络工作,承办省、市和行政区人大交新区的有关建议、提案工作。详见南京市江北新区管理委员会官方网站的"政务公开"栏目。

③ 长春新区管理委员会党政综合办公室负责管委会承办的人大议案、人大代表建议的组织协调办理工作。详见长春新区管理委员会官方网站的"政府信息公开"栏目。

④ 江西赣江新区管理委员会办公室负责联系人大工作。详见"国家级·赣江新区政务网"的"政务公开"栏目。

⑤ 参见黄胜平:《中国开发区人大工作探索与创新》,中国社会科学出版社2018年版,第85页。

些人大组织包括但不限于严格意义上国家级开发区的人大工作机构。[①]但是,国家级开发区人大工作机构的数量近年来已有显著增加。不仅如此,国家级新区的人大工作机构也已经出现。既然如此,“两区”人大工作机构的设立依据何在?这里有必要进一步分析《地方组织法》第59条:

> 常务委员会根据工作需要,设立办事机构和法制工作委员会、预算工作委员会、代表工作委员会等工作机构。
>
> 省、自治区的人民代表大会常务委员会可以在地区设立工作机构。
>
> 市辖区、不设区的市的人民代表大会常务委员会可以在街道设立工作机构。工作机构负责联系街道辖区内的人民代表大会代表,组织代表开展活动,反映代表和群众的建议、批评和意见,办理常务委员会交办的监督、选举以及其他工作,并向常务委员会报告工作。
>
> 县、自治县的人民代表大会常务委员会可以比照前款规定,在街道设立工作机构。

严格地说,该条无法作为“两区”人大工作机构的设立依据。一方面,在组织实践中,绝大多数“两区”的人大工作机构既不是由省、自治区的人大常委会设立的,也不是由市辖区、不设区的市设立的,它们的设立机关一般为设区的市级人大常委会。然而,该条并未就设区的市级人大常委会设立工作机构作出规定。另一方面,在规范层面,省、直辖市、市辖区、不设区的市设立“两区”人大工作机构依然缺乏依据。从1995年修正《地方组织法》的原意来看,该条第2款中的“地区”特指一类《宪法》未列的行政区,而非泛指任何区域。[②] 显然,“两区”作为功能区不属于这一类行政区。另外,根据该条第3款的规定可知,市辖区、不设区的市只能在街道设立工作机构。这里的“街道”是《宪法》未列的乡级行政区,“两区”也不属于这一范畴。再一方面,直辖市、自治州人大常委会设立“两区”

---

① 详见黄胜平:《中国开发区人大工作探索与创新》,中国社会科学出版社2018年版,第85—86页。

② 详见乔晓阳、张春生主编:《〈中华人民共和国地方各级人民代表大会和地方各级人民政府组织法〉释义及问题解答》,中国民主法制出版社2006年版,第83—84页。

人大工作机构的情形今后确有可能出现——或许已经出现,但是该条对此完全未作规定。不仅如此,《地方组织法》的其他条文以及其他法律均未就县级以上地方人大常委会设立派出机构作出规定。因此,“两区”人大工作机构在我国的实定法上尚缺设立依据。若要通过修法为其提供设立依据,或许可以将第59条修改如下:

> 常务委员会根据工作需要,设立办事机构和法制工作委员会、预算工作委员会、代表工作委员会等工作机构。
>
> 省、自治区、直辖市的人民代表大会常务委员会可以在地区**等特定区域**设立工作机构。
>
> 市辖区、不设区的市的人民代表大会常务委员会可以在街道**等特定区域**设立工作机构。……
>
> 县、自治县的人民代表大会常务委员会可以比照前款规定,在街道**等特定区域**设立工作机构。

目前,大多数“两区”管理机构都是由设区的市级政府设立的,前者系后者的派出组织。因此,《地方组织法》第59条第3款作出如上修改似有必要,根据该款,与大多数“两区”管理机构对应的“两区”人大工作机构得以设置。另外,之所以将第53条第2款进行如上修改,可以为极少数“两区”——主要是人口、经济体量较大的国家级新区,设置人大工作机构提供依据。如此一来,河北省人大常委会就可以直接依据该款在河北雄安新区这一特定区域设立工作机构,作为该国家级新区的人大工作机构。当然,这一修法方案不免有“因区设法”之嫌。但应该看到,“两区”人大工作机构的设立和运行对于“两区”治理确实具有权力监督的现实功用。具体而言,这些组织可以在一定程度上加强对“两区”管理机构、法院、检察院以及监察机构的监督。[①] 由此观之,该方案不失为应对“两

① 这里以设区的市级政府设立的“两区”管理机构为例来说明本级人大监督的缺位。如果“两区”管理机构的管辖区域跨县级行政区,该管理机构就不存在对应的一级人大。倘若“两区”管理机构的管辖区域不跨县级行政区——也就是局限于某一县级行政区内,那么,该管理机构同样不存在对应的一级人大,它不由县级行政区的人大产生,也不对其负责,它同样没有对应的一级人大。当然,在上述两种情况下,设区的市人大都可以说是“两区”管理机构的上一级人大,因而可以对后者进行监督。不过,若只有上一级人大的监督而无本级人大的监督,“两区”管理机构受到的监督则相对有限。

区”组织实践的现实立法策略，而且，其所耗费的立法成本也相对较小。

二、“两区”人大工作机构的基本定性

如果《地方组织法》第59条可以依照前述建议进行修改，那么我们即可根据该条将“两区”人大机构定性为：地方人大常委会——主要是设区的市人大常委会在“两区”这两类特定区域设立的工作机构。不同于地方人大常委会一般的工作机构，“两区”人大工作机构并非设立于人大常委会本部，而是设立于“两区”。从这个意义上说，它们应该是人大常委会的派出机构而非内设机构。

有必要检讨的是，部分“两区”人大工作机构被设置于“两区”管理机构之下。如前所述，通过修改《地方组织法》，“两区”人大工作机构可以被界定为地方人大常委会的派出机构，而“两区”管理机构则是地方政府的派出组织。二者关系虽不完全等同于县级以上地方人大常委会与本级政府的关系，但前者无疑具有监督后者的功用。若将前者置于后者之下，此种监督职能势必无从实现。不仅如此，此举在某种意义上也颠倒了地方权力系统与地方行政系统的主从关系。严格地说，将“两区”人大工作机构置于“两区”管理机构之下的安排必将否定前者作为人大常委会之工作机构或者派出机构的属性，使其降格为“两区”管理机构的下属组织。事实上，若有必要，“两区”管理机构完全可以另行设立负责处理人大联络事务的工作机构。

在发展相对成熟的“两区”，管理机构与党的工作机构合署办公的情况已经非常普遍。或许是出于实现精简机构的目的，部分“两区”人大工作机构在组织实践中被置于前述二者之下。诚然，人大工作机构当然必须接受党的“两区”工作机构的领导，但这并不意味着“两区”人大工作机构必须同时接受“两区”管理机构的领导和监督。[①] 毕竟，前者在法律地位上委实不低于或应该高于后者。

最后需要注意的是，“两区”人大工作机构是实体机构，配有专职工作人员，尽管其数量有限。如前所述，这些组织应该是地方人大常委会而非地方人大的派出机构。因此，它们不是其区域范围内上一级地方人大

① 实务工作者已经表达了相同的见解。详见黄胜平：《必须纠正开发区行政无序的状况》，载黄胜平：《中国开发区人大工作探索与创新》，中国社会科学出版社2018年版，第182页。

代表的集合体,但确有联络这些人大代表的职能。

第四节　“两区”监察机构的设立依据和基本定性

随着我国监察体制改革的推进,一些“两区”设置了监察机构。不过,这一类机构的命名缺乏统一的规范。《监察法》颁布施行以来,将“两区”管理机构称为“监察工作委员会”的做法日益普遍,但仍存在3种具体的命名方式:其一是“某监察委员派出某开发区监察工作委员会”,如“聊城市监察委员会派出高新区监察工作委员会”,①此种命名方式比较繁复;其二是“某开发区监察工作委员会”,如“济宁经济技术开发区监察工作委员会”,此种命名方式比较简洁;其三是“某监察委员会某开发区监察工作委员会”,如“长沙市监察委员会长沙经济技术开发区监察工作委员会”“湘潭市监察委员会湘潭经济技术开发区监察工作委员会”,此种命名方式比较适中。较之于第一种命名方式,它省去了“派出”这一不甚必要的语词;较之于第二种命名方式,它显示了派出监察机构的地方监委。

据部分“两区”管理机构的官方网站所示,相当一部分“两区”监察机构被纳入“两区”管理机构的组织机构体系。② 另外,极少数国家级开发

① 在一些国家级开发区,监察机构与党的纪律检查工作机构合用同一块牌子,譬如“郑州市纪委监委派出郑州高新技术产业开发区纪检监察工作委员会”。但是,此种命名在一定程度上混淆了党的组织和监察机构,不如使用两块牌子为宜。

② 这里仅基于相关网络信息进行有限列举。国家级开发区管理机构之下的监察机构包括但不限于:作为长春经开区管理委员会之“机关”的“纪检监察工作委员会”,作为南昌经开区管理委员会之“机构”的“监察室”,作为郑州高新技术产业开发区管理委员会之“工作部门”的“监察审计局”,作为长沙经开区管理委员会之“纪检监察机构”的“纪检监察审计室”,作为南宁高新技术产业开发区管理委员会之“内设机构”的“纪检监察室”,作为成都高新技术产业开发区管理委员会之“部门”的“纪工委和监察工委”,作为贵阳经开区管理委员会之“职能部门”的“纪检监察工委”,作为昆明经开区管理委员会之“驻区机构”的“昆明市纪委市监委驻昆明经济技术开发区纪检监察组”,作为西安高新技术产业开发区管理委员会之“内设机构”的“纪检监察工委综合室”,作为兰州经开区管理委员会之“机构”的“监察局”。国家级新区管理机构之下的监察机构包括但不限于:作为重庆两江新区管理委员会之“驻区机构”的“重庆两江新区纪工委监察室”,作为湖南湘江新区管理委员会之“工作机构”的“监察室”,作为长春新区管理委员会之“组织机构”的“纪检监察工作委员会”,作为江西赣江新区管理委员会之“省纪委省监委派出机构”的“赣江新区纪检监察工作委员会”。

区设有独立的监委，如海南洋浦经济开发区的监委。有两种做法都值得商榷。鉴于下面将予以检视，这里暂不展开。

一、"两区"监察机构的设立依据

在"两区"设立监委缺乏充分的法律依据。因此，海南省洋浦经济开发区监察委员会的设立存在疑义。《监察法》第 7 条第 2 款规定："省、自治区、直辖市、自治州、县、自治县、市、市辖区设立监察委员会。"该款所规定的行政区与《宪法》第 30 条所列举的县级以上的行政区完全一致，系完全列举。若严格依照文义，其他设区的市级、县级行政区均不设监察委员会，①更不用说作为功能区的"两区"了。

尽管如此，《监察法》第 12 条或许为"两区"监察机构的设立提供了一定的规范空间。

> 各级监察委员会可以向本级中国共产党机关、国家机关、法律法规授权或者委托管理公共事务的组织和单位以及所管辖的行政区域、国有企业等派驻或者派出监察机构、监察专员。
>
> 监察机构、监察专员对派驻或者派出它的监察委员会负责。

这里有两组概念需要区分：其一是同为动词的"派驻"与"派出"；其二是同为名词的"监察机构"与"监察专员"。依据《〈中华人民共和国监察法〉释义》，"一般来说，地区、盟等地方的监察机构，可以采取派出监察机构的形式；对于街道、乡镇，可以采取派出监察专员的形式，而中国共产党机关、国家机关等的监察机构，可以采取派驻监察机构的形式"。② 从这个释义来看，"派驻"所指向的是组织，包括但不限于国家机关，而"派出"所指向的是所谓的"行政区域"。而从字面含义来看，"监察机构"系指一类组织，而"监察专员"系指一类自然人，他们具有监察官、国家机关工作人员、公务员等法定身份。

接下来讨论核心论题：特定监委是否可以在"两区"设立监察机构？

---

① 在监察体制改革的试点实践中，一些省级人大常委会设立了地区、盟监察委员会。此种做法并不符合《监察法》第 7 条第 2 款的规定。

② 中共中央纪律检查委员会、中华人民共和国国家监察委员会法规室编写：《〈中华人民共和国监察法〉释义》，中国方正出版社 2018 年版，第 97 页。

或者说,特定监委是否可以设立对应“两区”的监察机构?显然,“两区”管理机构属于《监察法》第12条第1款规定的“法律法规授权或者委托管理公共事务的组织和单位”。需要斟酌的是,“两区”是否属于该款规定的“行政区域”?倘若基于文义解释进行一般理解,答案是否定的。“两区”为功能区而非行政区,此乃常识。但若依据体系解释加以解读,既然《监察法》第12条第1款提到了“法律法规授权或者委托管理公共事务的组织和单位所管辖的行政区域”,此处的“行政区域”就不宜被狭义地解读为一个完整的行政区,原因在于:这里的“单位”和“组织”不同于一般的地方国家机关,未必有完全对应的行政区。诚然,依据前述的《〈中华人民共和国监察法〉释义》,“这里的行政区域主要是指街道、乡镇以及不设置人民代表大会的地区、盟等区域。”[①]由此观之,该款主要是指《宪法》所列乡级行政区以及《宪法》未列的设区的市级、乡级行政区。不过,这种列举似乎留有余地,并不绝对。《〈中华人民共和国监察法〉释义》指出:“县级监察委员会向所管辖的街道、乡镇派出监察机构、监察专员,可以每个街道、乡镇单独派出,也可以几个街道、乡镇归口派出。”[②]如此就打破了乡级行政区的界限,体现了为监察工作提供便利的立法考量。综上,特定监委可以在“两区”设立监察机构。

有必要说明的是,本书所研讨的“两区”监察机构应系地方监委向“两区”派出的监察机构。因此,有两点需要读者注意。其一,本书关注的“两区”监察机构不同于特定监委向“两区”人大工作机构、法院和检察院派驻的监察机构。原因在于,作为本书的研究对象,“两区”监察机构应当与“两区”人大工作机构、管理机构、法院、检察院并列设置,而不是在某一个“两区”国家机关的内部设置。其二,本书关注的“两区”监察机构区别于特定监委向“两区”派出的监察专员。这一点比较容易理解,监察专员是具有法定身份的自然人,他们不是组织,自然有利于“两区”的一类国家机关。《〈中华人民共和国监察法〉释义》指出:“监察委员会是设置派驻、派出监察机构还是监察专员,应遵循实际需要,根据监察对象

---

① 中共中央纪律检查委员会、中华人民共和国国家监察委员会法规室编写:《〈中华人民共和国监察法〉释义》,中国方正出版社2018年版,第97页。

② 中共中央纪律检查委员会、中华人民共和国国家监察委员会法规室编写:《〈中华人民共和国监察法〉释义》,中国方正出版社2018年版,第97页。

的多少，任务轻重而定。”[①]结合该释义的前述意见可以大致推定：对于地区、盟等设区的市级行政区而言，派出监察机构比较适合；对于街道、乡、镇等乡级行政区而言，派出监察专员则比较适宜。由此推论，国家级新区和人口、经济体量较大的开发区应该比较适合设立监察机构。

最后需要说明的是，《宪法》第124条第4款已经授权法律规定监委的组织。这里的“法律”当然包括《监察法》。作为基本法律，该法乃是实质意义上的组织法。因此，《监察法》本身为“两区”监察机构提供法律依据也符合《宪法》的安排。

二、“两区”监察机构的基本定性

既有的法学论著较少论及“两区”监察机构的基本定性。但是，这一定性在理论上和实务中依然有待于明确。

一方面，“两区”监察机构绝非“两区”管理机构职能部门。部分“两区”管理机构的官方网站将“两区”监察机构列为“两区”管理机构的一个机构或者部门，如“工作部门”“内设机构”“职能部门”。倘若这确实反映了当前的组织实践，“两区”监察机构就只不过是“两区”管理机构的下属组织，此种地位难以与地方监委的派出机构、派驻机构这一定位兼容。毕竟，《监察法》于2018年3月20日施行以后，监委与政府处于并列关系，二者分别为国家监察机关和国家行政机关，前者并不从属于后者。顺着这一关系推导，“两区”监察机构不应该从属于“两区”管理机构，二者分别为地方监委和地方政府在“两区”的派出组织。应该注意的是，“两区”监察机构通常与党的纪律检查工作机构合署办公，而后者从属于党的“两区”工作机构。如前所述，“两区”管理机构与党的“两区”工作机构合署办公已属常态。但从法理上说，这并不意味着“两区”监察机构应当从属于“两区”管理机构。至于部分“两区”管理机构下设的纪检监察工作委员会、纪检监察组和纪检监察室，它们是将党的组织与监察机构混合而成的两性组织，有待于在组织法上予以检视。

另一方面，“两区”监察机构也不是地方监委的派驻机构，而是后者

① 中共中央纪律检查委员会、中华人民共和国国家监察委员会法规室编写：《〈中华人民共和国监察法〉释义》，中国方正出版社2018年版，第98页。

的派出机构。《监察法》第12条第1款使用了“派出”和“派驻”这两个概念。关于二者的区分,法学界暂无通说。而从该款的表述来看,“组织”和“单位”在“行政区域”之前,“派驻”在“派出”之前。因此,本书认为:“派驻”监察机构的对象主要是特定的组织、单位,而“派出”监察机构的对象则主要是特定的行政区域。由此观之,“派驻”的监察机构专门针对其所派驻之特定组织、单位的公职人员进行监察,而“派出”的监察机构则全面针对其所派出之特定区域内所有组织、单位的公职人员实施监察,二者是“点”和“面”的关系,前者更专,后者更广。就实务而言,“两区”监察机构基本上都是向“两区”派出的,而非向“两区”管理机构派驻的,这也符合其本身应有的功能定位。综上,“两区”监察机构可以定性为地方监委向“两区”派出的监察机构。

第三章 国家级开发区、新区国家机关的人员组成和产生方式

关于国家级开发区和国家级新区之国家机关的人员组成和产生方式，我国的现行组织法规范未能提供比较明确的、相对统一的规则，存在较大的立法空白。对于这两个方面的议题，理论上缺乏必要的关注，实务中也没有形成通行的做法。相比之下，一般的地方国家机关的人员组成和产生方式已经由《宪法》和组织法律进行了具体规定（见表3-1）。

表3-1 《宪法》和组织法律有关地方国家机关（不含人大）组成人员的选举、任命规则

地方国家机关	组成人员[1]	选举、任命规则
省、自治区、直辖市、自治州、设区的市级政府	省长，自治区主席，市长，州长	本级人大选举
	副省长，自治区副主席，副市长，副州长	本级人大常委会在本级人大闭会期间决定个别任命
	秘书长、厅长、局长、委员会主任等	本级人大常委会根据省长、自治区主席、市长、州长的提名决定任命

续表

地方国家机关	组成人员	选举、任命规则
县、自治县、不设区的市、市辖区政府	县长,市长,区长	本级人大选举
	副县长,副市长,副区长	本级人大常委会在本级人大闭会期间决定个别任命
	局长、科长等	本级人大常委会根据县长、市长、区长的提名决定任命
乡、民族乡、镇政府	乡长,镇长	本级人大选举
	副乡长,副镇长	
地方各级监察委员会	主任	本级人大选举
	副主任	监察委员会主任提请本级人大常委会任命
	委员	
地方各级法院(一般)	院长	本级人大选举
	副院长、审判委员会委员、审判员等	本级人大常委会根据院长的提请任命
在省、自治区内按地区设立的和在直辖市内设立的中级法院	院长	省、自治区、直辖市人大常委会根据主任会议的提名决定任命
	副院长、审判委员会委员、庭长、副庭长、审判员	省、自治区、直辖市人大常委会根据高级法院院长的提请任命
地方各级检察院(一般)	检察长	本级人大选举并报上一级检察院检察长提请本级人大常委会批准
	副检察长、检察委员会委员、检察员等	检察长提请本级人大常委会任命
省、自治区、直辖市检察院分院	检察长	省、自治区、直辖市检察院检察长提请本级人大常委会任命
	副检察长、检察委员会委员、检察员	

注:[1]本表中地方各级法院和地方各级检察院的“组成人员”分别指审判人员和检察人员。

若要探究“两区”国家机关的产生方式,我们就必先同时厘清这些国家机关的人员组成。这里所谓的“产生”以第一章所述的“概括式设立”和“个别式设立”为基础和前提。如果说概括式设立为某一类国家机关的建制提供根本的法律基础，个别式设立为某一个国家机关的组建提供直接的法律依据，那么“产生”则是为业已设立的特定国家机关的运行提供必要的组成人员，一般通过选举、任命等具体方式予以实现。从这个意义上说，“两区”国家机关的产生方式实际上是指其组成人员的任职机制。当然，这些国家机关之组成人员的去职机制也属于组织法的议题，但本书不拟专门研讨。事实上，去职机制与任职机制联系密切，二者存在类似的机理。

综上，本章将“两区”国家机关的人员组成和产生方式这两个议题结合起来讨论。在规范层面，后一个议题更有检视的必要，而前一个议题则涉及内部领导体制以及组成人员的任期限制、副职限制和兼职禁止。

第一节　“两区”管理机构的人员组成和产生方式

我国现行的法律、法规、规章没有对“两区”管理机构的人员组成进行规定。但从一般的组织法原理和通行的组织实践来看，“两区”管理机构的领导人员无疑是其组成人员。这些领导人员包括一名正职领导人员和若干名副职领导人员。绝大多数“两区”管理机构以“管理委员会”命名，其领导人员包括一名主任和若干名副主任。[①] 但疑问在于：除了领导人员以外，是否另有其他人员属于“两区”管理机构的组成人员？考虑到法无明文规定，这里不妨参考《地方组织法》第70条的规定：

> 省、自治区、直辖市、自治州、设区的市的人民政府分别由省长、副省长，自治区主席、副主席，市长、副市长，州长、副州长和秘书长、厅长、局长、委员会主任等组成。

① 通过对“两区”门户网站、“两区”管理机构官方网站的检索可知，这些管理机构通常不在主任、副主任之外另设“委员”的职务。少数“两区”管理机构确实设置了“委员”，这一职务似乎应属于领导职务。

> 县、自治县、不设区的市、市辖区的人民政府分别由县长、副县长,市长、副市长,区长、副区长和局长、科长等组成。
>
> 乡、民族乡的人民政府设乡长、副乡长。……镇人民政府设镇长、副镇长。

根据这一条,同样如表 3-1 所示,设区的市级、县级人民政府均由正副职领导人员以及工作部门的正职领导人员组成。而对于乡级政府,该条乃至整部《地方组织法》只是规定了正副职领导人员。根据《〈中华人民共和国地方各级人民代表大会和地方各级人民政府组织法〉释义及问题解答》,乡级政府不设所属工作部门,仅设负责相关行政事务的助理员,但助理员不是乡级政府的组成人员。[①] 一般而言,大多数“两区”——尤其是国家级新区,在人口、经济体量上均超过了乡级行政区。由此观之,我们或许应该比照设区的市级、县级政府的组成人员来确定“两区”管理机构的组成人员。依此逻辑,管理机构之工作机构[②]的正职领导人员似乎也可以被认定为管理机构的组成人员。另外,应当注意的是,部分“两区”管理机构之下还设有园区管理机构。从广义上说,后者的正职领导人员似乎也属于前者的组成人员。

尽管如此,本书主张相对严格地界定“两区”管理机构之组成人员的范围,在一般情况下不将工作机构的正职领导人员纳入其中。其一,一般认为,“两区”管理机构之工作机构并不具有独立的法律地位,所以,这些工作机构应该被称为“内设机构”而非“工作部门”,其正职领导人员不宜充当管理机构的组成人员。其二,国务院以及县级以上地方政府的全体会议由其全体组成人员参加,而工作部门的正职领导人员即在其列。可是,“两区”的行政决策更加偏重效率,需要采用灵活的决策机制,因此,“两区”管理机构并不需要定期召开由多人参与的全体会议,故而也就无须将其工作机构的正职领导人员列为组成人员了。基于类似的理由,“两区”管理机构下辖园区管理机构的正职领导人员同样不宜充当组

---

① 参见乔晓阳、张春生主编:《〈中华人民共和国地方各级人民代表大会和地方各级人民政府组织法〉释义及问题解答》,中国民主法制出版社 2006 年版,第 93 页。

② 关于“两区”管理机构之工作机构是否具有独立的法律地位,理论界和实务界都存在争议。如果答案为是,则这些工作机构可以被表述为“工作部门”,如果答案为否,则其只能被表述为“内设机构”。这里权且称为“工作机构”,相关争议留待第四章进行研判。

成人员。

关于“两区”管理机构的产生方式，现行法律、法规、规章鲜有明文规定，但实务中的做法比较统一：“两区”管理机构的正副职领导人员基本上由派出该管理机构的地方政府任命。不仅如此，管理机构之工作机构的正职领导人员通常也是由这些地方政府任命的。应该说，此种做法符合一般的组织法原理：既然特定的地方政府有权设立“两区”管理机构作为其派出机构，前者便应有权任命后者的组成人员。“两区”管理机构并不对应行政区，其正职领导人员——行政首长，因而无法由地方人大选举。这些管理机构也不是一级地方政府，它的其他组成人员因而也不能由地方人大常委会任命。

从目前的组织实践来看，特定地方政府不仅负责任命“两区”管理机构的正副职领导人员，还负责任命该管理机构之工作机构的正职领导人员。[①] 由此观之，即使将工作机构的正职领导人员一并认定为管理机构的组成人员，我们依然可以说，“两区”管理机构完全是由特定地方政府产生的。值得探究的是，在此种情形下，为了突出行政首长的领导地位，进一步实现治事和用人的统一，或许可以考虑先由管理机构的正职领导人员提名工作机构之正职领导人员的人选，再由特定地方政府决定是否予以任命。

不仅如此，从既有的组织实践来看，即便是“两区”管理机构之工作机构的副职领导人员时常也由地方政府予以任命。不过，工作机构的副职领导人员显然不是管理机构的组成人员。为了进一步提高内部行政的效率，可以考虑直接由管理机构予以任命。

从内部领导体制来看，“两区”管理机构是实行首长负责制（独任制、一长制）抑或集体领导制（合议制）？在我国，这两种领导体制都是建立在民主集中制的基础之上的。所以，这一提问应该不难回应。根据《宪法》第 105 条第 2 款、《地方组织法》第 6 条第 3 款的规定可知，地方各级政府均实行首长负责制。既然如此，作为地方政府的派出组织，“两区”

---

① 譬如，洛阳市政府于 2017 年 8 月 2 日决定任命宁明伟为洛阳高新技术产业开发区法制和信访局局长。参见《洛阳市人民政府关于韩海卿等 6 人职务任免的通知》（洛政任〔2017〕18 号）。

管理机构确有可能复制此种内部领导体制。另外，由于“两区”有待于重点开发和优先发展，其管理机构较之于地方政府更加需要权力集中、权责明确的管理体制，所以，首长负责制与这些管理机构的契合度应该较高。

《地方组织法》第9条规定：“地方各级人民政府每届任期五年。”但我国现行的法律、法规、规章并无涉及“两区”管理机构之任期的只言片语。是否为这些管理机构设置任期应当属于立法论的范畴。就控制行政权力和规范“两区”治理而言，设置一定的任期似乎是更为理想的方案，5年应该是比较恰当的时间限度，可以与地方政府实现同步换届。基于该方案，管理机构的正副职领导人员——甚至还包括其工作机构的正职领导人员都应进行换届。但也应该看到，这一方案也具有较高的制度成本。实际上，地方政府对于这些组成人员的更换已经比较频繁。

现行的法律、法规、规章并未规定“两区”管理机构的副职数量。实际上，对于各级政府的副职数量，这些位阶较高的规范性文件也未予以明确。为了提高行政效率、降低行政成本，在一定程度上限定管理机构的副职数量确有必要。不过，若要通过制定或者修改法律、法规、规章来完成这一任务似乎又存在现实困难：中央立法的成本较高，地方立法的尺度不一。在现阶段，通过“两区”管理机构的“三定”规定来限定其副职数量或许是相对可行的方案。依据笔者的考察，国家级新区管理机构的副职数量都在7人以下。这里试举6例：重庆两江新区管理委员会有副主任4人；[①]兰州新区管理委员会有副主任5人；[②]陕西西咸新区开发建设管理委员会有副主任6人；[③]贵州贵安新区管理委员会有副主任5人；[④]四川天府新区管理委员会有副主任5人；[⑤]南京江北新区管理委员会有常务副主任1人、副主任6人。[⑥] 应该说，国家级新区管理机构的副职数量并不算少，但也并不明显高于具有类似人口、经济体量之县级行政区的平均水平。在国家级新区中，上海市浦东新区、天津市滨海新区具有数一数二的

① 详见“重庆·两江新区”门户网站的“政务·审批”栏目。
② 详见“中国·兰州新区”门户网站的“政府信息公开”栏目。
③ 详见“陕西省西咸新区开发建设管理委员会”官方网站的“政务公开”栏目。
④ 详见“贵州贵安新区管理委员会”官方网站的“政务公开”栏目。
⑤ 详见“天府新区公园城市”门户网站的“政务”栏目。
⑥ 详见“南京江北新区”门户网站的“政务公开”栏目。

人口、经济规模,但其副区长的数量也只不过是 6 人。[①]

根据《宪法》第 65 条第 4 款、第 103 条第 3 款和《地方组织法》第 47 条第 3 款的规定可知,人大常委会的组成人员不得担任国家行政机关、监察机关、审判机关和检察机关的职务。可是,《宪法》和组织法律并未明确禁止后四类国家机关之间的兼职。可是,基于一般的组织法原理,同时担任两类以上国家机关的职务既不利于进行权力监督,也无法确保工作效率。有鉴于此,某一类"两区"国家机关的组成人员既不宜担任其他类型的"两区"国家机关的职务,也不宜担任其他类型的一般国家机关的职务。如果针对《宪法》《地方组织法》的上述规定进行合目的性的扩张解释,那么,同时在一类"两区"国家机关与另一类"两区"国家机关或者另一类一般国家机关任职就很可能违背了禁止兼职的规范命令。综上,"两区"管理机构的组成人员不宜在其他类型的"两区"国家机关或者一般国家机关同时任职。值得肯定的是,此种兼职在组织实践中目前比较少见。

当然,基于党政合署的政治体制和精简机构的现实要求,"两区"管理机构的部分组成人员可以同时担任党的"两区"工作机构的职务,而"两区"监察机构的大部分组成人员则不仅可以亦有必要同时担任党的"两区"纪律检查工作机构的职务。

第二节　"两区"人民法院、人民检察院的人员组成和产生方式

本节分析"两区"法院、检察院的产生方式和人员组成。这些议题在实务中尚未引起较大争议,但在规范层面仍有待阐明。应当注意的是,极少数地方立法专门就"两区"法院、检察院的产生方式作出规定,由于没有效力位阶更高的立法可资依循,故它们基本上决定了相关的组织实践。

---

① 详见"上海市浦东新区人民政府"官方网站的"信息公开"栏目;详见"天津市滨海新区人民政府"官方网站的"公开"栏目。

一、"两区"法院的人员组成和产生方式

《人民法院组织法》第40条规定:"人民法院的审判人员由院长、副院长、审判委员会委员和审判员等人员组成。"经过2018年修订后,该法没有明确将庭长、副庭长列为法院的审判人员。不过,依据近年来司法体制改革的精神,"庭长、副庭长应从员额法官中产生","要作为员额法官中的一员具体办理案件"。[①] 因此,庭长、副庭长依然属于法院的审判人员,可以被《人民法院组织法》第40条中的"等"涵盖。由此观之,作为一类特殊的地方法院,"两区"法院的审判人员也应该由院长、副院长、庭长、副庭长、审判委员会委员和审判员组成,这也是实际的情形。

那么,"两区"法院以何种方式产生?或者说,其审判人员通过何种机制得以选举或者任命?综观《人民法院组织法》,直接涉及地方各级法院之产生的规定集中于该法第43条,具体内容如下:

> 地方各级人民法院院长由本级人民代表大会选举,副院长、审判委员会委员、庭长、副庭长和审判员由院长提请本级人民代表大会常务委员会任免。
>
> 在省、自治区内按地区设立的和在直辖市内设立的中级人民法院院长,由省、自治区、直辖市人民代表大会常务委员会根据主任会议的提名决定任免,副院长、审判委员会委员、庭长、副庭长和审判员由高级人民法院院长提请省、自治区、直辖市人民代表大会常务委员会任免。

不难看出,"两区"法院的产生无法适用这一条文。该条第1款是就一般情形的规定。但是,"两区"法院不存在对应的行政区,因而也就不存在本级人大及其常委会。该条第2款是有关特殊情形的规定。不过,在既有的"两区"法院中,仅有雄安新区中级人民法院为中级法院,其他法院均为基层法院。而且,前者也不是按照"地区"这一行政区设立的中级法院。实际上,在其他功能区设立的法院也面临着同样的尴尬。湖

① 杨万明主编:《〈中华人民共和国人民法院组织法〉条文理解与适用》,人民法院出版社2019年版,第271页。

南省人大常委会选举任免联络工作委员会于 2004 年 7 月询问:在岳阳市屈原管理区设立的基层人民法院之法官如何任免?[①] 全国人大常委会法工委于 2004 年 8 月答复:"在屈原管理区设立基层人民法院没有法律依据,因而也无从依据法律确定其法官的任免程序。"[②]显然,在全国人大常委会法工委看来,此种功能区法院的设立缺乏法律依据。由此观之,"两区"法院的产生方式之所以不够明晰,首先是因为其设立依据不够充分。

依据笔者对于组织实践的考察,"两区"法院均是由特定的地方人大常委会产生的。具体来说,"两区"法院的审判人员——包括院长都是由特定的地方人大常委会任命的。这些地方人大常委会通常就是设立"两区"管理机构之地方政府的本级权力机关。至于人大常委会的任命是否需要经过有关主体的提请或者提名,现行的实定法鲜有明确规定,但也有少数例外,《河北省人民代表大会常务委员会关于河北雄安新区中级人民法院和河北省人民检察院雄安新区分院人事任免暂行办法》(简称《河北省人大常委会关于河北雄安新区两院人事任免暂行办法》)、《海南省人民代表大会常务委员会人事任免规定》(2013 年修订版)、《淄博市人民代表大会常务委员会人事任免办法》、《湛江市人民代表大会常务委员会任免国家机关工作人员办法》即为典型的立法例。前二者为省级地方性法规,后二者是设区的市级人大常委会制定的其他规范性文件。以下针对这四部规范性文件的相关规定加以分析。

《河北省人大常委会关于河北雄安新区两院人事任免暂行办法》第 1 条规定:"河北省人民代表大会常务委员会根据主任会议的提名,决定河北雄安新区中级人民法院院长的任免。"根据该办法第 3 条的规定可知,河北省人大常委会根据省高级法院院长的提名,任免河北雄安新区中级人民法院副院长、审判委员会委员、庭长、副庭长、审判员。不难看出,河北雄安新区中级人民法院的产生规则完全类同于在省、自治区内按地区设立的中级法院。此种制度设计比较合理,作为功能区的雄安新区与作为行政区的"地区"在人口、经济规模等方面比较接近。但是,由于

---

① 参见乔晓阳、张春生主编:《〈中华人民共和国地方各级人民代表大会和地方各级人民政府组织法〉释义及问题解答》,中国民主法制出版社 2006 年版,第 318 页。

② 乔晓阳、张春生主编:《〈中华人民共和国地方各级人民代表大会和地方各级人民政府组织法〉释义及问题解答》,中国民主法制出版社 2006 年版,第 318 页。

雄安新区中级人民法院是“两区”法院中唯一的中级法院，其产生方式并不当然适用于其他的“两区”法院。

根据《海南省人民代表大会常务委员会人事任免规定》(2013 年修订版)第 4 条第 6 项的规定可知，省人大常委会根据省高级法院院长提名，决定任免省洋浦经济开发区人民法院院长以及副院长、审判委员会委员、庭长、副庭长、审判员。对照表 3-1 可知，海南省洋浦经济开发区人民法院在产生方式上不同于在省、自治区内按地区设立的和在直辖市内设立的中级法院。前者是基层法院而非中级法院，就这一点而言，此种差别可以理解。不过，由省高级法院院长提名洋浦经济开发区人民法院院长的人选不甚符合两院的关系定位。而由前者提名洋浦经济开发区人民法院其他审判人员的人选似乎也无必要。本书倾向于采取以下方案：先由省人大常委会主任会议提名洋浦经济开发区人民法院院长的人选，待该院院长得以任命后，再由其提请任命该法院的其他审判人员。

不同于上述两部规范性文件，《淄博市人民代表大会常务委员会人事任免办法》和《湛江市人民代表大会常务委员会任免国家机关工作人员办法》可以类推适用于大多数“两区”法院的产生。根据前一个办法第 15 条以及后一个办法第 6、13 条的规定可知，市人大常委会根据市中级法院院长的提名任命淄博高新区人民法院和湛江经开区人民法院的院长、副院长、庭长、副庭长、审判委员会委员、审判员。不难看出，这两个国家级开发区法院与海南省洋浦经济开发区人民法院在产生方式上完全相同。但二者的产生方式存在同样的逻辑局限。“两区”法院毕竟不是设区的市级中级法院的派出组织或者下属机关，其审判人员的任命应该尽量独立于后者。

根据《地方组织法》第 9 条和《人民法院组织法》第 44 条第 1 款的规定可知，地方各级法院院长每届任期 5 年。其他审判人员则无确定任期。倘若“两区”法院被定性为地方各级法院，那么其院长也应该有任期限制。此外，同一般地方法院的审判人员一样，“两区”法院的审判人员均无任职届数限制，即使是院长也无此限制。[①] 实际上，地方人大常委会在“两区”法院院长任期届满时重新任命该院院长已经是非常普遍的组织实践。

---

① 在我国的审判人员中，仅有最高人民法院院长存在任职届数限制。根据《宪法》第 129 条第 2 款的规定可知，其连续任职不得超过两届。

二、“两区”检察院的人员组成和产生方式

《人民检察院组织法》第35条规定：“人民检察院的检察人员由检察长、副检察长、检察委员会委员和检察员等人员组成。”因此，作为一类特殊的地方检察院，“两区”检察院的检察人员也应该由检察长、副检察长、检察委员会委员和检察员等组成。下文主要研讨这些检察人员的任命机制。

《人民检察院组织法》第38条专门规定了地方各级检察院的产生方式，具体内容如下：

> 地方各级人民检察院检察长由本级人民代表大会选举和罢免，副检察长、检察委员会委员和检察员由检察长提请本级人民代表大会常务委员会任免。
>
> ……
>
> 省、自治区、直辖市人民检察院分院检察长、副检察长、检察委员会委员和检察员，由省、自治区、直辖市人民检察院检察长提请本级人民代表大会常务委员会任免。

如第二章所述，“两区”检察院已被定性为地方检察院。而在所有的“两区”检察院中，河北省人民检察院雄安新区分院应该是唯一的设区的市级检察院。因此，该分院的产生——或者说该分院之检察人员的任命——完全可以第38条第3款作为依据。河北省人民检察院雄安新区分院不存在本级人大及其常委会，其只能由河北省人大常委会产生。当然，河北省人民检察院检察长对于这一过程的参与是必要的。实际上，《河北省人大常委会关于河北雄安新区两院人事任免暂行办法》第2、3条有关该分院检察人员之产生方式的规定与《人民检察院组织法》第38条第3款的有关规定并无二致。

尽管如此，绝大多数“两区”检察院均为基层检察院，它们无法由省级人大常委会产生。显然，其产生无法适用于《人民检察院组织法》第38条第1款的原因在于：它们不存在本级人大及其常委会。不过，《淄博市人民代表大会常务委员会人事任免办法》第20条和《湛江市人民代表大会常务委员会任免国家机关工作人员办法》第7条提供了具体规则，简言

之,由设区的市级人大常委会根据该市检察院检察长的提请任命淄博高新区人民检察院和湛江经开区人民检察院的检察长、副检察长、检察委员会委员、检察员。这或许可以作为“两区”检察院之产生的一般性规则。有待于进一步考虑的是,为了凸显“两区”检察院检察长的领导地位,是否可以由其提请任命该院的其他检察人员。《人民检察院组织法》第 38 条第 1 款就采用了此种模式。

作为基层检察院,极少数国家级开发区检察院非但不存在本级人大及其常委会,也不存在上一级人大常委会即设区的市级人大常委会。不仅如此,它亦不存在上一级检察院即设区的市级检察院。在此情况下,只能由省级人大常委会根据本级检察院检察长的提名来任命国家级开发区检察院的检察长甚至全体检察人员。这正是《海南省人民代表大会常务委员会人事任免规定》第 4 条第 7 款所确立的规则。所以,海南省洋浦经济开发区人民检察院是直接由海南省人大常委会产生的。

根据《地方组织法》第 9 条和《人民检察院组织法》第 39 条第 1 款的规定可知,地方各级检察院检察长每届任期同样是 5 年。其他检察人员则无确定任期。“两区”检察院具有地方检察院的属性,其检察长也应当存在 5 年的任期限制。从组织实践来看,这一任期限制得到了普遍的遵守。

第三节　“两区”人大工作机构的人员组成和产生方式

如第二章第三节所述,“两区”人大工作机构在理论上有可能被定性为人大常委会在“两区”的派出机构。可以说,它们与县级人大常委会的街道工作机构(简称“街道工作机构”)[①]具有基本相同的属性。二者的名称也比较类似,譬如“成都市人民代表大会常务委员会成都高新区工作委

① 县级人大常委会“街道工作机构”的具体名称一般为“街道工作委员会”。严格来说,除了市辖区和不设区的市人大常委会以外,其他县级人大常委会设立街道工作机构缺乏充分的法律依据。《地方组织法》并无相关规定。

员会”与“成都市武侯区人民代表大会常务委员会玉林街道工作委员会”。考虑到我国现行的法律、法规、规章对于“两区”人大工作机构鲜有规定，下面首先考察实定法中街道工作机构的人员组成和产生方式，而后以此为参照探究“两区”的人员组成和产生方式。当然，此种探究主要是立法论而非解释论层面的。

根据笔者对于地方性法规的考察，仅有 6 部地方性法规就街道工作机构的产生规则作出了明确规定。它们均以“人民代表大会常务委员会街道工作委员会工作条例”命名（见表 3-2）。

表 3-2　6 部地方性法规有关县级人大常委会街道工作机构的产生规则

序号	地方性法规				人员组成	任命机制
	名称	制定机关	通过日期	相关条文		
1	太原市区（市）人民代表大会常务委员会街道工作委员会工作条例	太原市人大常委会	2001 年 6 月 27 日	第 4 条	/	区（市）人大常委会会议任命
2	重庆市区县（自治县）人民代表大会常务委员会街道工作委员会工作条例	重庆市人大常委会	2016 年 7 月 29 日	第 4 条	主任 1 人，副主任 1 人，委员 3 人至 5 人；主任一般应当为区县（自治县）人大代表	区县（自治县）人大常委会任命
3	武汉市区人民代表大会常务委员会街道工作委员会工作条例	武汉市人大常委会	2018 年 11 月 23 日	第 4 条	主任 1 人，副主任 1 至 2 人，委员 3 人至 5 人；主任、副主任中应当有 1 名专职人员，专职主任或专职副主任应当为区人大代表	区人大常委会任命

续表

序号	地方性法规				人员组成	任命机制
	名称	制定机关	通过日期	相关条文		
4	江苏省市辖区、不设区的市人民代表大会常务委员会街道工作委员会工作条例	江苏省人大常委会	2019年5月30日，2022年7月29日修正	第6条	主任1人，可以设副主任1人至2人、委员3人至7人；组成人员中应当有一定比例的市辖区、不设区的市人大代表，其中主任应当为市辖区、不设区的市人大代表	常务委员会主任会议提名，常务委员会任命
5	广东省不设区的市和市辖区人民代表大会常务委员会街道工作委员会工作条例	广东省人大常委会	2020年7月29日	第6条第1、2款	主任1人，可以根据实际需要配备副主任和委员；组成人员应当有一定比例的不设区的市、市辖区人大代表	常务委员会主任会议提名，常务委员会任命
6	昆明市区(市)人民代表大会常务委员会街道工作委员会工作条例	昆明市人大常委会	2020年8月28日	第5条、第6条第1款	主任1人，根据工作需要设副主任1人，委员5人至7人；主任、副主任中应当有1名专职人员；组成人员中应当有一定比例的区(市)人大代表，其中主任应当为区(市)人大代表	区(市)人大常委会主任会议提名，常委会会议任免

由表3-2可知，街道工作机构的组成人员大致包括：主任1人，副主任1人或者若干人，委员若干人。但是，6部地方性法规关于组成人员数量的规定并不一致，甚至可以说，存在比较明显的差别。需要注意的是，其中一部分地方性法规还要求一定比例的或者担任特定职务的组成人员为县级人大代表，另一部分地方性法规则要求一定数量的而且担任

特定职务的组成人员为街道工作机构的专职人员。组织法规范的不一致必然导致组织实践的不统一。据此可以判断，街道工作机构的组成人员存在一定的地域差异。不过，这些组成人员的任命机制比较统一，他们均由县级人大常委会任命。只不过，在一些地方，县级人大常委会的任命必须以其主任会议的提名为前提。

目前，街道工作机构的设立已经非常普遍。“2014 年年底，全国 7700 多个街道中，在街道设立人大代表服务机构或其他工作机构的有 90%。”①广东省 474 个街道已全部设立人大常委会街道工委。② 尽管如此，“两区”设置人大工作机构的比例仍然有限。2010 年 8 月，无锡市人大常委会决定将无锡新区人大工作联络委员会调整为无锡市人大常委会无锡新区工作委员会，就法律属性而言，即将国家级高新区管理机构的工作机构调整为国家级高新区的人大工作机构。不过，这种情况通常只发生在成熟并且重视人大工作的“两区”。

就人员组成和产生方式而言，街道工作机构可以为“两区”人大工作机构提供借鉴。值得一提的是，《武汉市区人民代表大会常务委员会街道工作委员会工作条例》有如下规定：“开发区（功能区）的代表工作机构职能设置、人员配备参照本条例执行。”据此，在武汉市范围内，国家级开发区人大代表工作机构可以与区人大常委会街道工作机构适用相同的产生规则。

关于“两区”人大工作机构比较合理的人员组成和产生方式，本书的基本设想如下：“两区”人大工作机构由主任 1 人，副主任 1 人至 2 人和委员若干人组成；主任应当是“两区”的户籍居民并且为“两区”所属行政区的人大代表，主任、副主任和委员中至少有 1 名专职人员；主任、副主任、委员由“两区”所属行政区的人大常委会主任会议提名，由人大常委会任命。作为人大常委会的派出机构，“两区”人大工作机构自然应当由地方人大常委会产生，这一点毋庸置疑。因此，绝大多数国家级开发区人大工作机构应该由设区的市级人大常委会产生，而大多数国家级新区人大工

① 李适时主编：《地方组织法、选举法、代表法导读与释义》，中国民主法制出版社 2015 年版，第 98 页。

② 参见《广东 474 个街道全部设立人大街道工委》，载腾讯网“中国新闻网”账号。

作机构则应该由省级人大常委会产生。至于有关组成人员的数量以及来源的具体设定，主要是为了保证“两区”人大工作机构的工作效能——尤其是对“两区”其他国家机关的监督效果。显然，一人独任的、无人大代表的或者无专职人员的人大工作机构不利于“两区”人大工作的有效开展。

较之于一般的街道，“两区”具有更大的人口、经济规模以及面积；相对于街道办事处，“两区”管理机构在实践中往往拥有更多的行政权力。因此，“两区”人大工作机构的组成人员可以多于街道工作机构的组成人员。当然，不同“两区”的发展程度和人口、经济体量不同，立法似乎不宜为“两区”人大工作机构的人员组成设定完全同一的标准。由于中央立法对此尚付阙如，地方立法可以因地制宜地进行摸索。不过，囿于“两区”人大工作机构的设立依据不足，相关的地方立法工作恐怕缺乏必要的上位法基础。

关于“两区”人大工作机构采用何种内部领导体制，鲜有学者论及。本书主张其实行首长负责制，即主任负责制。一方面，地方人大常委会的一般工作机构均实行首长负责制，而地方人大的专门委员会方才实行集体领导制。显然，“两区”人大工作机构也是地方人大常委会的工作机构，若非有特殊理由不应例外。另一方面，人大工作机构的工作头绪繁多但其人员配置有限，必须由主任统一领导来提高效率。

正如本章第一节所述，“两区”人大工作机构的组成人员不宜担任其他类型国家机关——包括其他类型“两区”国家机关的职务。从组织实践来看，包括主任在内的组成人员有可能不是或甚至可以说通常不是地方人大常委会的组成人员。当然，地方人大常委会本部的一般工作机构有部分成员既不是也无须是常委会的组成人员，所以其不受《宪法》《地方组织法》中禁止兼职规定的约束。不过，同为地方人大常委会的工作机构，“两区”人大工作机构具有明显的特殊性，可以说是常委会在特定区域的延伸。然而，如若这些工作机构的组成人员还可以担任“两区”管理机构、法院、检察院、监察机构的职务，那么地方人大常委会对于这些国家机关的监督则有可能趋于弱化。

第四节　“两区”监察机构的人员组成和产生方式

根据现行《宪法》第124条第2款和《监察法》第9条第2款的规定可知，地方各级监委由主任、副主任若干人、委员若干人组成。虽然地方监委设有若干内设机构，因而存在其他工作人员，但是上述条文已经明确了其组成人员的范围。既然如此，“两区”监察机构应当由何者组成？现行的法律、法规、规章均无明示。但在组织实践中，“两区”监察机构基本上也都设有主任、副主任、委员这三种职务。其中，前者为一人，后二者通常为若干人，他们全部或者部分同时担任党的“两区”纪律检查工作机构的职务。由此观之，立法可以明确“两区”监察机构由主任、副主任、委员组成。其中，主任为一人，副主任和委员可以为若干人，立法可以为二者设定人数上限。许多“两区”监察机构也设有若干内设机构，但除了主任、副主任、委员以外，其他工作人员——包括内设机构的领导人员，均不属于监察机构的组成人员。

《监察法》第9条第1款规定：“地方各级监察委员会由本级人民代表大会产生”。第2款随即规定了关于地方各级监委的产生方式：地方各级监委由主任、副主任若干人、委员若干人组成，主任由本级人大选举，副主任、委员由监委主任提请本级人大常务委员会任免。但是，“两区”监察机构没有对应的人大及其常委会。依据笔者的考察，“两区”监察机构的主任、副主任和委员通常是由派出这些机构的地方监委的本级人大常委会任命。由地方人大常委会产生“两区”监察机构有利于前者对于后者的监督和制约，也体现了地方权力机关在地方国家机关中的主导、优越地位。不过，由地方监委产生这些监察机构作为另一个方案也不失合理性。如前所述，“两区”管理机构由地方政府设立，便由地方政府产生。此种逻辑同样可以适用“两区”监察机构。毕竟，特定的地方监委与“两区”监察机构同样处于领导与被领导的关系。与之形成鲜明对比的是，“两区”法院不受其上一级法院的领导，前者的定位是一级国家审判机关,而非后者的派出组织。因此,“两区”法院只能由地方人大常委会产生。而对于“两区”监察机构来说,此种产生机制并非唯一的选择。

根据《宪法》第98条和第124条第3款、《地方组织法》第9条、《监察法》第9条第3款的规定可知,地方各级监委主任每届任期5年,其他组成人员则没有确定任期。既然如此,“两区”监察机构的正职领导人员——通常为主任,是否有任期限制?法则无明文规定。为其设置任期有利于任命机关对于这些监察机构的监督,而不设任期则可以节省一定的制度成本。但应该看到,无论“两区”监察机构的正职领导人员是否存在任期限制,包括其在内的组成人员均不宜同时担任其他类型的国家机关——包括“两区”其他国家机关的职务。而依据笔者的考察,“两区”管理机构的组成人员基本上均不同时担任“两区”其他国家机关——主要是“两区”管理机构的职务。以正职领导人员为例,其一般都是党的“两区”纪律检查工作机构的正职领导人员,在很多情况下还是党的“两区”工作机构的副职领导人员,但并非“两区”管理机构的组成人员。

最后需要讨论的是“两区”监察机构的内部领导体制,现行实定法在这一方面依然没有明示。实际上,即便是对于地方各级监委乃至国家监委的内部领导体制,《宪法》和《监察法》等法律也未予以明确。有学者分析,《监察法》中有四处,即第31、32、42、43条规定了“集体研究”程序,但此种集体研究并非决定程序。[①] 其结论是:“各级监察委员会虽然不是实行主任负责制,但主任事实上拥有极大的决定权。”[②]本书认为,“两区”监察机构在内部领导体制上也许与监委相同或者类似,关键还是要看“两区”监察机构的正职领导人员对于监察权的行使是否具有主导作用。不过,为了凸显正职领导人员在“两区”监察机构中的领导地位,可以考虑由其提名任命该监察机构的其他组成人员。这种机制类似于地方监委的产生机制。

---

① 参见秦前红主编:《监察法学教程》,法律出版社2019年版,第192—193页。

② 秦前红主编:《监察法学教程》,法律出版社2019年版,第193页。

第四章　国家级开发区、新区国家机关的机构设置和权力配置

国家级开发区和国家级新区的5类国家机关在权力配置方面有待于不同程度的检视，相关议题既包括合法性议题也包括合理性议题。本章着重讨论前者，尤其是鲜见于一般地方国家机关的合法性议题。在“两区”5个类型的国家机关中，管理机构面临的权力配置争议更为明显。

在组织实践中，5类国家机关均设有下属组织。但是，本章所研讨的机构设置主要限于“两区”管理机构的机构设置。笔者之所以在内容上作此安排，主要基于两个方面的考虑。一方面，“两区”人大工作机构、监察机构本身在数量上相对有限，其下属组织的设置比较简单而且较少独立对外施加影响，而“两区”管理机构在数量上非常可观，其下属组织的设置更加复杂并且时常对外行使职权。[①] 另一方面，“两区”法院、检察院与一般的地方法院、检察院在机构设置上表现出较高的同构性，而“两区”管理机构与地方政府在机构设置上却呈现出明显的差异性。因此，相对于其他“两区”国家机关的机构设置，管理机构的机构设置更加需要组织法理论的关照。

① 正是基于类似的原因，在人大、政府、监委、法院、检察院这5类国家机关中，政府的机构设置最受组织法理论的关注。

第一节 “两区”管理机构的机构设置和权力配置

“两区”管理机构的机构设置和权力配置在理论上和实务中均存在争议。这两个议题也是本章乃至本书重点关注的组织法议题。

一、“两区”管理机构的机构设置

在组织实践中,“两区”管理机构同地方政府一样,形成了“条块分割”的格局。总体来看,管理机构下属行政组织[①]的类型(见图 4-1):

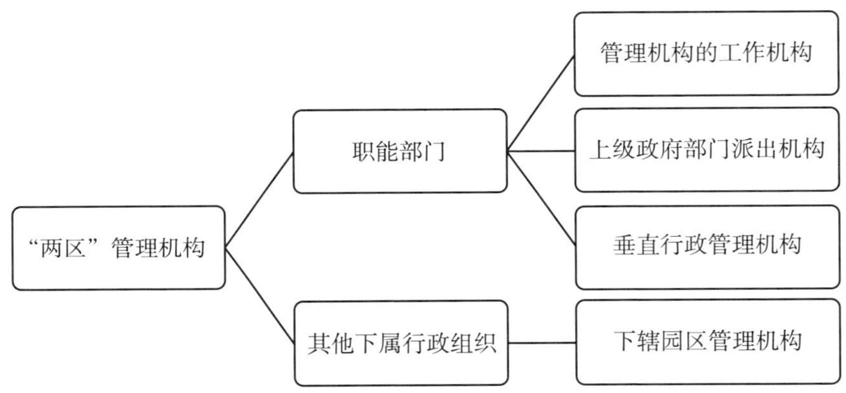

图 4-1 “两区”管理机构的下属行政组织类型

如图 4-1 所示,从广义上说,“两区”管理机构的下属行政组织包括职能部门和下辖园区管理机构。其中,各职能部门的分立可以说是条的分割,而各下辖园区管理机构的并置则可以说是块的分割。

① 本书所指称的“行政组织”在我国现行的实定法中有时被表述为“行政机构”。作为典型的立法例,《地方各级人民政府机构设置和编制管理条例》使用“行政机构”一词达 24 次,该条例所称的“地方各级人民政府行政机构”即为地方各级政府的下属行政组织。

至于“两区”管理机构所托管（直管）的乡级政府、街道办事处[①]，通常被视为一级行政组织，具有较强的独立性。其中，乡级政府本身就是一级政府，而街道办事处则是市辖区、不设区的市政府的派出机关，二者只是因托管而接受“两区”管理机构的领导。

综上，“两区”管理机构的机构设置主要表现为图 4-1 中 4 种下属行政组织的设置。应该注意的是，“两区”管理机构与这 4 种下属行政组织的关系不尽相同。“两区”管理机构的工作机构以及下辖园区管理机构[②]主要由“两区”管理机构领导；垂直行政管理机构主要由上一级主管行政机关领导，“两区”管理机构一般只进行业务指导；[③]上级政府部门派出（派驻、分支）机构[④]的情形比较复杂，有的接受双重领导，有的主要仍由上一级主管行政机关领导。以下主要研讨其中 3 种行政组织的设立依据，它们具体包括：“两区”管理机构的工作机构、上级政府部门派出机构、下辖园区管理机构。

（一）“两区”管理机构之机构设置的实践考察

根据笔者的考察，大多数国家级开发区之下均设有数量不等的行政组织以及承担行政任务的事业组织[⑤]。这里选取了 24 个国家级开发区，其相关组织的具体数量如表 4-1 所示。

---

① 在实务中，一些“两区”管理机构对数个乡级政府、街道办事处实行属地领导。国家级开发区管理机构的此种领导一般被称为“托管”，国家级新区管理机构的此种领导则一般被称为“直管”。为了表述的便利，本章以下将“托管或者直管的乡级政府、街道办事处”统称为“托管的乡级政府、街道办事处”。

② 一些“两区”管理机构为其管辖区域内的两个以上园区分别设置管理机构。为了表述的便利，本书称其为“下辖园区管理机构”。

③ 通过对法律以及各级政府的部门和其他下属单位之“三定”规定的考察，有学者将我国的垂直领导体制分为两种类型：其一是完全垂直领导体制，实行该体制的主管部门包括海关、金融、国税、外汇、证券、保险、民航、出入境检验检疫等；其二是半垂直领导体制，即省级以下垂直领导，实行该体制的主管部门包括工商、地税、质检等。参见任进：《依法规范地方人大常委会与垂直管理机构的关系》，载《法学杂志》2010 年第 6 期，第 26 页。而依据笔者的考察，在“两区”设立垂直行政管理机构的主管部门基本上限于这些部门。

④ 在实务中，“两区”管理机构之上级政府的特定工作部门在“两区”设立的派出组织，通常称为派出机构、派驻机构、分支机构。为了表述的便利，本书称其为“上级政府部门派出机构”。

⑤ 在“两区”门户网站和“两区”管理机构官方网站中，“两区”管理机构下属的行政组织与承担行政任务的事业组织时常一同显示，难以区分。从实践来看，后者确实行使着一定的行政权力，亦不乏研究价值。以下表 4-1、4-2 因而将二者一同计算在内。

表 4-1 24 个国家级开发区管理机构下属行政组织以及承担行政任务的事业组织数量[1]

序号	管理机构名称	组织的种类	组织的数量（个）
1	石家庄经济技术开发区管理委员会	内设机构	7
2	石家庄高新技术产业开发区管理委员会	机构	15
3	长春经济技术开发区管理委员会	机关（24） 驻区（8）	32
4	长春净月高新技术产业开发区管理委员会	政府机构	42
5	合肥经济技术开发区管理委员会	管委会内设机构	13
6	合肥高新技术产业开发区管理委员会	管委会内设机构	13
7	南昌经济技术开发区管理委员会	机构	11
8	南昌高新技术产业开发区管理委员会	机关部门	9
9	苏州工业园区管理委员会	机构	7
10	郑州经济技术开发区管理委员会	工作部门	26
11	郑州高新技术产业开发区管理委员会	工作部门	12
12	长沙经济技术开发区管理委员会	机关局室（10） 纪检监察机构（1）	11
13	长沙高新技术产业开发区管理委员会	内设机构（13） 驻区机构（6）	19
14	南宁经济技术开发区管理委员会	机构	5
15	南宁高新技术产业开发区管理委员会	内设机构	10
16	成都高新技术产业开发区管理委员会	部门	18
17	贵阳经济技术开发区管理委员会	职能部门（8） 垂管部门（8）	16
18	贵阳高新技术产业开发区管理委员会	内设机构	19
19	昆明经济技术开发区管理委员会	内设机构（10） 驻区机构（6）	16
20	昆明高新技术产业开发区管理委员会	机构	20
21	西安经济技术开发区管理委员会	党工委管委会内设机构	25

续表

序号	管理机构名称	组织的种类	组织的数量（个）
22	西安高新技术产业开发区管理委员会	内设机构(26) 园区管理机构(7) 支撑体系(4)	37
23	兰州经济技术开发区管理委员会	机构	9
24	兰州高新技术产业开发区管理委员会	工作部门	9

注：[1]本表信息均来源于国家级开发区门户网站或者国家级开发区管理机构官方网站，本表中“组织的种类”所列信息均为相关网站所示，最后访问日期为2021年5月1日。本表所示之下属行政组织以及承担行政任务的事业组织详见附录4。

根据笔者的考察，几乎所有的国家级新区管理机构之下都设有数量不等的行政组织以及承担行政任务的事业组织。就下属行政组织、事业组织的种数和个数而言，相当一部分国家级新区管理机构已经可以比肩县级政府乃至设区的市级政府了（见表4-2）。

表4-2 国家级新区管理机构下属行政组织以及承担行政任务的事业组织数量[1]

序号	管理机构名称	组织的种类	组织的数量（个）
1	上海浦东新区人民政府	政府部门(23) 开发区管委会(6)	29
2	天津滨海新区人民政府	/	30
3	重庆两江新区管理委员会	内设机构(17) 直属机构(3) 驻区机构(5)	25
4	浙江舟山群岛新区管理委员会	常设机构(4) 直属机构(6)	10
5	兰州新区管理委员会	/	23
6	陕西西咸新区开发建设管理委员会	内设部门	16

续表

序号	管理机构名称	组织的种类	组织的数量（个）
7	贵州贵安新区管理委员会	内设机构(7)	14
		管理机构(4)	
		省派出机构(3)	
8	大连金普新区管理委员会	政府机构(19)	22
		功能园区(3)	
9	四川天府新区管理委员会	部门(直属机构、垂管机构)	17
10	湖南湘江新区管理委员会	工作机构(8)	13
		园区(5)	
11	南京江北新区管理委员会	职能机构(14)	19
		派出机构(5)	
12	福州新区管理委员会	工作机构	4
13	云南滇中新区管理委员会	/	9
14	长春新区管理委员会	/	25
15	江西赣江新区管理委员会	新区职能部门(10)	16
		驻区单位(2)	
		组团机构(4)	
16	河北雄安新区管理委员会	/	8

注:[1]本表信息均来源于国家级新区门户网站或者国家级新区管理机构官方网站,本表中“组织的种类”所列信息均为相关网站所示,最后访问日期为2021年5月1日。本表所示之下属行政组织以及承担行政任务的事业组织详见附录5。在我国内地的19个国家级新区中,广州南沙新区没有管理机构的建制。而在18个国家级新区管理机构中,青岛西海岸新区与青岛市黄岛区政府已经合并,前者没有独立的机构设置。哈尔滨新区与有关行政区、功能区融合发展江北一体发展区,相关的门户网站、官方网站未显示其管理机构的机构设置。因此,本表仅列16个国家级新区管理机构。

基于表4-1、4-2所示的数据信息，如若暂不考虑相关统计口径的差异，[①]我们或许可以比较“两区”管理机构下属行政组织以及承担行政任务的事业组织在种数、个数上的差异。这也是从定量分析“两区”管理机构之机构设置的一条进路。

首先来看国家级开发区管理机构与国家级新区管理机构之间的整体差异。基于表4-1的相关信息计算可得，其所示的24个国家级开发区管理机构平均下辖约1.29种组织；基于表4-2的相关信息计算可得，其所示的14个国家级新区管理机构（上海市浦东新区政府、天津市滨海新区政府除外）平均下辖约1.71种组织。相比之下，国家级新区管理机构下属组织的种数更多。这一点不难理解，国家级新区具有明显更大的人口、经济体量，所以其管理机构有必要进行更加多样化的机构设置来应对经济发展、科技创新、区域开发等领域的行政事务。另外，基于表4-1的相关信息计算可得，其所示的24个国家级开发区管理机构平均下辖约16.71个组织；基于表4-2的相关信息计算可得，其所示的14个国家级新区管理机构平均下辖约15.79个组织。相比之下，国家级开发区管理机构下属组织的个数更多。粗略观之，这一结论难免令人费解。如上所述，一般而言，较之于国家级开发区，国家级新区具有更大的人口、经济体量。所以，相对于前者的管理机构，后者的管理机构需要应对更加复杂的、繁多的行政事务。照此推论，国家级新区管理机构下属组织的个数原本应该更多。根据笔者的揣测，与其说国家级新区管理机构的机构设置比较精简，毋宁说国家级开发区管理机构的机构设置过于繁杂。实际上，就下属组织的个数而论，许多国家级开发区管理机构已经超过了其所在设区的市的大多数县级政府。可见，对于这些管理机构而言，通过大部制改革实现“精兵简政”依然是当务之急。

而后来看不同的国家级开发区管理机构之间、不同的国家级新区管

① 需要注意的是，表4-1和表4-2所示的下属组织数量仅为第一级组织的数量，在这些组织之下可能还设有第二级组织。从这个意义上说，两表并未全面反映“两区”管理机构之下属组织的种类和数量。譬如，福州新区管理委员会本身仅下设综合协调办公室、规划发展局这两个工作机构。另外，福州市财政局加挂“福州新区财政与投融资局”牌子，福州市统计局加挂“福州新区统计局”牌子。但是，综合协调办公室、规划发展局又下设一系列二级组织。详见“福州新区”门户网站的“信息公开”栏目。

理机构之间的个体差异。由表 4-1 可知,其所示的国家级开发区管理机构最少仅下辖 1 种组织,最多则下辖 3 种组织,最高值为最低值的 3 倍。另外,这些管理机构最少仅下辖 5 个组织,最多则下辖 42 个组织,最高值为最低值的 8.4 倍。由表 4-2 可知,其所示的国家级新区管理机构最少仅下辖 1 种组织,最多则下辖 3 种组织,最高值已达最低值的 3 倍。另外,这些管理机构最少仅下辖 4 个组织,最多则下辖 25 个组织,最高值已达最低值的 6.25 倍。由此观之,就下属组织的种数、个数而言,不同的国家级开发区管理机构之间、不同的国家级新区管理机构之间的差异都比较显著。究其原因,"两区"管理机构下属组织的种数和个数在全国范围内,甚至在省级行政区域范围内都缺乏相对统一的标准。

另外,值得一提的是,绝大多数"两区"管理机构与设立它们的地方政府在机构设置上的对应程度都比较低,[①]一些"两区"管理机构已经采取了"大部制"的机构设置模式,其下属组织的数量较少而权限较广,这不仅有利于精简机构,而且有利于防止形成自上而下的部门利益壁垒。[②]

(二)"两区"管理机构之机构设置的规范检视

我国现行的中央立法很少就"两区"管理设置作出明文规定。尽管如此,作为行政法规,《地方各级人民政府机构设置和编制管理条例》的有关规定应该可以适用于"两区"管理机构的机构设置。该条例第 13 条规定:"地方各级人民政府行政机构根据工作需要和精干的原则,设立必要的内设机构。县级以上地方各级人民政府行政机构的内设机构的设立、撤销、合并或者变更规格、名称,由该行政机构报本级人民政府机构编制管理机关审批。"由规范语境可知,该条所谓的"地方各级人民政府行政机构"泛指地方各级政府下属的工作部门和派出组织,"两区"管理机构当然属于此一范畴。由此推论,该条所谓的"县级以上地方各级人民政

---

① 作为"两区"管理机构,上海市浦东新区政府和天津市滨海新区政府是例外。此二者本身就是一级地方政府,并非由地方政府设立的派出组织。其工作部门与上海市政府、天津市政府的工作部门具有较大程度的对应性。

② 《地方各级人民政府机构设置和编制管理条例》第 7 条规定:"县级以上各级人民政府行政机构不得干预下级人民政府行政机构的设置和编制管理工作,不得要求下级人民政府设立与其业务对口的行政机构。"从该条所反映的组织法原理来看,设立地方政府的工作部门不宜要求"两区"管理机构设立与其业务对口的工作机构。

府行政机构的内设机构”在外延上应可涵盖这些管理机构的机构设置。综上,根据第 13 条,“两区”管理机构可以根据工作需要和精干的原则设立必要的工作机构。

实际上,一些地方性法规已经给予“两区”工作机构较大的组织空间。例如,《江西省开发区条例》第 29 条第 2 款规定:“开发区管理机构可以在机构编制部门核定的限额内,自主调整内设机构,按规定权限和程序报机构编制部门备案。”但同时应该看到,如表 4-1、4-2 所示,部分“两区”管理机构下设较多的工作机构,但其所对应的“两区”却只有较小的人口、经济规模,此种组织实践未免就存在一定的随意性和盲目性。这种情形不甚符合《地方各级人民政府机构设置和编制管理条例》第 13 条的原则规定。应当指出的是,倘若该条例能够进一步规定地方各级政府行政机构设立内设机构的大致数量,那么“两区”管理机构之工作机构的种数和个数就有了相对具体的量化标准,此举有利于上级政府的机构编制管理部门更加有效地监管这些管理机构自行设置工作机构的行为。另外,在当前的组织实践中,“两区”管理机构之工作机构的设置通常符合“三定”规定的要求。可是,“三定”规定是由“两区”管理机构的机构编制管理部门或者设立该管理机构之地方政府的机构编制管理部门编制的,效力位阶较低,它们本身也必须依循作为上位法的《地方各级人民政府机构设置和编制管理条例》。由于地方利益的影响,单凭“三定”规定并不足以防止“两区”管理机构的机构、人员膨胀。

某些主管部门、直属机构在部分“两区”设立了一系列派出机构。这些工作部门包括但不限于:公安部门、财政部门、生态环境部门、应急管理部门等。尽管同为“两区”管理机构下属的行政组织,上级政府部门派出机构在设立模式上区别于管理机构的工作机构,前者通常是由上级地方政府的工作部门派出的。关于地方政府的工作部门可否设立派出机构,仅有少数的部门规章以及国务院工作部门的其他规范性文件进行了规定。在实务中,法律、法规的“沉默”通常被视为默许。由此推之,既然地方政府的工作部门可以在行政区设立派出机构,它们似乎也可以在功能区设立派出机构。但应该看到,作为地方性法规,多部开发区条例均就地方政府工作部门在“两区”设立派出机构进行了限制。譬如,《广西壮族自治区开发区条例》第20条第3款规定:“县级以上人民政府应当减少向开发区派驻的部门。”又如,《河南省开发区条例》第13条规定:“未经设立开发区的人民政府批准,政府职能部门不得在开发区派驻机构。”诸如此类的规定当然可以约束地方政府的工作部门在“两区”设立派出机构的行为。而若采取更加严格的立场,除非《宪法》和组织法律有直接、间接的规定或者授权下位法进行具体规定,这类派出机构应一律不得设立。

如前所述,“两区”管理机构的下属组织除了行政组织之外还包括承担行政任务的事业组织。早在2000年左右的时候,有学者就针对以事业单位之名行行政机关之实的组织实践提出了批评。[①] 就法律属性而言,“两区”管理机构下属的行政组织与事业组织迥然有别,但从实际功能来看,两者并无二致。从广义上说,后者在“两区”管理机构的下属行政组织体系似可归入“管理机构的工作机构”这一类别。具体而言,不同于一般的事业组织,“两区”管理机构下属的事业组织原本就是为了执行管理机构的特定行政任务而专门设立的或者系由其他行政组织改制而来。由此观之,这一类事业组织在“两区”的普遍设立和持续运行模糊了行政组织与事业组织之间的固有界限,不甚妥当。不仅如此,这些事业组织并非总是在获得充分授权的情况下从事行政活动,其实施的行政行为因而难免存在合法性疑义。当然,“两区”管理机构通过设立一定数量的事业组织来完成行政任务也是两难之下的无奈之举。一方面,精简行政机构和减少行政编制确实是法律规范的要求和上级党委、政府的政策;另一方面,随着人口、经济体量的增大,为了应对经济管理事务和其他行政管理事务,“两区”管理机构不得不增设行政组织、扩充执法队伍。[②] 麻雀不能过大,但五脏必须俱全。面对如此两难之境,可以考虑的进路无非有二:其一是推动“两区”管理机构转型,基本保留专门的经济管理职能同时大幅缩减一般的行政管理职能,具体而言,即取消不必要的行政管理职

---

① 详见应松年、薛刚凌:《行政组织法研究》,法律出版社2002年版,第97—98页。

② 有学者以贵安新区为例,指出了国家级新区管理机构在初创期“精简机构”的理念与在发展期承接上级政府部门之行政任务的巨大矛盾。详见吴晓林:《模糊行政:国家级新区管理体制的一种解释》,载《公共管理学报》2017年第4期,第21页。本书认为,在“两区”行政区化的背景之下,此种矛盾必然出现。

能并将必要的行政管理职能交还地方政府或者托付给社会组织；其二是允许“两区”管理机构扩容，依据行政管理的客观需求适度增设行政组织、扩充执法队伍。第二条进路需要法律规范和上级党委、政府放松精简机构的要求，该进路或许可以作为治标之策。但如此一来，“两区”管理机构与在机构、人员数量上完全可以与平行的地方政府等量齐观，甚或有过之而无不及，从而在更大程度上扮演准政府的角色。如若选择第一条进路，我们则有必要重新定位“两区”管理机构，该进路长远来看不失为治本之策。

最后来看“两区”管理机构下辖园区管理机构的设置。目前，部分“两区”——尤其是国家级新区已经形成了一区多园（组团）的模式。就来源而言，所谓“下辖园区管理机构”大致可以分为两类。其一是由地方政府设立的功能区管理机构。因特定的“两区”“收编”其他功能区或者后者“搭靠”前者，后者之管理机构遂成为前者之管理机构的下属行政组织。[①] 实际上，下辖园区管理机构在设立时间上通常早于“两区”管理机构。具有代表性的实例如湖南湘江新区管理委员会下属的长沙高新技术产业开发区管理委员会、宁乡经济技术开发区管理委员会、望城经开区管理委员会、宁乡高新区管理委员会、岳麓科技产业园管理委员会。可见，在一些情形下，所谓“下辖园区”原本就是人口、经济体量相对较小的国家级、省级开发区或者其他开发区。其二是由“两区”管理机构设立的派出机构。为了满足行政管理的需要，后者从前者的内部衍生出来，成为前者管理下辖园区的次级行政单位。具有代表性的实例如陕西省西咸新区开发建设管理委员会下属的空港新区管理委员会、秦汉新城管理委员会、沣东新城管理委员会、沣西新城管理委员会、泾河新城管理委员会。

关于“两区”管理机构为“区中区”“园中园”设立管理机构的行为，现行实定法鲜有规定。毋庸讳言，此种叠床架屋式的机构设置实践明显偏离了“两区”管理机构“扁平化”的机构设置理念。此种组织行为也不甚符合《宪法》第 27 条第 1 款有关国家机关实行精简原则的要求。毕竟，“两区”管理机构是地方政府的派出组织，也应该同地方政府一样实

---

① 对此种“收编”或者“挂靠”的动机分析，详见王慧：《开发区运作机制对城市管治体系的影响效应》，载《城市规划》2006 年第 5 期，第 21 页。

行精简原则。不仅如此,倘若这些管理机构仅因法无明示就可以为其下辖园区设立管理机构,那么后者也同样可以依此逻辑设立次级组织,此种层层下设机构的“套娃”行为显然不符合一般的组织法原理。另外,“两区”管理机构与其下辖园区管理机构的关系也值得探究。申言之,后者究竟是前者的组成部分还是下一级组织?后者的行政决定是否可以视同为前者的行政决定?对此,不同的“两区”管理机构存在不同的组织实践。

二、“两区”管理机构的权力配置

当前几乎所有的“两区”管理机构都行使着综合性的行政职权①,包括狭义的行政职权即行政执法权及制定其他行政规范性文件的职权。以下从两个方面探究“两区”管理机构的权力配置:其一是这些管理机构的行政职权来源,这是比较宏观的维度;其二是这些管理机构与其他行政组织之间的行政职权分配,这是相对微观的维度。这两个方面的探究虽然有所交叉,但各有侧重。需要说明的是,本书主要关注“两区”管理机构在权力配置上所存在的个性问题,同时适度关注这些管理机构与地方政府在这一方面所面临的共性问题。当然,不同“两区”管理机构在权力配置上各自还存在比较的特殊困难,本书也将给予一定关注。

(一)“两区”管理机构的行政职权来源分析

一般认为,行政机关以外的特定组织可以经法律、法规、规章授权独立对外行使行政职权,从而具备行政主体的身份以及行政复议被申请人和行政诉讼被告的资格。但凡将“两区”管理机构定性为地方政府的派出机构,其作为行政机关之外的组织所享有的行政职权便应来自法律、法规、规章的授予。不仅如此,即便可以将“两区”管理机构定性为地方政府的派出机关,其所享有的行政职权也并非所属地方政府之行政职权的完全“复制”。严格地说,这一类管理机构依然需要法律、法规、规章的原则授权。

根据《行政诉讼法》第 2 条,公民、法人或者其他组织认为法律、法规、规章授权的组织作出的行政行为侵犯其合法权益,有权依照本法向人

---

① 本书所研讨的“行政职权”与“行政权”“行政权力”系同义语。

民法院提起诉讼。该条赋予了法律、法规、规章授权的非行政机关组织以行政诉讼被告的资格,但它不足以为此种授权本身提供合法性依凭。严格地说,虽然法律、法规、规章均系《立法法》规定的法的形式渊源,但它们作为此种授权的载体必须具备直接或者间接的宪法基础。这里有必要加以检视。首先可以确证的是,法律对于"两区"管理机构的授权具有宪法基础。根据《宪法》第 95 条第 2 款的规定可知,地方各级政府的组织由法律规定。这里的"法律"是指全国人大及其常委会制定的所有法律,《行政诉讼法》当属此类。不过,法规(包括行政法规、地方性法规)和规章(包括部门规章和地方政府规章)对于非行政机关组织的授权并不当然具备宪法基础。除非以法律的抽象规定或者具体规定作为依据,法规和规章的此种授权方才具备间接的宪法基础。

本书认为,"两区"管理机构的行政职权有三个可能的来源:第一,权力机关赋予行政职权。第二,行政机关授予行政职权。第三,行政机关委托行政职权(见图 4-2)。显然,这里的"行政机关"不包括"两区"管理机构本身。较之于权力机关赋权,行政机关授权和行政机关委托在频率上明显更高,在内容上也更加具体。

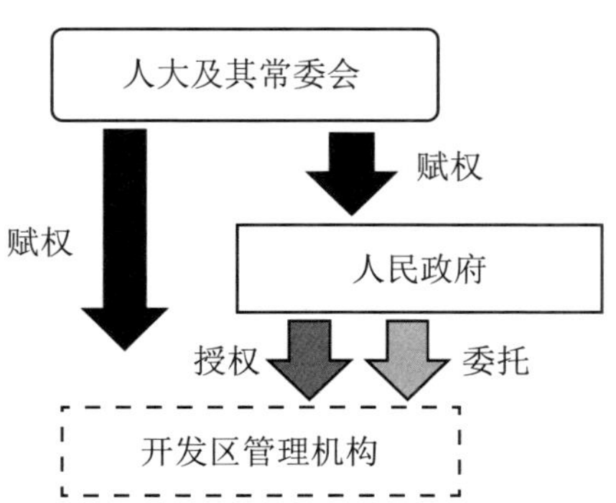

图 4-2 "两区"管理机构所行使之行政职权的可能来源

需要说明的是,上述的"行政机关授权"和"行政机关委托"应该区别于我国行政法学理论中的"行政授权"和"行政委托"。依据通说,"行政授权"是指"行政机关以外的组织经法律法规授权,以自己的名义对外管理,并承担法律后果的制度"。而"行政委托"是指"行政机关根据管理的需要,依法委托其他组织或个人实施行政行为,其后果归属于委托的行政机关。”该定义中的“其他组织”也是指“行政机关系统以外的社会公权力组织或者私权利组织”。由此观之，不同于“行政授权”，这里讨论的“行政机关授权”以行政机关为唯一主体，并且以行政机关系统中的特定组织为对象。不同于“行政委托”，这里讨论的“行政机关委托”同样以行政机关系统中的特定组织为对象。

如图 4-2 所示的“人大及其常委会”系指全国人大及其常委会和特定层级的地方人大及其常委会，其所示的“人民政府”则是指国务院以及特定层级的地方政府。人大及其常委会赋权和政府授权均可采用立法和决定的形式。但在实践中，前者以立法为主，后者以决定为主。此外，政府委托行政职权一般采用决定的形式。

无论是从规范层面还是从实践层面来看，在我国，“两区”管理机构的行政职权均不直接来自社会组织的让渡。如前所述，有学者试图借鉴欧陆的行政主体理论将这些管理机构定性为“公务法人”。按照这一论说，依据其逻辑，“公务法人”的行政职权来自社会而非国家，申言之，其行政职权来源于社会中一部分个人、组织的让渡。[①] 然而，作为地方政府的派出组织，“两区”管理机构是国家行政机关系统向“两区”延伸的特殊产物，其活动无疑属于国家行政而非社会行政。这些管理机构完全产生于并且高度附随于特定的地方政府，其本身实际上也在一定程度上行使地方政府的功能。因此，从基本属性来看，“两区”管理机构与具有自治性的社会公权力组织迥然有别。

1. 权力机关赋予行政职权

从应然意义上说，所有行政职权均由权力机关赋予。更准确地说，作为一类国家权力，所有的行政职权均是由全国人大通过《宪法》予以创制的。不过，全国人大通过制宪、修宪向地方行政组织赋予行政职权的模式主要是抽象赋权而非具体赋权。此种抽象赋权主要体现于《宪法》第 3 章第 5 节“地方各级人民代表大会和地方各级人民政府”，尤其是其中的第 107 条。尽管如此，该节乃至《宪法》其他部分均未提及地方政府的派

① 参见余宗良：《困境与出路：开发区管委会法律性质之辩》，载《中南大学学报（社会科学版）》2013 年第 1 期，第 111—112 页。详见余宗良：《中国开发区模式的法治化研究》，中国政法大学出版社 2016 年版，第 214—232 页。

出组织，更遑论对于这一类组织进行直接赋权了。不过，根据《宪法》第95条第2款的规定可知，地方各级政府的组织由法律规定。一般认为，这里的"组织"应作广义解释，包括职权（职责）在内；而这里的"法律"应作狭义解释，仅限于全国人大及其常委会制定的法律。《地方组织法》第85条集中规定了地方各级政府的派出机关，但并未具体规定这一类机关的行政职权。

言及至此，我们有必要讨论：既然地方政府已由《宪法》《地方组织法》概括性地赋予行政职权，那么，作为地方政府的派出组织，"两区"管理机构是否可以在某种程度上具备这些行政职权？现行的组织法规范并未提供明确的答案，但依据组织法原理，答案应该是否定的。如果仅将"两区"管理机构定性为地方政府的派出机构，那么同地方政府工作部门的派出机构一样，这些管理机构本身缺乏固有的行政职权，需要法律、法规、规章的授权。而即便被定性为地方政府的派出机关，"两区"管理机构也并不当然具备地方政府的所有行政职权，二者毕竟是两个而非一个组织实体。倘若此种复制行政职权的逻辑得以成立，那么包括行政公署、区公所、街道办事处在内的派出机关或许也就都能享有派出它们的地方政府的全部职权了。然而，倘若派出机关与派出它的地方政府具有某种完全相同的行政职权——在基本内容、地域范围、行政层级等方面都并无二致，前者的行政职权未免过于宽泛。在组织实践中，派出机关通常是作为地方政府的下一级组织行使行政职权的。根据《城市街道办事处组织条例》[①]第4条第1项的规定可知，街道办事处的任务包括办理市、市辖区的人民委员会有关居民工作的交办事项。可见，街道办事处并不当然具备市、市辖区政府[②]的行政职权。虽然该条例已经废止、失效，但此种权力配置规则至今仍未改变。

既然《宪法》《地方组织法》均未直接赋予"两区"管理机构行政职权，那么其他法律和地方性法规呢？究其实质，这两类规范性文件的赋权分别是中央权力机关和地方权力机关的赋权。下面分而述之。

---

① 该条例由全国人大常委会于1954年12月31日通过，于2009年6月27日废止。

② 市、市辖区人民委员会已经在1975年改制为市、市辖区政府。

(1)法律的赋权

从现行法律的规定来看,无论是3部行政行为法律还是其他行政法律基本上都没有直接赋予"两区"管理机构行政职权。

所谓"3部行政行为法律"即《行政许可法》《行政处罚法》《行政强制法》,它们专门调整3类行政行为——行政许可、行政处罚、行政强制。而这3类行政行为的设定和实施分别涉及制定行政规范性文件的职权和狭义的行政职权。

先来看3部行政行为法律有关行政行为之实施主体的规定。《行政许可法》第22条规定:"行政许可由具有行政许可权的行政机关在其法定职权范围内实施。"如前所述,在立法论上,本书主张将"两区"管理机构定性为地方政府的派出机关,即一类比较特殊的行政机关。但根据上述条文,只有具备行政许可权的行政机关方才能够合法地实施行政许可。而"两区"管理机构究竟是否具备行政许可权应当取决于其他法律的规定。由此观之,第22条本身并未直接赋予这些管理机构行政许可权。无独有偶,《行政处罚法》第17条[①]和《行政强制法》第17条第1款[②]也分别就行政处罚、行政强制措施的实施主体作出了规定,二者在修辞上与《行政许可法》第22条类似,同理,它们无法充当"两区"管理机构实施行政处罚和行政强制措施的直接依据。[③] 值得一提的是,《行政处罚法》第18条和《行政强制法》第17条分别规定了相对集中行政处罚、行政强制措施的制度。不过,从规范语境来看,这两条所规定的有权相对集中实施行政处罚、行政强制措施的"行政机关"应为地方政府的工作部门而非其派出组织。

再来看3部行政行为法律有关行政行为之设定的规定。综观《行政许可法》第13—17条的规定可知,"两区"管理机构无法通过制定其他规

---

① 《行政处罚法》第17条规定:"行政处罚由具有行政处罚权的行政机关在法定职权范围内实施。"

② 《行政强制法》第17条第1款规定:"行政强制措施由法律、法规规定的行政机关在法定职权范围内实施。"

③ 根据《行政处罚法》第14条的规定可知,地方政府规章可以设定警告、通报批评或者一定数额罚款的行政处罚。少数国家级新区的管理机构与设区的市政府在事实上处于平行并列的关系。但根据《立法法》第93条第1款的相关规定,只有后者可以制定地方政府规章。所以,国家级新区管理机构无权设定上述行政处罚。

范性文件设定行政许可；综观《行政处罚法》第10—14条、第16条的规定可知，这些机构也无法通过制定其他规范性文件设定行政处罚；综观《行政强制法》第10、11、13条的规定可知，这些机构同样无法通过制定其他规范性文件设定行政强制措施和行政强制执行。

至于其他行政法律，较之于《宪法》和《地方组织法》，它们的抽象赋权比较有限，但具体赋权明显更多；而相对于3部行政行为法律，它们在特定事项或领域上的直接赋权则明显更多。尽管如此，这些法律基本上都是将行政主管机关（部门）或者政府作为特定行政行为的主体或者特定管理活动的机关加以规定的，不仅没有提及"两区"管理机构，而且甚少提及地方政府的派出组织。这里以《治安管理处罚法》为例。该法第6条规定："各级人民政府应当加强社会治安综合治理，采取有效措施，化解社会矛盾，增进社会和谐，维护社会稳定。"该法第7条第1款则规定："国务院公安部门负责全国的治安管理工作。县级以上地方各级人民政府公安机关负责本行政区域内的治安管理工作。"但至于地方政府的派出组织在治安管理领域有何职责，该法语焉不详。现行的《地方组织法》对于地方政府的派出组织仅仅是"点到为止"，这些组织本身也不存在专门的中央立法，而诸多行政法律对其并无特别关照。实际上，我国当前数量极少的行政公署、区公所以及数量可观的街道办事处也都存在此种尴尬。[①]根据《治安管理处罚法》第91条的规定可知，治安管理处罚的实施机关是县级以上政府公安部门以及公安派出所。"两区"管理机构下属的公安组织基本上均为上级政府公安部门的派出机构，一般是以"分局"而非"派出所"来命名的。即便可以将其归入"县级以上人民政府公安机关"这一范畴，其实施治安管理处罚的行政职权严格来说也不属于"两区"管理机构。

（2）地方性法规的赋权

不同于《宪法》和法律，地方性法规对于"两区"管理机构确有直接赋权，最为主要和重要的立法例当属规范国家级开发区管理机构之组织的

---

① 此种立法现状在某种程度上反映了，在全国人大及其常委会的立法中，不论是早已存在的行政公署、区公所和街道办事处还是晚近出现的"两区"管理机构均处于易被忽视的边缘地带。这或许是因为它们并非《宪法》所明文规定的行政区。

开发区条例。现行的省地两级地方性法规中均不乏这一类条例，具体名单如表1-2、1-3、1-4所示。根据笔者的系统考察，这些开发区条例中有九成系通过一个条文——部分条文有分项，列举国家级开发区管理机构的职权（职责）。其中，相当一部分开发区条例并未明确这些行政职权是由特定的地方政府授予的抑或委托的。譬如，《江苏省开发区条例》第24条开头即称："开发区管理机构依法履行下列主要职责"，而后列举了7项职权。又如，《辽宁省开发区条例》第23条开头即称："开发区管理机构依法履行下列主要职责"，而后列举了9项职权。诸如此类的规定似乎构成了对于"两区"管理机构的抽象赋权。不过，此种赋权并不符合《宪法》《立法法》的安排。一方面，《宪法》第95条第2款将规定地方各级政府之组织的任务交给了法律而非地方性法规；另一方面，根据《立法法》第11、12条的规定可知，各级政府的职权属于相对法律保留事项，不能由地方性法规予以规定。作为地方政府的派出组织，"两区"管理机构在某种意义上可以被视作地方政府的延伸。所以，省地两级权力机关通过地方性法规对这些管理机构的赋权并不甚符合《宪法》《立法法》的上述规定。

2. 行政机关授予行政职权

所谓"行政机关授权"中的"行政机关"是指"两区"管理机构的上级政府及其工作部门，包括国务院及其工作部门、上级地方政府及其部门。一般来说，行政机关授权是由授权的行政机关单方决定的，无须与被授权的"两区"管理机构进行协商、达成合意。而从合法性层面来看，基于行政职权的不可处分性，行政机关不得任意转让、赠与其自身的行政职权，它们对于"两区"管理机构的授权必须具备充分的法律依据。行政机关授权的载体主要是行政立法和其他行政规范性文件。根据是否创制了授权机关所不具备的具体职权，行政机关授权又可以分为创制性授权和非创制性授权。下面就这两个类型展开分析。

创制性授权的主体包括国务院及其工作部门以及省地两级政府。一般来说，其载体应当是行政立法。如前所述，所有行政职权都是《宪法》创制的。而《宪法》又将规定地方各级政府之组织的任务交给了法律。从广义上理解，这一任务也包括规定"两区"管理机构的职权。因此，这一类创制性授权本身也必须具备法律依据。显然，此种创制性授权不乏规范空间，这里以行政许可、行政处罚、行政强制的设定为例加以说明。根据《行政许可法》第14、15条的规定可知，行政法规、国务院的决定、省级政府规章在一定条件下可以设定行政许可，其中，后二者设定的行政许可为临时性的。根据《行政处罚法》第11、13、14条的规定可知，行政法规、部门规章、地方政府规章在一定条件下可以设定行政处罚。而根据《行政强制法》第10、11、13条的规定可知，行政法规在一定条件下可以设定行政强制措施，但不得设定行政强制执行。综上，如若将“两区”管理机构定性为地方政府的派出机关，它便有可能因有关行政立法或者国务院决定的授权而具备实施行政许可、行政处罚、行政强制措施的职权。但在组织实践中，行政法规和部门规章几乎不曾明确授予“两区”管理机构上述行政职权。

非创制性授权的主体主要是设立“两区”管理机构的地方政府及其工作部门。一般而言，非创制性授权的载体可以是其他行政规范性文件。那么，就实质而论，非创制性授权究竟是职权的转移抑或复制？若是职权转移，授权机关便不再具备其授予的行政职权；若是职权复制，授权机关则依然具备上述职权。对此，理论上似乎尚无定论，实践中也没有统一规则。在实务中，职权复制较之于职权转移显然是更为普遍的情形。在现阶段，上级地方政府向“两区”管理机构下放行政职权的现象比较普遍，此种权力下放在一定程度上具有职权转移的实质。但此种转移依然是相对的。一方面，授权机关可以监督被授予之行政职权的行使，其手段有可能包括撤销或者改变“两区”管理机构的相关决定。另一方面，授权的行政机关有可能通过一定的机制收回被授予的行政职权。

倘若非创制性授权只是将授权机关本已依法享有的行政职权转移至或者复制给“两区”管理机构，此种授权似乎就无须以上位法的具体规定作为依据。然而，如若严格依循职权法定的行政组织法原理，非创制性授权无疑构成了对特定行政职权的实质性处分，因而确需特定上位法的支持。这里的“上位法”是指将该行政权力配置给授权机关的立法以及更高位阶的相关立法。在组织实践中，“两区”管理机构获得非创制性授权的最高法律依据通常只是地方性法规，尤其是其中的开发区条例。依据笔者的考察，作为省地两级地方性法规的诸多开发区条例都有意为地方政府向国家级开发区管理机构授予行政职权，提供法律通道、构建法律机制。譬如，《四川省开发区管理条例》第14条第1款规定："开发区所在地县级以上人民政府设立开发区管理机构，根据本级人民政府的授权对开发区实行管理。"又如，《山西省开发区条例》第15条第1款规定："开发区所在地县级以上人民政府根据开发区的实际需要和承接能力，可以依法授予开发区管理机构必要的行政管理权。"尽管如此，除非以组织法律作为直接或者间接依据，此种授权机制本身的合法性委实难以证立。

如前所述，层级较高的地方政府——一般为省、设区的市政府，向"两区"管理机构下放行政职权已然成为颇为普遍的组织实践。[①] 而此种批量式放权具有两个面向：其一是上级行政组织向下级行政组织的放权，其二是一般地方国家机关向特定功能区管理机构的放权。实际上，在简政放权的大背景下，层级较高的地方政府目前也普遍向其下级政府下放行政职权。此种放权仅存在上述第一个面向。应该看到，向"两区"管理机构放权较之于向下级政府放权在组织法上更容易遭遇规范困境。法律、行政法规时常将特定行政职权笼统地分配给地方政府，该职权由上级地方政府下放给下级地方政府一般并未超出法律的赋权范围或者行政法规的授权范围。2021年修订的《行政处罚法》第24条甚至专门规定了向乡镇政府、街道办事处下移行政处罚管辖权的制度。然而，法律和行政法规向地方政府分配行政职权时，很少提及甚至可以说几乎没有提及地方政府的派出组织。所以，除非有法律、行政法规的支持，地方性法规向这些管理机构下放行攻职权就很有可能面临合法性困境。

3. 行政机关委托行政职权

行政机关委托只是将特定行政职权交由"两区"管理机构代为行使。所以，就这些行政职权的行使而言，管理机构并非行政主体。目前，行政机关此种委托行政职权的做法比较普遍。有学者指出，许多地方政府在将自身的部分职权调整给开发区管委会的同时，还委托管委会行使其有关职权，并要求有关职能部门将部分职权委托给管委会。[②] 在实务中，一

---

① 与此同时，与"两区"管理机构平行的地方政府及其工作部门向其平移行政职权，而由这些管理机构托管的乡级政府、街道办事处则向其上移行政职权。但是，较之于行政职权的平移和上移，行政职权的下放对于"两区"管理机构的扩权具有最主要和最显著的推动作用。

② 参见叶必丰：《论行政机关间行政管辖权的委托》，载《中外法学》2019年第1期，第95页。

系列开发区条例已经为这种委托提供了渠道。例如,《江西省开发区条例》第 27 条第 1 款规定:“开发区所在地县级以上人民政府有关行政执法部门,根据开发区的实际需要和承担能力,可以依法委托开发区管理机构行使相应的行政执法权。”又如,《山东省经济开发区条例》第 9 条第 2 款规定:“经济开发区所在地县级以上人民政府有关行政执法部门,可以委托经济开发区管理委员会或者其职能机构行使相应的行政执法权。”那么,行政机关委托行政职权是否需要特定层级的法律依据?或者说,“在未明确委托上位法律依据的情况下,法定行政机关能否将自身的法定职权委托给开发区来行使”?目前,政学两界对这一认识不尽统一。① 本书认为,倘若法律、法规、规章没有明文禁止,或许有理由推定该委托具备合法性,如此有利于提高行政效能并且节省立法资源。一方面,此种委托毕竟不同于来自行政机关的授权,“两区”管理机构并不因此取得行政职权;另一方面,此种委托也不同于向非行政组织的委托,行政机关系统以外的组织并非其对象。因此,此种委托的法律风险相对较小,比较可控。②

值得一提的是,行政机关与“两区”管理机构是否存在上下级隶属关系有可能影响前者对后者之行政职权委托的成立。倘若前者系后者的上级组织,双方之间很可能就无所谓合意,后者在事实上无从拒绝这一委托。这种意义的“委托”充其量只是基于上级指令的“单方委托”,具有明示或者默示的强制性,不符合“委托”一语的一般语义。而若前者并非后者的上级组织,后者便具备了一定的组织独立性,能够就是否接受该委托做出相对自由的意思表示。

(二)“两区”管理机构与有关行政组织之行政职权配置探究

就“两区”管理机构的权力配置这一议题而言,如果说以上讨论是本体论的话,那么接下来的讨论则或可算作关联论。这里主要探究“两区”

---

① 参见徐晓明:《向开发区下放行政权力法律问题研究》,载《天津行政学院学报》2016 年第 5 期,第 85 页。

② 值得注意的是,基于行政职权的不可处分性,胡建淼认为:“行政职权被依法设定后,不得随意授权和委托。”见胡建淼:《行政法学》(第 5 版),法律出版社 2023 年版,第 125 页。按照此种逻辑,行政机关委托“两区”管理机构行使行政职权应该需要明确的上位法依据。关于这一点,行政法学界目前似未形成共识。

管理机构与4类行政组织之间的行政职权分配。这4类行政组织具体包括：上级地方政府、托管地方政府、平行地方政府、下属行政组织。其中，“两区”管理机构与前两类行政组织的职权分配仅涉及纵向权力配置，管理机构与第三类行政组织的职权分配主要涉及横向权力配置，而管理机构与第四类行政组织的职权分配则同时涉及纵向、横向权力配置。

1.“两区”管理机构与上级地方政府的行政职权分配

“两区”管理机构是特定地方政府设立的派出组织。因此，该地方政府以及更高层级的地方政府都可以说是管理机构的上级地方政府，其中，该地方政府可被认为是管理机构的上一级政府。

无可否认，“两区”管理机构在组织实践中取得了越来越多的行政职权。这些管理机构与上级地方政府的行政职权存在同构甚至重叠的情况。尽管如此，二者的行政职权在行政层级和事权范围方面依然是有所区分的。

就行政层级而言，“两区”管理机构的行政职权低于上级地方政府的行政职权。这一论断自然无甚新意，但其规范逻辑仍有必要予以阐释。本书认为，“两区”管理机构与上级地方政府的关系或可粗略类比为下级地方政府与上级地方政府的关系。因此，我们可以通过参照《宪法》第108条和第110条第2款以及《地方组织法》第69条第1款和第73条第2、3项进行推断：上级政府领导“两区”管理机构的工作，有权改变或者撤销这些管理机构的不适当的决定、命令；“两区”管理机构向上一级政府负责并报告工作。近年来，已有许多地方政府向“两区”管理机构下放行政职权。但基于上述推论，所谓的“下放权力”只是在特定的事项上或者领域内下放执行的权力，放权者依然保留了决策和监督的权力。

就事权范围而言，“两区”管理机构的行政职权应该窄于上级地方政府的行政职权。一系列开发区条例等地方立法对于“两区”管理机构的行政职权进行了相对具体的列举式规定，但是，这些规定在赋权范围上仍不及《宪法》《地方组织法》对于地方政府之行政职权的规定。不仅如此，其他法律对地方政府的具体赋权远远多于对地方政府之派出组织——包括“两区”管理机构的具体赋权，甚至可以说，其他法律几乎没有对后者进行具体赋权。实际上，其他法律具体赋权的主要对象乃是地方政府的工作部门。而在组织实践中，层级较高的地方政府不仅将自身的一些具体职权授予或者委托“两区”管理机构实施，而且指令其工作部门向这些管理机构进行授予和委托行政职权。通过此种自上而下的权力传递机制，“两区”管理机构获得了设区的市级甚至省级行政管理权限。地方政府下放行政职权的诸多决定以及“两区”管理机构的诸多权责清单均可以证成这一结论。这里试举两例。例如，沈阳市政府于 2019 年 1 月 27 日发布了《向省级以上开发区下放一批行政职权事项加强事中事后监管的决定》，依据该决定所附的《向省级以上开发区（园区）下放行政职权事项目录》，“临时性建筑物搭建、堆放物料、占道施工审批”这一职权事项下放给“各开发区（园区）”。而根据该目录所示的职权依据《城市市容和环境卫生管理条例》，该职权事项本应属于“城市人民政府市容环境卫生行政主管部门”。又如，临沂经开区管理委员会的《权责清单目录》列入了“提供统计信息咨询服务”的职权，该职权的依据包括《统计法》第 23 条，该条第 1 款规定：“县级以上人民政府统计机构按照国家有关规定，定期公布统计资料。”

尽管如此，“两区”管理机构与上级地方政府之间的行政职权分配当前主要是由后者自身抑或其本级人大、本级人大常委会决定的。此种纵向的行政职权分配当属中央事权的范畴，理应由全国人大及其常委会或者国务院予以决定。

2.“两区”管理机构与托管地方政府、街道办事处的行政职权分配

“两区”具有比较明确的地域范围。不仅如此，大多数国家级开发区均有托管区域，[①]大部分国家级新区也都有直管区域。笔者统计了部分国家级开发区和国家级新区托管（直管）行政区的基本情况。[②] 实际上，“两区”对于行政区的托管具体表现为“两区”管理机构对于较低层级

---

① 《中华人民共和国乡镇行政区划简册 2017》所示的实际脱离所属上一级行政区管辖的乡级行政区有 323 个。详见中华人民共和国民政部编：《中华人民共和国乡镇行政区划简册 2017》，中国统计出版社 2017 年版。其中的绝大部分乡级行政区系因开发区托管而实际脱离了所属的上一级行政区管辖。具体情况详见附录 6。但笔者估计，因开发区托管而实际脱离所属上一级行政区管辖的乡级行政区目前应该远远超过了 323 个。

② 详见附录 7 和附录 8。

政府和街道办事处[①]的托管。近些年来,部分“两区”管理机构的托管(直管)区域逐渐扩大,越来越多的较低层级政府、街道办事处因而被纳入被托管的行列。应当注意的是,此种扩大托管区域的组织实践未必都是经过了国务院的审批。由此观之,此种组织实践有时突破了“两区”治理的法律、政策空间。考虑到“两区”对行政区的托管基本上都是以乡级行政区作为最基本的地理单元,下面主要讨论“两区”管理机构与其托管的乡级政府、街道办事处的行政职权分配。

如果说“两区”管理机构与其上级地方政府的行政职权存在某种意义的同构和重叠,那么这些管理机构与其托管之乡级政府、街道办事处的行政职权却时常缺乏充分的对应和协调。一方面,“两区”管理机构不具备乡级政府、街道办事处的特定事权,此种情形更常见于前者托管后者的初期。另一方面,乡级政府、街道办事处不具备“两区”管理机构的特定事权,此种情形更常见于管理机构被其上级政府授予或者委托专门职权之时。在第一种情形之下,“两区”管理机构难以就乡级政府、街道办事处的特定事权作出决策、进行监督、开展指导。如若在实务中将二者的职权关系概括性地确定为领导与被领导的关系,这一做法又不甚符合《宪法》《地方组织法》有关上级地方政府领导下级地方政府、街道办事处的制度安排。而在第二种情形之下,乡级政府、街道办事处无法直接就“两区”管理机构的特定事权开展执法、实施规制。在理论上,管理机构当然可以将该事权授予乡级政府、街道办事处或者交付其行使。[②] 但是,此种转授权或者交付行权毕竟缺乏充分的法律依据。综上,“两区”管理机构与其托管的乡级政府、街道办事处的纵向权力配置缺乏足够的对应性和协调性,基层行政管理的效能难免受其影响。在于某等与大连金普新区管理委员会土地行政征收纠纷上诉案中,在行政程序中作为相对人的3名上诉人就大连金普新区管理委员会行使土地征收、补偿的职权提出质

---

① 这里所说的“较低层级政府”主要是指乡级政府——乡政府、民族乡政府和镇政府,在少数情形下也包括县级政府。应当注意的是,作为市辖区、不设区的市政府的派出机关,街道办事处实际上行使着乡级政府的诸多行政职能。而相当一部分街道办事处也由“两区”管理机构代管。

② 根据《地方组织法》第76条第1项的规定可知,乡级政府的职权包括执行上级国家行政机关的决定和命令。

疑,他们认为,该职权应由大连经开区湾里街道办事处行使。而在该案发生时,该街道办事处已由大连金普新区管理委员会托管。可是,在上诉人看来,大连金普新区管理委员会未能证明这一职权系由其授予或者委托大连经开区湾里街道办事处。[①] 可见,“两区”管理机构与托管地方政府、街道办事处的行政职权配置现状有可能引发外部行政争议,甚或引起行政诉讼。

3. “两区”管理机构与平行地方政府的行政职权分配

为了厘清“两区”管理机构与地方政府的行政职权配置关系,本书在此特提出“平行地方政府”这一概念。所谓“平行”是指与“两区”管理机构平行。所以,这个概念具有相对性。平行地方政府是指“两区”管理机构托管的较低层级地方政府以及街道办事处的上一级地方政府。在一般情况下,平行地方政府同时也是设立管理机构之地方政府的下一级地方政府。譬如,成都高新区管理委员会目前托管了 5 个街道办事处:成都市武侯区的肖家河街道、芳草街街道、石羊街道和桂溪街道的办事处;成都市郫都区的合作街道和西园街道的办事处;成都市双流区中和街道办事处。因此,成都市武侯区、郫都区、双流区政府均为成都高新区管理委员会的平行地方政府。由此观之,虽然同为地方政府的派出机关,行政公署、区公所和街道办事处却不存在平行地方政府。原因在于:三者分别设立于不存在地方政府建制的设区的市级、副县级、乡级行政区——具体而言分别为地区和盟、县辖区、街道办事处。因此,三者也就不存在与平行地方政府发生职权冲突的可能性。

较之于“两区”管理机构,平行地方政府往往具有更加广泛的事权范围。尤其是在“两区”管理机构设立初期,管理机构被授予、委托的行政职权则往往比较有限,明显不及平行地方政府。在此种情况下,“两区”管理机构无法在其托管区域内提供充分的公共服务,而平行地方政府又不便甚至不能在“两区”的托管区域提供公共服务。

当然,基于上级权力机关的赋权、上级行政机关的授权和委托,诸多“两区”管理机构逐渐成为承担综合管理任务的准政府,其实际行使的行政职权与平行地方政府具备的行政职权几乎可以等量齐观,甚至有过之

① 详见辽宁省高级人民法院二审行政判决书,(2020)辽行终 1121 号。

而无不及。如此一来,平行地方政府所管辖的行政区实际上就因“两区”管理机构托管乡镇政府、街道办事处而被切割、撕裂。在实务中,二者各自实行属地管理已成常态。在理想状态下,它们的行政职权似乎可以在不同区域运行。但在实践中,“两区”管理机构与平行地方政府之间的职能交叉、职责不清的情况时有发生,难以完全避免。①

在户籍管理领域,“两区”管理机构与平行地方政府之行政职权的空间冲突一度比较突出。相关实务中存在的主要争议在于:国家级开发区范围内户籍居民的户籍应当直接按照国家级开发区还是仍然依照相应的县级行政区进行确定?可以预见,国家级新区直管区范围内也会出现类似争议。这些争议实际上涉及户籍管理职权的机关。户籍管理是公安部门的职权,但是,国家级开发区管理机构与平行地方政府均设有公安部门,何者的公安部门有权对国家级开发区境内的户籍居民进行户籍管理?各地的做法不尽一致。有些地方直接按照国家级开发区来确定户籍。例如,在济南高新区门户网站发布的《2015 年高新区居民基本医疗保险定点医疗机构政策须知》中明确规定:“在高新区参加济南市居民基本医疗保险的高新区户籍居民以及在高新区辖区内学校、托幼机构参保的学生儿童,应在高新区指定定点医疗机构就医,方能享受医保待遇。”实际上,济南高新区与济南市历城区、历下区在地域上有部分重合,而从该规定来看,高新区境内之户籍居民的户籍算作高新区而非历城区、历下区的户籍。然而,有些地方仍然依照县级行政区来确定户籍。例如,《成都市第六次全国人口普查领导小组办公室关于准确填写高新区地址项的通知》里特别强调在人口普查登记中地址项不能填写“四川省成都市高新区”,特别是户口登记地不能按户口本填写“四川省成都市高新区”,由此来看并不存在所谓的“成都高新区户籍”。应该看到,公安部治安管理局于 2005 年 10 月 16 日印发了现行的《办理公民户口和居民身份证件工作中住址项目填写规范》,根据其中的“行政区划名称填写规范”,“对于未

---

①　在福建省宁德市,蕉城区与福建东侨经济开发区之间曾因管辖区域、财税收入发生激烈冲突。其中,蕉城区是市辖区,而福建东侨经济开发区是省级开发区。相关信息详见陆天然、丁南:《闽东城变:开发区与行政区的冲撞》,载《改革内参》2011 年第 27 期。可见,即便是省级开发区管理机构也有可能与平行地方政府在行使行政职权的过程中发生冲突,“两区”管理机构则更是如此。

被赋予单独行政区划代码的各类经济技术开发区、高新技术开发区，不得作为行政区划名称填写”。仅就这一规定来看，户籍居民的户籍不应按照国家级开发区予以确定。但是，根据“行政区划名称填写规范”，这一规则在两个例外情形之下不予适用。[①] 言及至此，我们或许可以推测，济南高新区属于例外情形，而成都高新区则属于一般情形。尽管如此，《办理公民户口和居民身份证件工作中住址项目填写规范》效力位阶明显较低，仅凭此文件划定国家级开发区管理机构与平行地方政府之间的户籍管理权限缺乏充分的合法性。

从根本上说，“两区”管理机构与平行地方政府的上述职权冲突反映了两者之间职权分配的合法性疑义。申言之，上级权力机关、行政机关指令前者代替后者对特定区域进行属地管理侵犯了后者固有的属地管辖权。不仅如此，即使平行地方政府也完全同意“两区”管理机构代替自身对特定区域实行属地管理，此种属地管辖权的平移依然缺乏合法性。有学者指出，地方政府将街道办事处托管给开发区管委会的同时，将经济管理权和行政管理权及其责任也一并移交，但这种做法明显缺少法律法规支撑，其在实践中的效力很难界定。[②] 行政职权毕竟不同于私人权利，其在公法上亦具有职责的属性，原则上不能仅因两个行政机关的合意而发生转移。

在王某等与安康高新技术产业开发区管理委员会行政协议案中，上诉人首先援引《土地管理法实施条例》(2014 年修订版)第 25 条第 3 款的规定，并诉称：“征地补偿安置方案的实施机关只有国土资源管理部门，其他机关没有该职权。”随即上诉人又援引《最高人民法院关于审理涉及国有土地使用权合同纠纷案件适用法律问题的解释》第 2 条第 1 款的规定，并诉称：土地管理法及实施条例均规定土地出让的机关只有土地管理

---

① 这两个例外情形具体如下：“一是属跨行政区域设立，已重新编制、正式使用新地名和公民住址，且所涉及行政区域范围内原所载地名和公民住址信息不再具有实际意义的经济技术开发区、高新技术开发区。二是具有户口管理权，已经公安部批准制作居民身份证印章版，且独立签发、管理居民身份证和临时身份证的经济技术开发区、高新技术开发区。”这些例外情形确实不甚普遍，大多数国家级开发区的名称均无法填入《常住人口登记表》。

② 参见马海韵：《国家级新区社会治理创新研究：以南京江北新区为例》，法律出版社 2018 年版，第 122 页。

部门,故开发区管委会签订的土地出让合同无效,本案涉及的补偿安置方案的实施机关也只能是国土资源管理部门,开发区管委会无法定职权,该征地补偿安置合同无效。然而,西安铁路运输中级法院未予采纳这些见解。该法院承认,开发区管理机构一般而言并非县级以上政府。但是,该法院基于《国家高新技术产业开发区管理暂行办法》第 8 条第 2 款以及安康市机构编制委员会发布的《关于完善安康高新技术产业开发区体制机制机构设置的通知》认定:安康高新区管理委员会享有地级市经济管理权,高新区土地统征储备作为其内设机构,具有与被征收房屋主体签订《房屋拆迁安置协议书》的职权。[①] 本书认为,西安铁路运输中级法院的这一意见难以成立。根据《土地管理法实施条例》(2014 年修订版)第 25 条第 3 款的规定可知,市、县政府土地行政主管部门拟订征地补偿、安置方案,报市、县政府批准后,由市、县政府土地行政主管部门组织实施。安康高新区管理委员会毕竟不是市、县政府。该条例在效力位阶上高于《国家高新技术产业开发区管理暂行办法》,前者系行政法规而后者只是部门规章。至于前述通知,则是效力位阶更低的其他规范性文件。另外,前述司法解释第 2 条第 1 款已然为该案提供了确定无疑的指引:“开发区管理委员会作为出让方与受让方订立的土地使用权出让合同,应当认定无效。”由此观之,在该案中,安康高新区管理委员会对于征地补偿安置方案的实施侵入了平行地方政府相关工作部门的职权范围。

当然,倘若“两区”管理机构之平行地方政府的特定行政职权源自上级地方政府的授予,那么后者原则上可以对该种行政职权进行如下重新配置——在一定地域范围之内将原本授予、委托给平行地方政府的特定行政职权转移至“两区”管理机构。此举通常并不损害平行地方政府根据《宪法》《地方组织法》所固有的行政职权。在由某等诉淄博市工商局高新区分局工商行政登记案中,淄博市中级人民法院经过二审认为:“被上诉人高新区工商分局根据淄博市人民政府的授权以及淄博市工商管理局的委托,为申请工商登记的业户办理登记并未超越职权。”[②]从该意见来看,淄博市政府将工商登记的职权授予了淄博市工商行政管理局高新

① 详见西安铁路运输中级法院二审行政判决书,(2021)陕 71 行终 289 号。

② 淄博市中级人民法院二审行政判决书,(2004)淄行终字第 15 号。

区分局。该局系淄博市工商行政管理局的派出机构。从广义上说，该局同时也是淄博高新区管理委员会的一个职能部门。从案情来看，该案实际上涉及设区的市级行政职权在国家级开发区管理机构与平行地方政府（县级政府）的空间配置，其直接依据便是淄博市中级人民法院采信的《市委、市政府关于对淄博市高新技术产业开发区实行全方位授权管理的实施意见》。①

基于纵向、横向两个维度的行政职权分配，“两区”管理机构的行政职权日渐增多。从纵向权力分配的趋势来看，行政职权是从上级权力机关、行政机关下放到或者从托管地方政府、街道办事处上移至“两区”管理机构；而从横向权力分配的趋势来看，行政职权则是由平行地方政府转移到了“两区”管理机构。应该看到，在第二个趋势中，“两区”管理机构与平行地方政府在同一区域所行使的同一种类的行政职权处于此消彼长的关系，前者的增长其实就意味着后者的消减。而在二者的博弈中，“两区”管理机构总体上处于明显优势，多数管理机构的事权范围得以扩大，部分管理机构的托管区域得以扩张。笔者推测，一个重要原因或许是：“两区”管理机构在行政级别上普遍高于平行地方政府，其党政正职领导人员同时在省级或者设区的市级党政机关担任要职。

由于相当一部分“两区”管理机构托管了较低层级地方政府以及街道办事处，前者在事实上得以取代平行地方政府对后者进行领导。所谓“较低层级的地方政府”主要是指乡级政府，②下面以此为例进行讨论。根据《宪法》第108条的规定可知，乡级政府受上级政府领导，后者有权改变或者撤销前者不适当的决定。此外，《宪法》《地方组织法》并未另行规定乡级政府的其他领导机关。由此可以推论，仅有上级政府——包括上一级政府方才有权领导乡级政府。此外，根据《地方组织法》第76条第7项的规定可知，乡级政府的职权还包括办理上级人民政府交办的其他事项。“两区”管理机构并非一级地方政府，因此，其在规范意义上无法领导乡级政府，亦谈不上交办其他事项。由此观之，“两区”管理机构对于

① 详见淄博市中级人民法院二审行政判决书，（2004）淄行终字第15号。

② 在少数情况下，所谓“较低层级的地方政府”也包括县级政府。譬如，河北雄安新区管理委员会就对保定市的容城县、安新县、雄县政府实行直管。

乡级政府的所谓“托管”不具备充分的《宪法》、法律依据。

综上所述，当前若要应对“两区”管理机构与平行地方政府之行政职权分配的合法性困境，或许可以采用基于职能划分的府委分管模式。在该模式下，“两区”管理机构与平行地方政府不再划界而治，二者得以在同一区域分别行使专门的经济管理职权和一般的行政管理职权。此外，从长远来看，或许可以改变“两区”管理机构的基本属性，通过立法将其定性为地方政府之特定工作部门——例如商务部门、科学技术部门以及发展和改革部门的派出机构。

4. “两区”管理机构与下属行政组织的行政职权分配

如图 4-1 所示，“两区”管理机构存在四种下属行政组织：管理机构的工作机构、上级政府部门派出机构、垂直行政管理机构、下辖园区管理机构。下面简要地分析“两区”管理机构与此四者的行政职权分配。

首先分析“两区”管理机构与其工作机构的行政职权分配。“两区”管理机构与其工作机构之间是典型的领导与被领导的关系。但是，由于缺乏《宪法》《地方组织法》以及相关法律的明确支持，后者并不具备行政机关的地位和行政主体的身份，只能被定性为“两区”管理机构的内设机构或者派出机构。就此而论，“两区”管理机构的工作机构区别于地方政府的工作部门。尽管如此，同地方政府与其工作部门一样，“两区”管理机构与其工作机构存在分享行政职权的可能性。一方面，由于后者是前者的下属组织，前者可以在法定框架内将自身的行政职权授予后者或者交付其行使；另一方面，由于前者是后者的领导机关，后者必须在前者的领导之下行使自身的行政职权，除非组织法规范有明确的禁止性规定。

其次分析“两区”管理机构与上级政府部门派出机构的行政职权分配。这个议题相对比较复杂，实际上涉及“两区”管理机构与上级地方政府工作部门的纵向权力分配。一般来说，上级政府部门派出机构不仅应当接受“两区”管理机构的指导或者领导，还应该接受上级政府部门的领导。譬如，长春经开区管理委员会之下设有长春食品药品监督管理局经开区分局、长春市环境保护局经开区分局、长春市公安局经开区分局。从具体名称来看，三者显然就是长春市食品药品监督管理局、环境保护局、公安局在长春经开区的派出机构。上级地方政府之工作部门在“两区”的派出机构自然应该接受该部门的领导。而疑问在于，此种派出机构同时需要接受“两区”管理机构的指导抑或领导？如若答案为“领导”，“两区”管理机构则具备更加广泛的行政职权。对于这一点，《宪法》、法律、行政法规并未提供明确的答案。从一些地方性法规的有关规定来看，对于上级政府部门派出机构的工作，“两区”管理机构仅有协调、监督的职权。[①] 这就意味着，即便认为前者的职权行为不合法或者不适当，后者也无权直接予以撤销、改变，只能向上级政府或其工作部门提出建议。由此观之，同为“两区”管理机构的下属行政组织，上级政府部门派出机构较之于工作机构在行使职权方面更具独立性。不过，这种模式有可能在一定程度上限制“两区”行政管理的总体效能。

再次分析“两区”管理机构与垂直行政管理机构的行政职权分配。垂直行政管理机关包括实行完全垂直领导和省级以下垂直领导的行政机关，在实务中，这一类机关由中央、省级一直延伸到了“两区”。出于维护国家主权、保障国民经济等考虑，垂直行政管理机关不由省级以下的政府领导。同理，设于“两区”的垂直行政管理机构也不由“两区”管理机构领导。当然，在实务中，前者通常被列为后者的下属行政组织，所以，后者可以在一定程度上协调前者的职务行为。

最后分析“两区”管理机构与其下辖园区管理机构的行政职权分配。如前所述，下辖园区管理机构存在两种类型。以性质而论，第一类是由地方政府设立的派出组织，具有相对独立的行政职权。这一类派出组织有可能原本就是其他功能区的管理机构。例如，原先设立的国家级开发区管理机构后来下辖于国家级新区管理机构；又如，原先设立的省级开发区管理机构后来下辖于国家级开发区管理机构。在组织实践中，“两区”管理机构通常对于此类下辖园区管理机构进行指导甚至领导。但严格来说，前者对于后者的领导至少应该需要设立后者之地方政府的授权。第二类是由“两区”管理机构下属的派出机构，不具备相对独立的行政职权。这一类派出机构几乎完全由“两区”管理机构授予、委托行使行政职

---

① 具有代表性的立法例包括：《四川省开发区管理条例》第 14 条第 2 款第 8 项、《杭州经济技术开发区条例》第 8 条第 2 项、《宁波经济技术开发区条例》第 12 条第 8 项。

权。如江西赣江新区的新祺周管理处即为此类。[①] 在沐某、赣江新区管理委员会变更房屋征收补偿协议案中,一审法院南昌铁路运输法院指出:"赣江新区管委会作为继续行使其职能的行政机关,是本案的适格被告,赣江新区新祺周管理处系事业单位,且为派出机构,并非本案适格被告。"[②]可见,在行政审判实务中,法院原则上不承认"两区"管理机构的下属派出机构——不论其系行政组织抑或事业组织,享有独立的行政职权。

第二节　"两区"其他国家机关的权力配置

除了"两区"管理机构的权力配置,"两区"其他国家机关——人大工作机构、法院和检察院、监察机构权力配置也在不同程度上面临组织法障碍。下面分而述之。

一、"两区"法院的权力配置

鉴于"两区"法院与检察院的权力配置当前存在基本相同的组织法议题,本书仅研讨前者"两区"法院的权力配置议题。相对于一般的地方法院,这一类地方法院在受案范围、地域管辖这两个方面存在比较特殊的法律障碍。

所有的"两区"法院在组织实践中均被定性为地方各级法院。除了河北雄安新区中级法院这一个孤例以外,其他"两区"法院均是作为基层法院设立、运行的。基于这一定性,"两区"法院与一般地方法院的受案范围并无二致。根据《刑事诉讼法》第 3 条、《民事诉讼法》第 3 条、《行政诉讼法》第 12 条的规定可知,"两区"法院在一般情况下可以受理特定个人、组织提起的刑事公诉和自诉、民事诉讼、行政诉讼。但"两区"是功能

---

① 2019 年 10 月 30 日,中共江西省委机构编制委员会办公室发布《关于赣江新区机构设置调整优化的通知》(赣编办发〔2019〕336 号),通知中载明组建赣江新区新祺周管理处,加挂中国(南昌)中医药科创城管理委员会牌子,为赣江新区党工委管委会派出机构,正处级,承担辖区内经济发展、城乡建设、社会事务、综合治理、民生服务等职责。

② 沐某、赣江新区管理委员会变更房屋征收补偿协议案,南昌铁路运输中级法院二审行政判决书,(2021)赣 71 行终 16 号。

区而非行政区,“两区”法院的设立缺乏组织法上的依据。如果“两区”法院与一般基层法院的受案范围没有实质差异,那么这些法院的现实功用或许就仅限于分担一般基层法院的一审压力,从而提升各类案件审结的速度。但实际上,单凭增加一般基层法院的员额制法官数量就完全可以达成这一目的。在一般基层法院之外另设“两区”法院势必需要增设领导编制、增加财政支出,此举在合理性层面难以证立。有鉴于人口、经济体量较大、高科技产业比较发达的“两区”客观上需要暂时保留法院建制,笔者的基本设想是:将“两区”法院的受案范围限定为专业性较强的民商事案件、知识产权案件、经济犯罪案件。至于以“两区”管理机构及其下属经济组织为被告的行政案件,原则上不由“两区”法院负责受理。此种方案的主要考虑是:将司法资源集中于特定领域,增强审判工作的专业性,为“两区”的社会经济发展提供司法保障。

从三大诉讼的审判实务来看,“两区”法院与一般地方法院具有大致明晰的属地管辖界限。后者原则上不再受理属于前者司法管辖区内的各类案件。既然如此,“两区”法院与一般地方法院划界而审的法律依据究竟何在?实际上,这两类法院之司法管辖区的并置反映了审判权实然的空间配置。笔者尚未发现包括最高人民法院司法文件在内的规范性文件概括地或者具体地规定“两区”法院的司法管辖区。在实务中,基于最高人民法院的批复同意、省地两级人大常委会的决定或者省地两级机构编制管理机关的同意,“两区”法院得以设立。由于“两区”具有界限明确的直管区域或者托管区域,与之配套的“两区”法院就自然以该区域作为司法管辖区。从这个意义上说,“两区”法院与一般地方法院的司法管辖区均具有自动生成的机理。后者以特定行政区的设立为前提,而前者以特定“两区”的设立为前提。但不可否认,由于“两区”法院与一般地方法院的司法管辖区部分重叠,前者的存在实际上限缩了后者的范围。例如,由于成都市武侯区与成都高新区部分重叠,该重叠区域的第一审案件在审判实践中一般由成都高新区人民法院而非成都市武侯区人民法院管辖。由此观之,“两区”法院司法管辖区的从无到有、从小到大反映了审判权之空间配置的变化,但此种变化尚缺组织法上的依据。

二、“两区”人大工作机构的权力配置

关于“两区”人大工作机构具体享有哪些职权,《地方组织法》和其他法律尚未作任何规定,各地方已有不同的尝试和探索。但《地方组织法》于 2015 年修正时在第 53 条增加了 1 款,作为第 3 款:“市辖区、不设区的市的人民代表大会常务委员会可以在街道设立工作机构。工作机构负责联系街道辖区内的人民代表大会代表,组织代表开展活动,反映代表和群众的建议、批评和意见,办理常务委员会交办的监督、选举以及其他工作,并向常务委员会报告工作。”如前所述,“两区”人大工作机构与市辖区、不设区的市人大常委会街道工作机构(简称“人大街道工作机构”)具有类似的法律性质,因此,该款在实务中已经成为“两区”人大工作机构行使职权的重要参照。

在《地方组织法》(2015 年修正版)第 59 条第 3 款规定的职权中,所谓“负责联系街道辖区内的人民代表大会代表,组织代表开展活动,反映代表和群众的建议、批评和意见”就性质而言是事务性的而非决策性的职权,是从属性的而非主导性的职权。在实务中,“两区”人大工作机构也承担设立它们的地方人大常委会交办的某些工作,前者为协助后者的工作而开展活动。这里有必要进一步研讨的职权是:“办理常务委员会交办的监督、选举以及其他工作。”

地方人大及其常委会的职权通常被概括地表述为“四权”:立法权、重大事项决定权、选举任免权、监督权。[①] 如果说“两区”人大工作机构有权办理地方人大常委会交办的监督、选举工作,那么这些工作也应限于协助性的工作。根据《宪法》《地方组织法》的相关规定,地方人大常委会有权监督本级“一府一委两院”的工作。就地方人大常委会对于本级政府的监督而言,前者有权撤销后者的不适当的决定和命令。“两区”人大工作机构或许可以向设立它们的地方人大常委会反映本级政府的决定、命令所存在的适当性问题,但显然无权撤销该决定、命令。根据《地方组织法》第 50 条第 1 款第 2 项的规定可知,地方人大常委会有权领导或者主

① 地方人大及其常委会“四权”的主要内容详见阚珂:《人民代表大会那些事》,法律出版社 2017 年版,第 39—44 页。

持本级人大代表的选举。"两区"人大工作机构可以协助组织该选举，但显然不具有领导或者主持选举的职权。至于《地方组织法》第59条第3款中"其他工作"的所指，不同的人大工作机构有不同的实践。从《地方组织法》第90条[①]来看，该法似乎允许省级人大及其常委会依据实际情况确定"其他工作"的具体内容。根据有的学者编写的《地方组织法》的释义，街道人大工作机构不是一级国家权力机关，因而不能行使一级国家权力机关的职权。所以，地方人大常委会交办街道人大工作机构的"其他工作"必然是有所限定的。而类似地，"两区"人大工作机构也不是一级国家权力机关，它们能够接受的"其他工作"自然也是有限的。

对于设立"两区"人大工作机构的地方人大常委会而言，"四权"之中的选举任免权和监督权不仅针对本级政府、监委、法院、检察院，还在一定程度上指向"两区"国家机关。基于《地方组织法》、其他法律、地方性法规的相关规定，即使承担了设立机关交办的监督、选举工作，"两区"人大工作机构也无权代替设立机关对"两区"其他国家机关在实质意义上行使选举任免权和监督权。比如，"两区"人大工作机构无权对"两区"法院的审判人员、检察院的检察人员进行任免。至于原本就不属于其设立机关的任免权，人大工作机构当然就更加无权行使了。例如，"两区"人大工作机构无权任免"两区"管理机构的组成人员。

由于《地方组织法》没有规定"两区"人大工作机构的职权，这些组织在实务中只能参照该法第59条第3款有关街道人大工作机构之职权的规定开展活动。但严格地说，"两区"人大工作机构的职权依然缺乏规范依据，当前可以考虑通过修改《地方组织法》或者制定地方性法规予以补充。

值得一提的是，极少数"两区"人大工作机构——实际上就是若干国家级新区人大工作机构，是由省、自治区人大常委会直接设立的。就职权范围而论，这些人大工作机构甚或可以对标地区人大工作机构而非街道人大工作机构。然而，《地方组织法》只是规定省、自治区的人大常委会可以在地区设立工作机构，并未规定该工作机构的职权。依据有的学者

---

① 《地方组织法》第90条规定："省、自治区、直辖市的人民代表大会及其常务委员会可以根据本法和实际情况，对执行中的问题作具体规定。"

编写的《地方组织法》的释义，省、自治区人大常委会可以依据地区人大工作机构的性质将其职权限定为以下三个方面：第一，联系和指导地区所属的各县市人大常委会的工作；第二，联系本地区的全国和省、自治区人大代表，组织代表活动；第三，办理省、自治区人大常委会交办的工作。[①]不难看出，后两个方面的职权与街道人大工委的部分职权类似。有鉴于此，由省、自治区人大常委会设立的国家级新区人大工作机构可以负责联系和指导国家级新区所属的各县级人大常委会的工作。

接下来简要分析"两区"人大工作机构与"两区"托管行政区内乡级人大、人大街道工作机构的职权关系。根据《宪法》和《地方组织法》的制度安排，县级权力机关有权指导、监督乡级人大、人大街道工作机构的工作，二者之间并非领导与被领导的关系。本书认为，"两区"人大工作机构与乡级人大、人大街道工作机构的职权关系亦是如此，其有别于"两区"管理机构与实务中乡级政府、街道办事处的职权关系。不仅如此，"两区"人大工作机构毕竟不是县级权力机关，它们对于乡级人大、人大街道工作机构的监督在程度上比较有限。如若认为后者的决议、决定或者其他规范性文件存在合法性、适当性问题，"两区"人大工作机构无权予以撤销，只能将问题反映至设立它们的地方人大常委会。

综上所述，"两区"人大工作机构的职权目前缺乏较高位阶的法律依据以及比较明确的事项范围，通过修改《地方组织法》或者制定地方性法规可以在一定程度上消解这些组织法障碍。但此种修法方案只能治标而无法治本。从"两区"托管之乡级行政区的人大工作实务来看，有关的乡级人大以及人大街道工作机构基本上已经与县级人大常委会脱钩，二者实际上不存在指导、监督关系。在组织实践中为"两区"人大工作机构配置权力可以在一定程度上纾解因县乡两级权力机关脱钩而产生的体制问题。一方面，"两区"人大工作机构可以协调若干乡级人大、街道办事处的工作，并且充当其与设区的市级权力机关之间沟通的纽带；另一方面，"两区"人大工作机构可以对"两区"其他国家机关特别是"两区"管理机构进行有限的监督。尽管如此，此种权宜之计在一定程度上侵夺了原

---

① 参见李适时主编：《地方组织法、选举法、代表法导读与释义》，中国民主法制出版社2015年版，第98页。

本属于县级人大常委会的职权，不甚符合《宪法》《地方组织法》有关国家机构和行政区划的基本设计。不仅如此，即使“两区”人大工作机构可以充分行使上述功能，它们也无法消解“两区”居民的选举困境：由其直接选举的县级人大并不负责产生和监督实际对其管辖的“两区”国家机关。

三、“两区”监察机构的权力配置

如前所述，“两区”监察机构在现行实定法中的设立依据主要是《监察法》第 12 条，根据该条第 1 款的规定可知，它们可以被定性为地方监委向“两区”派出的监察机构。

《监察法》第 13 条规定：“派驻或者派出的监察机构、监察专员根据授权，按照管理权限依法对公职人员进行监督，提出监察建议，依法对公职人员进行调查、处置。”这是该法关于监察机构职权的规定。既然“两区”监察机构属于《监察法》所规定的“监察机构”，那么其职权自当由《监察法》第 13 条予以规定。根据该条，“两区”监察机构的职权可以概括为以下三项：一是监督职权；二是调查职权；三是处置职权。这些职权均以“公职人员”为对象，并且，均以“授权”为前提。

从《监察法》第 13 条的表述来看，监察机构监督、调查、处置这三项职权的范围均取决于地方监委的授权。当然，地方监委只能将其本身具备的职权授予监察机构。《监察法》第 11 条规定了监委 3 项职权（职责）的内容。[①] 此外，该法第 4 章“监察权限”比较详细地规定了监委行使监督、调查这两项职权的具体权限。至于监委行使处置职权的具体权限，则由《公职人员政务处分法》予以规定。由此，基于体系解释，“两区”监察机构之三项职权的具体内容可得到确定。尽管如此，根据《〈中华人民共和国监察法〉释义》监察机构究竟重点监督什么，到底具有哪些调查、处

---

① 监察委员会的监督职权在该条中被表述为“对公职人员开展廉政教育，对其依法履职、秉公用权、廉洁从政从业以及道德操守情况进行监督检查”。它的调查职权在该条中被表述为“对涉嫌贪污贿赂、滥用职权、玩忽职守、权力寻租、利益输送、徇私舞弊以及浪费国家资财等职务违法和职务犯罪进行调查”。它的处置职权在该条中被表述为“对违法的公职人员依法作出政务处分决定；对履行职责不力、失职失责的领导人员进行问责；对涉嫌职务犯罪的，将调查结果移送人民检察院依法审查、提起公诉；向监察对象所在单位提出监察建议”。

置职权，还需要根据实践的发展不断总结提炼、规范完善。[①] 由此观之，地方监委究竟可以将自身具备的哪些职权授予包括“两区”监察机构在内的所有监察机构，目前并无统一的、系统的组织法规范。但依据《〈中华人民共和国监察法〉释义》监察机构的调查、处置对象不包括派出它的监委直接负责调查、处置的公职人员。[②] 依照该解读，地方监委不能将其核心的或者主要的职权授予监察机构。

下面简要研讨“两区”监察机构有权监察的“两区”其他国家机关之组成人员[③]的范围。根据《监察法》第 15 条第 1 项的规定可知，人大及其常委会机关、政府、监委、法院、检察院的公务员均属于监察机关的监察对象。那么，在《监察法》的规范语境下，这 5 类国家机关是否涵盖了“两区”的 5 类国家机关？对此，《〈中华人民共和国监察法〉释义》提供了肯定的答案：其一，该项规定的“人大及其常委会机关”包括县级以上各级人大常委会工作机构，而“两区”人大工作机构即属此类；其二，该项规定的“政府”包括县级以上各级政府派出机构，这里的“派出机构”应该是泛指派出组织，而“两区”管理机构即属此类；其三，该项规定的“监察委员会”包括各级监委的派出监察机构，而“两区”监察机构即属此类；其四，该项规定的“法院”和“检察院”分别包括地方各级法院和地方各级检察院，而“两区”法院、检察院即分别属于此两类。既然如此，“两区”国家机关的所有公务员——不限于组成人员，皆属于监察机关的监察对象。应当注意的是，目前，相当一部分“两区”国家机关公务员——包括组成人员并不具有行政编制，他们仅具有事业编制甚或聘任岗位。这一类无行政编制的公务员在“两区”管理机构及其下属行政组织中尤为普遍，管理机构之工作机构的部分正副职领导人员甚至也并非全都具有行政编制。当然，即使没有行政编制，“两区”国家机关的组成人员依然具有公务员身份，依然属于监察机关的监察对象。

---

① 参见中共中央纪律检查委员会、中华人民共和国国家监察委员会法规室编写：《〈中华人民共和国监察法〉释义》，中国方正出版社 2018 年版，第 100—101 页。

② 参见中共中央纪律检查委员会、中华人民共和国国家监察委员会法规室编写：《〈中华人民共和国监察法〉释义》，中国方正出版社 2018 年版，第 101 页。

③ 这里所讨论的“两区”法院、检察院的组成人员是指“两区”法院的审判人员和“两区”检察院的检察人员。

就基本定性而言,“两区”监察机构并非监察机关。不过,基于《监察法》第 13 条规定的授权机制,“两区”监察机构完全有可能根据监察机关的授权针对“两区”其他国家机关的组成人员行使监察职权。根据《监察法》第 16 条及其官方释义的规定可知,监察机关严格遵循级别管辖行使职权,“各级监察委员会按照干部管理权限对本辖区内的监察对象依法进行监察”。[①] 譬如,省级、设区的市监委一般负责对省管干部、设区的市管干部进行监察。由于“两区”国家机关较之于平行的国家机关通常具有较高的行政级别,而且,前者的一些领导人员——特别是管理机构的一些领导人员,同时在省级、设区的市党政机关担任领导职务,“两区”国家机关的部分组成人员应当由省级、设区的市监委而非“两区”监察机构自身予以监察。[②] 至于针对“两区”监察机构之组成人员的监察事项,确有可能涉及《监察法》第 58 条第 3、4 项规定的应当回避的情形。[③] 本书认为,为了保证监察事项的公正处理,上级监察机关应当直接进行管辖或者指定没有利害关系的设区的市级、县级监察机关管辖。不过,《监察法》以及其他法律并未规定这一机制。

---

① 中共中央纪律检查委员会、中华人民共和国国家监察委员会法规室编写:《〈中华人民共和国监察法〉释义》,中国方正出版社 2018 年版,第 116 页。

② 根据党的司法改革文件,部分“两区”法院、检察院的院长、检察长属于省管干部,因而也不由“两区”监察机构进行监察。

③ 根据《监察法》第 58 条第 3、4 项的规定可知,监察人员与办理的监察事项有利害关系的以及存在有可能影响监察事项公正处理的其他情形的,该监察人员应当回避。

第五章　国家级开发区、新区国家机关的撤销和合并机制

迄今为止，国家级开发区和国家级新区之国家机关的撤销、合并机制受到的理论关注依然比较有限。“撤销”一词相对容易理解，它使得特定的“两区”国家机关归于消灭，这些国家机关当然也包括“两区”管理机构。[①]而“合并”一词则有待于界定。在本书中，这一概念是指：“两区”国家机关与一般地方国家机关融合统一，形成“一个机关（一班人马）、两块牌子”的组织样态。所谓“一个机关”是指一个领导班子、一套内设机构，统一核定编制、配备领导职数。此种模式区别于两个机关的“合署办公”。应当注意的是，就此种“合并”而言，“两区”国家机关与一般地方国家机关是有主次之分的，后者为主、前者为次，申言之，应是前者并入后者而非后者并入前者。经由此种合并，“两区”国家机关一般仅保留名义。毋庸讳言，就实质而言，合并之后的“两区”国家机关在建制上已经虚化，不再具有相对于一般地方国家机关的独立性，只是作为后者的另一重身份得以存续。较之于“两区”国家机关的“撤销”，其“合并”规范性较低，毋宁说是实务中的惯常做法。因此，本章对于合并机制的研讨主要是基

---

① 近年来，全国各地的开发区开展了去行政化改革，对于国家级开发区的工作机构进行了较大幅度的撤销，使其数量明显减少。但应该看到，国家级开发区之工作机构的撤销并不等同于其本身的撤销。

于立法论而非解释论展开的。

“两区”国家机关撤销、合并的实例早已有之。首先来看“两区”管理机构撤销的例子。作为我国的首个国家级新区，上海浦东新区在1993—2000年间设有管理机构——上海浦东新区管理委员会，该管理委员会于2000年撤销，上海市浦东新区政府取而代之。而后再看“两区”管理机构合并的例子。作为我国最早设立的国家级开发区之一，[①]青岛经开区原设有相对独立的管理机构——青岛经开区管理委员会，而山东省、青岛市政府于1992年决定将该开发区扩展至青岛市黄岛区的全部区域，该管理委员会遂与黄岛区政府合并。除了管理机构以外，“两区”其他类型的国家机关也存在撤销、合并的实例。其中，“两区”法院、检察院不仅有撤销的实例，也存在与一般地方法院、检察院合并的实例，不过，“两区”人大工作机构、监察机构基本上只有撤销的实例。就性质而言，人大工作机构、监察机构也难以与地方人大常委会、监委合并。因此，本章关注的合并机制仅限于“两区”管理机构、法院、检察院的合并机制。

本章所研讨的“两区”国家机关的撤销、合并机制议题，主要系指这些国家机关在什么条件之下由何者依何种程序予以撤销、合并。因此，本章尝试分析撤销、合并“两区”国家机关的条件、主体、程序。毋庸讳言，在“两区”的组织实践中，该机制既不明确、亦不统一，有待于组织法理论的检视和构建。

第一节　撤销、合并“两区”国家机关的必要性分析

传统的国家三要素说认为，政治概念的国家由国民、领土、主权这三个要素构成。也许是借鉴了国家三要素说，王一鸣提出了开发区三要素说，在其看来，这三个要素分别是区域、体制、政策。[②]本书认为，这一理论不仅适用于包括国家级开发区在内的开发区，也适用于国家级新区。

---

① 青岛经济技术开发区于1984年10月由国务院批准设立，而作为首个国家级开发区的大连经济技术开发区于1984年9月由国务院批准设立，后者在批准设立的时间上仅比前者早1个月。

② 详见王一鸣：《中国开发区实践与思考》，中国商务出版社2016年版，第9页。

诚然,“两区”应当占有特定的区域、具备特定的体制以及享受特定的政策。但这并不意味着,“两区”也必须同行政区一样设有特定的国家机关。本书进一步认为,对于“两区”治理的法治化而言,最首要和最主要的任务莫过于逐步实现“两区”与其国家机关的脱钩,也就是逐步实现它们的去国家机关化。从长远来看,几乎所有“两区”的各类国家机关均有必要撤销或者与一般地方国家机关合并。就目前来看,该目标或许过于理想,但这不但是组织法规范的要求,也是组织法实践的需求。下面将从合法性和合理性两个维度进一步分析撤销、合并“两区”国家机关的必要性。

一、合法性层面的分析

本书第二、三、四章分别研讨了“两区”国家机关的设立依据和基本定性、人员组成和产生方式、机构设置和权力配置。其中,当前最为突出的组织法议题当属其中的设立依据议题和权力配置议题,简言之,即“两区”国家机关的设立依据不充分、权力配置不协调。既然如此,是否可以考虑通过立法甚至修宪来调整既有的组织法规范以适应“两区”的组织实践呢?尽管此种策略在理论上并非全然不可能,但它势必耗费中央和地方的立法资源,改变既有的宪法秩序和组织法框架,重构以行政区划为基本空间结构的地方国家机关体系。诚然,该策略在现阶段有助于在一定程度上缓解法治与改革在“两区”治理中的张力。但是,它对制度成本的需求甚高、对法之安定性的影响甚大,作为完善“两区”国家机关之组织法治的终极方案不具有充分的现实可行性。

(一)通过修法补强设立依据

本书第二章已经阐明,“两区”国家机关的设立必须在《宪法》和组织法之中寻找直接或者间接依据,行政法规、部门规章等其他中央立法以及包括地方性法规、地方政府规章在内的所有地方立法均无法为这些国家机关提供充分的设立依据。而在“两区”的五类国家机关之中,监察机构和检察院确有可能分别基于《监察法》《人民检察院组织法》的相关规定得以设立,但人大工作机构、管理机构和法院则缺乏类似的法律依据,《地方组织法》和《人民法院组织法》没有为二者的设立提供足够的制度空间。

有鉴于此，第二章提出修改《地方组织法》第59条、第85条和《人民法院组织法》第24条的方案，借此可以分别补强“两区”人大工作机构、管理机构、法院的设立依据。依据这些方案，人大工作机构一般可以被定性为省级、设区的市、市辖区、不设区的市人大常委会在“两区”设立的工作机构；“两区”管理机构一般可以被定性为省级、设区的市级、县级政府在“两区”设立的派出机关；“两区”法院一般可以被定性为在“两区”设立的基层法院或者中级法院。笔者认为，这些方案对于组织法律的改动相对较少，对于地方国家机关体系的影响相对较小，明显节约了立法资源和制度成本。

还应该看到，《宪法》第95条第2款和第129条第3款确已分别授权法律规定地方各级人大、政府、法院的组织。根据《宪法》第95条第1款、第96条第2款的规定可知，已将地方人大常委会、地方政府与行政区对应起来，但“两区”人大工作机构、管理机构在形式上明显不同于地方人大常委会、政府本身，前二者分别系后二者的派出组织。“两区”法院在实务中确实是作为一级地方法院得以设置的，而《宪法》并未将地方法院与行政区对应起来。因此，前述修法方案并不存在《宪法》障碍。

（二）通过修法协调权力配置

若要使得“两区”国家机关的设立依据更加充分，采用幅度较小的修法方案或许足以见效。然而，若要使得这些国家机关的权力配置更加协调，此种幅度的修法方案恐怕就难以奏效了。我国似有必要对组织法律进行更大幅度的修改，[①]还需要对《宪法》进行一定幅度的修改，但无疑会在一定程度上影响宪法秩序的安定性。

同一般的地方国家机关一样，“两区”国家机关也是承载国家权力的容器。倘若不被赋予、授予、委托任何职权，它们的设立本身也就没有实际意义。所以，“两区”国家机关在权力配置上面临着合法性困境，那么它们本身的设立也就存在着合理性困境。在此情形下，对这些国家机关

---

①　倘若还存在另一个替代性方案，它便是：制定《国家级开发区法》《国家级新区法》等类似法律，而后通过这些法律协调“两区”国家机关与一般地方国家机关的权力配置。但即便采用这一方案，修宪似乎仍有必要。

进行撤销、合并便是必要之举。

正如第四章所述,“两区”国家机关实际行使的职权与特定地方国家机关依法享有的职权业已形成了某种实然的空间配置格局。尽管如此,我国的地方国家机关体系毕竟是以行政区划作为基本空间结构的。在规范意义上,我们或许可以勉强解释“两区”国家机关何以在“两区”托管区域内行使某一种职权,但终究难以论证一般的地方国家机关为何在这一区域内不再享有任何相应的职权。然而,一旦否定了“两区”国家机关与一般地方国家之职权的既有空间配置,前者的设立和运行则又属多余。

毋庸讳言,“两区”人大工作机构、管理机构在属地管辖范围上对与之平行的地方人大及其常委会、地方政府构成了挤压和限缩。根据《宪法》《地方组织法》的有关规定,地方人大及其常委会、地方政府与行政区之间存在比较严格的对应关系。不仅如此,《宪法》《地方组织法》在规定地方人大及其常委会、地方政府的职权时均使用了“在本行政区域内”这一表述。基于这一限定,一般意义之地方国家权力机关、行政机关的属地管辖范围不应被限缩,除非《宪法》《地方组织法》另有特别规定。然而,由于“两区”人大工作机构和管理机构的实际运行,与之平行的地方人大及其常委会和地方政府事实上无法在其全部行政区域内行使职权。一方面,相当一部分“两区”管理机构得以在“两区”托管区域内行使比较广泛的行政权力。虽然该区域原本属于平行地方政府的属地管辖范围,但这些地方政府不再对该区域进行管辖。另一方面,“两区”人大工作机构的职权自然无法与地方人大及其常委会的职权等量齐观,但是,由于这些人大工作机构的设立和运行,平行地方人大及其常委会在“两区”托管区域内并未有效行使自身的各项法定职权,至少,它们一般不针对该“两区”的各类国家机关行使监督权。

无独有偶,“两区”监察机构、法院、检察院也在属地管辖范围上对与之平行的地方监委、法院、检察院造成了挤压和限缩。诚然,《宪法》没有将这 3 类地方国家机关的设置与行政区划对应起来,但《监察法》《人民法院组织法》《人民检察院组织法》确有相关规定。其中,《监察法》第 9 条明确规定:地方各级监察委员会由本级人民代表大会产生,负责本行政区域内的监察工作。但是,在"两区"托管的区域,通常由"两区"监察机构行使监察权,在这种情况下,与之平行的地方监委便不再对该区域进行管辖。需要注意的是,《人民法院组织法》并未明确规定地方各级法院负责本行政区内的审判工作,《人民检察院组织法》也未明确规定地方各级检察院负责本行政区域内的检察工作。尽管如此,根据这两部组织法律的规定,地方各级法院、检察院基本上都是按照行政区划得以设立的,由此不难推导出一般规则:大多数地方各级法院、检察院分别负责本行政区域内的审判、检察工作。[①] 然而,此种规则在组织实践中通常不适用于"两区"托管区域,"两区"法院、检察院实际上取代了与之平行的一般地方法院、检察院对该区域进行属地管辖。而此种做法在现行的组织法律、诉讼法律中暂无依据。

诚然,在"两区"的五类国家机关中,"两区"监察机构、检察院具有相对充分的设立依据,但这并不等于说,它们的权力配置同样不存在合法性疑义。毕竟,国家机关的设立与国家权力的配置是两个不同的议题。正如第四章所述,《监察法》和《人民检察院组织法》分别为"两区"监察机构和检察院的设立留下了一定的制度空间。但从立法原意来看,立法者主要考虑的是在《宪法》未列的行政区而不是在"两区"设立监察机构和检察院。不同于"两区"的监察机构、检察院,地区的监察机构、检察院以及街道的监察机构尚不至于挤压、限缩《宪法》所列行政区之监委、检察院的属地管辖范围。

应该看到,任何地方国家机关的权力配置均是以《宪法》、组织法律为基础的。在规范意义上,它们依据《宪法》和组织法律所享有的职权并不当然因上级地方国家机关的决策或者自身的意愿而转移至"两区"国家机关,不仅如此,这些固有的职权也不会当然随着上级地方国家机关的权力下放抑或下级国家机关的权力上移经由其自身平移至"两区"国家机关。

综上所述,若要在规范层面使得"两区"国家机关与一般地方国家机

---

① 当然,法律可以在一般规则之外作出特别规定。例如,《行政诉讼法》第 18 条第 2 款规定:"经最高人民法院批准,高级人民法院可以根据审判工作的实际情况,确定若干人民法院跨行政区域管辖行政案件。"

关之间的权力配置完全得以协调，我国有必要同时修改《宪法》和4部组织法律，以直接或者间接的方式确立“两区”国家机关相对于一般地方国家机关在属地管辖上的优先性。此种一修到底的方案显然不甚符合全国人大及其常委会审慎修宪、立法的传统，几乎不存在现实可行性。该方案希图使顶层的组织法规范最大限度地适应“两区”的组织实践，但过度地牺牲了宪法秩序和组织法框架的安定性。应该看到，在当代中国，除了“两区”以外，包括自由贸易试验区在内的其他功能区也设置了各类国家机关——尤其是管理机构和法院、检察院。既然如此，我国是否还需要专门为这些特殊的地方国家机关再行修改《宪法》和组织法律？答案显然是否定的。组织法规范不应该无限度地屈从于组织实践，否则不免有削足适履之嫌。

二、合理性层面的分析

从长远来看，撤销、合并“两区”国家机关不仅是依法治理“两区”的要求，也是科学治理“两区”的需要。那么，撤销、合并这些国家机关的必要性究竟何在？本书将其归结为：节约治理成本、提升治理效能。一方面，“两区”国家机关的设立将不可避免地占用公共资源，从而增加“两区”的治理成本。另一方面，这些国家机关的设立依据不充分、基本定性不明确、权力配置不协调，它们的存续和运行不利于“两区”治理效能的提升。

既然如此，大多数“两区”为何均设有一类或者数类国家机关，而这些国家机关又为何大多得以存续？我们不妨首先检视“两区”管理机构的功用。众所周知，“两区”管理机构早已成为大多数“两区”的标配，此种组织实践容易使人产生一种错误认知：有“两区”必有“两区”管理机构，无“两区”管理机构则无“两区”。奇怪的是，这种错误认知似乎是从官方向坊间传递的。作为国务院的其他规范性文件，《关于促进国家级经济技术开发区进一步提高发展水平的若干意见》明文规定：“国家级经济技术开发区原则上不与所在行政区合并管理或取消管委会建制。”言下之意，只要特定的国家级经开区依然存在，其管理机构就不得撤销或者合并。

在特定时期，“两区”的行政管理体制对于“两区”的发展而言确实具有一定的积极影响。而作为“两区”行政管理的主导者，“两区”管理机构也确实发挥了一定的功用。在理论界、实务界的部分人士看来，就“两区”的行政管理而言，“两区”管理机构较之于地方政府具有三个方面的主要优势。其一，作为上级地方政府下放权力的对象，“两区”管理机构得以行使县级、设区的市级甚至省级行政管理权限，扁平化的管理模式得以呈现。其二，“两区”管理机构尝试新的管理体制不存在较重的历史包袱，其设置的工作机构比较精简、配备的工作人员比较精干，这些机构和人员的职责相对明晰。其三，“两区”管理机构的执法资源向专业性较强的管理领域集中，这些领域通常与“两区”的主导产业密切相关。基于上述三个方面的主要优势，“两区”管理机构得以在一定的历史条件下提升“两区”的总体行政效能。尽管如此，当整体意义的“两区”度过了发展初期，当个体意义的“两区”经历了起步阶段，这些管理机构的比较优势必将逐渐消失。第一，平行地方政府近年来与“两区”管理机构一同承接了上级政府下放的行政管理权限。第二，平行地方政府借鉴了“两区”管理机构之工作机构的“大部制”模式。第三，步入成熟阶段的“两区”管理机构发展成为承担综合管理任务的准政府，其工作机构的精简化①以及执法资源的集中化都逐渐遭遇掣肘和限制。在上述比较优势日渐消失的同时，“两区”管理机构依然占据并消耗着公共资源。由此观之，适时撤并“两区”管理机构确实利大于弊。

至于“两区”法院对于“两区”治理的功用，第四章已经进行了研判，相关结论同样适用于“两区”检察院。简言之，既有的“两区”法院、检察院均为地方各级法院而非专门法院。基于此种法律定性，它们未必会比一般地方法院更适宜处理专业性较强的民商事案件、知识产权案件以及经济犯罪案件。因此，设立“两区”法院、检察院的现实考虑或许就仅仅是扩大法官、检察官的员额和编制，以此应对“两区”范围内不断增加的案件。既然如此，较之于增加平行地方法院、检察院之法官、检察官的数量，这种做法将要耗费更多的资源，显然不是明智之举。

---

① 随着行政管理事务的增加以及事权范围的扩张，“两区”管理机构通常难以继续保持其工作机构的精简化程度，它们或者增加工作机构的数量，或者在一级工作机构之下再分设二级工作机构。

“两区”人大工作机构、监察机构的独特功能在于:针对“两区”管理机构、法院、检察院(合称“一委两院”)进行监督。其中,人大工作机构的具体监督对象主要是“一委两院”的组织本身,监察机构的具体监督对象则主要是“一委两院”所属的公务员。但是,与之平行的地方人大及其常委会、监委通常不具备监督“两区”管理机构、法院和检察院的职权。由此观之,既然有必要撤销、合并“两区”管理机构、法院和检察院,那么似乎也没有理由继续保留“两区”人大工作机构和监察机构。

第二节　撤销、合并“两区”国家机关的条件分析

撤销、合并“两区”国家机关存在何种必要条件或者充分条件?鉴于撤销与合并的条件有所差别,下面分而述之。

一、撤销“两区”国家机关的条件

如前所述,无论是从合法性维度抑或合理性维度来看,撤销“两区”国家机关都具有必要性。因此,撤销“两区”国家机关不存在特定的必要条件。在理想状态下,任何既有的“两区”国家机关都不宜长久存续,“两区”应该尽早向行政区复归。当然,撤销“两区”国家机关确有必要考虑公务员队伍的稳定和“两区”社会秩序的安定。一方面,原“两区”国家机关的公务员——包括行政编制、事业编制和聘任岗位的公务员,有待于转隶安置或者下岗分流;另一方面,原“两区”国家机关实际行使的职权需要转移配置,交还相应的一般地方国家机关。

“两区”国家机关的撤销尽管不存在必要条件,但存在充分条件,后者与“两区”的归宿直接相关。当这些充分条件出现时,“两区”国家机关的撤销工作就不宜徐图缓进了,必须尽快完成。有学者指出:“开发区有生命周期,可以进入和退出,也会转化和消亡。”[①]本书赞同这一论断,无论是国家级开发区还是国家级新区在经历一定发展阶段以后都必将“转化和消亡”。毕竟,“两区”作为享有国家优惠政策之功能区的长久存续

---

① 阎川:《开发区蔓延反思及控制》,中国建筑工业出版社2008年版,第27页。

不符合均衡发展的经济规律和地区平等的法律原则。从长远来看，“两区”无非有三种归宿：一是撤销；二是与行政区合并；三是设为行政区。其中，不管是将“两区”撤销还是将“两区”设为行政区均势必导致“两区”国家机关的撤销。

（一）“两区”撤销

“两区”一旦撤销，其特殊的政策优惠和特定的地理空间均不复存在。这可以说是“两区”的终极归宿。撤销“两区”的具体情形无非有二：一方面是为了落实“两区”的动态管理机制，清退不合格的“两区”；另一方面是为了实现非功能区与功能区的均衡发展，取消“两区”相对于其他区域的优惠政策。

对于第一种情形，国务院主管部门已有明示。2017 年 1 月 19 日发布的《国务院办公厅关于促进开发区改革和创新发展的若干意见》提出：“（二十三）建立开发区动态管理机制。……对考核结果不合格的开发区，要限制新增土地指标，提出警告，限期整改；对整改不力，特别是长期圈占土地、开发程度低的开发区，要核减面积或予以降级、撤销，不允许纳入全国开发区审核公告目录。”2017 年 12 月，原国土资源部重申了上述规则。[①] 笔者估计，这一规则今后有可能被扩大适用于国家级新区。

需要注意的是，根据上述规则，考核结果不合格且整改不力的“两区”既有可能面临撤销，也有可能遭遇降级。那么，“两区”的所谓“降级”是否将导致其国家机关的撤销？这一点值得思考。“两区”撤销以后，其国家机关的组织实体自然无法存续。可是，“两区”被降级以后，其国家机关的组织实体依然存在。只不过，此时的“两区”已然不再是“两区”，而是省级开发区、省级新区，因此，即便依然得以存续，其国家机关也已然不再是“两区”国家机关了。

至于撤销“两区”的第二种情形，短时间内似乎不会出现，但长期来看终究无法避免也不应回避。“两区”是承载国家特定优惠政策的专门性功能区。因此，“两区”所承载的优惠政策一旦被取消，“两区”本身也就没有存在的必要了。

---

① 详见《国家级开发区将有退出机制》，载“中华人民共和国中央人民政府”官方网站的“新闻”栏目。

皮之不存毛将焉附。从逻辑上说,“两区”国家机关理当随着“两区”的撤销而撤销。但需要讨论的是,“两区”的撤销是否将导致“两区”国家机关的自动撤销?后者是否存在特定的主体和程序?我国现行的实定法对此语焉不详。从组织法规范和组织实践来看,当特定行政区撤销时,其相应的地方国家机关即自动撤销,并不需要由特定的上级国家机关依据特定的程序予以撤销。但应当看到,较之于一般地方国家机关的撤销,“两区”国家机关的撤销具有特殊性,其意味着过渡性、非常态的治理模式向长期性、常态的治理模式回归,由特定主体通过特定程序予以宣示比较妥当。

(二)“两区”与行政区合并

当“两区”与行政区合并之时,前者享有的特殊政策优惠依然得以保留,其地理空间则得以扩大。而在“两区”与行政区合并以后,前者的国家机关将面临两种命运:一是撤销,二是与特定的地方国家机关合并。

“两区”与行政区的所谓“合并”并不是严格的规范概念,而是实务中惯常的表述。在组织实践中,这里的所谓“合并”主要有 3 种具体情况。其一,“两区”在地域上原本被行政区所包含,通过合并,前者在地域上得以扩展至与后者相同。其二,“两区”在地域上原本与行政区相互并列或者交叉,通过合并,二者在地域上得以扩展至彼此相同。其三,“两区”在地域上原本与旧行政区相互并列或者交叉,通过合并,以二者为基础形成了特定的新行政区,同时,前者在地域上得以扩展至与后者相同。不同于第一种情况,第二、三种情况均伴随着行政区划的变更。具体而言,在第二种情况下,特定行政区的界线则将发生变更;在第三种情况下,原有的行政区撤销而新的行政区得以设立。

从理论上说,不同人口、经济体量的“两区”可以与相应的设区的市级、县级、乡级行政区合并,此种合并有可能导致该行政区发生界线变更或者被新的同级行政区取代。由表 5-1 可知,行政区划变更的批准机关层级较高,即使是乡级行政区的设立、撤销也需由省级政府批准。倘若未经这些国家机关批准,“两区”与行政区合并的第二、三种情况则无从发生。

表 5-1　行政区划变更的批准机关

<table>
<tr><th>行政区</th><th>设立</th><th>撤销</th><th>界线变更</th></tr>
<tr><td>省、自治区、直辖市</td><td>全国人大</td><td>全国人大</td><td>国务院</td></tr>
<tr><td>自治州</td><td>国务院</td><td>国务院</td><td>国务院</td></tr>
<tr><td rowspan="2">设区的市</td><td rowspan="2">国务院</td><td rowspan="2">国务院</td><td>国务院(重大变更)</td></tr>
<tr><td>省、自治区、直辖市政府(国务院授权)(部分变更)</td></tr>
<tr><td rowspan="2">县、不设区的市、市辖区</td><td rowspan="2">国务院</td><td rowspan="2">国务院</td><td>国务院(重大变更)</td></tr>
<tr><td>省、自治区、直辖市政府(国务院授权)(部分变更)</td></tr>
<tr><td>自治县</td><td>国务院</td><td>国务院</td><td>国务院</td></tr>
<tr><td>乡、民族乡、镇</td><td>省、自治区、直辖市政府</td><td>省、自治区、直辖市政府</td><td>省、自治区、直辖市政府</td></tr>
</table>

注:该表所示的规则主要来源于国务院于 2018 年 10 月 10 日发布的《行政区划管理条例》。

综上所述,“两区”与行政区的合并未必会导致“两区”国家机关的撤销,这些特殊地方国家机关与一般地方国家机关的合并是另一种可能的结果。鉴于下面还要讨论,此处不予展开。

(三)“两区”设为行政区

除了“两区”的撤销以外,将“两区”设为行政区也是“两区”国家机关撤销的充分条件。这里所谓的“将‘两区’设为行政区”系指以“两区”的地域范围为基础独立设立的新行政区。① 即使被设为行政区,“两区”特殊政策优惠和特定地理空间依然存在。② 但由于既有的“两区”与新设的行政区在地理空间上完全相同,二者的国家机关难以分立并存,因而只能将“两区”国家机关予以撤销。上海市浦东新区和天津市滨海新区就是

---

① 至于“两区”与旧行政区合并成为新行政区的情形,本书将其归属于“‘两区’与行政区合并”。

② 在实务中,本书所指称的“‘两区’设为行政区”通常被表述为“‘两区’转(转化)为行政区”“‘两区’升级(升格)为行政区”。但本书认为,后两个表述相对容易产生误导。其中,“‘两区’转(转化)为行政区”似乎可以理解为从“两区”变成“行政区”,也就是说,“两区”设为行政区之后就不再是“两区”了。然而,“两区”在建政之后依然存在。“‘两区’升级(升格)为行政区”则似乎混淆了功能区与行政区的性质,“两区”并非层次较低的行政区。

国家级新区设为行政区的两个经典实例。当上海市浦东新区和天津市滨海新区作为市辖区设立以后，它们的地方国家机关便得以产生，取代了原先的国家级新区国家机关。

至于可以将哪些"两区"设为行政区，具体设为哪一级、哪一类行政区，无疑涉及行政区的设立标准。但是，我国目前缺乏全国统一而且现实可行的法定标准。1993 年 5 月 17 日，国务院批转了民政部《关于调整设市标准报告的通知》。[①] 该通知现行有效，它就县级市和地级市的设立规定了比较具体的标准。由于近 30 年的人口、经济增长、通货膨胀，该通知所设定的许多量化指标早已严重滞后，若继续以此作为设立县级市、地级市的标准显然门槛过低，不合时宜。[②] 可是，国务院及其相关部门既没有更新设立设区的市、不设区的市的标准，也没有发布设立其他行政区的标准。[③] 诚然，《行政区划管理条例》原则性地规定了设立行政区应当考量的因素：经济发展、资源环境、人文历史、地形地貌、治理能力等。但仅凭这些抽象的因素仍无法具体判断哪些"两区"可以设为行政区。在实务中，这或许主要取决于有权机关的利益衡量和政治决策。

在立法论层面，以"两区"为基础设立特定层级、种类的行政区至少应当考虑三个因素：第一是人口规模，第二是经济体量，第三是经济水平。[④] 其中，人口规模较大意味着地方国家机关需要服务的居民较多，经济体量较大意味着地方国家机关需要处理的事务较多，较高的经济水平则意味着地方国家机关可以得到的财政支持较多。当特定"两区"的人口规模、经济体量和经济水平均达到一定程度，基于该"两区"设立行政区则既有可能也有必要。而随着行政区的设立，相应的一套地方国家机

---

① 国务院还于 1984 年 11 月 22 日批转了民政部《关于调整建镇标准的报告的通知》，但根据《国务院办公厅关于暂停撤乡设镇工作的通知》，该通知已于 2002 年 8 月 11 日停止执行。

② 譬如，根据该通知，设立地级市的部分标准如下：市区从事非农产业的人口 25 万人以上，其中市政府驻地具有非农业户口的从事非农产业的人口 20 万人以上；国内生产总值在 25 亿元以上。

③ 现行《行政区划管理条例》就市、市辖区和镇、街道之设定标准的拟定和批准进行了规定，但未明确拟定、批准该设定标准的期限，另外，该条例未就其他行政区的设定标准作出类似规定。

④ 除了这三个因素以外，区域面积——主要是适合生产、生活的区域面积，也应当予以适度考虑，它在一定程度上反映了人口、经济的增长潜力。

关便得以产生,从而可以服务当地的居民、处理当地的事务。三者主要的量化指标分别是户籍人口或者常住人口数量、地区生产总值、人均地区生产总值。当然,即便以这三个指标为主要基础,我们似乎也难以确定全国统一的标准,毕竟,全国各地的人口分布很不均衡、经济发展亦很不平衡。但是,在同一个省级、设区的市级、县级行政区范围内,“两区”与其并列的设区的市级、县级、乡级行政区应该具有一定的可比性。如果前者在这三个量化指标上超过了后者之中的半数甚至多数,前者就有理由被设为后者的同级行政区。① 下面以成都高新区、苏州工业园区、郑州经开区、郑州高新区这四个国家级开发区为例加以说明(见表5-2、5-3、5-4)。

首先来看成都高新区。由表5-2可知,成都高新区在户籍人口数、地区生产总值、人均地区生产总值这三个方面均明显高于成都市县级行政区的平均水平。如果以成都高新区为基础设立县级行政区,其在上述三个指标上分别位列第四、第二和第一。可见,成都高新区完全有可能成为成都市的一类县级行政区——市辖区。②

表5-2　成都高新区与成都市县级行政区的人口规模、经济体量及水平对比(2019年)[1]

区域	户籍人口数(万人)	地区生产总值(亿元)	人均地区生产总值(万元)[2]	区域	户籍人口数(万人)	地区生产总值(亿元)	人均地区生产总值(万元)
锦江区	61.65	1122.24	18.20	青羊区	71.90	1283.94	17.86
金牛区	76.75	1289.70	16.80	武侯区	133.97	2795.16	20.86
成华区	79.02	1060.03	13.41	龙泉驿区	74.00	1318.88	17.82
青白江区	42.38	525.89	12.41	新都区	82.04	824.80	10.05
温江区	51.00	595.57	11.68	双流区	138.29	1524.34	11.02

① 此外也有必要考虑:在“两区”成为新的行政区之后,先前与之平行的旧行政区是否依然具备足够的人口规模和经济体量?如果不然,以“两区”为基础设立行政区则必须慎重。

② 当然,如果以成都高新区为基础设立县级行政区,我们确有必要考虑先前与其平行的武侯区、郫都区、简阳市等三个行政区此后是否依然具备足够的人口规模和经济体量。

续表

区域	户籍人口数(万人)	地区生产总值(亿元)	人均地区生产总值(万元)[2]	区域	户籍人口数(万人)	地区生产总值(亿元)	人均地区生产总值(万元)
郫都区	65.49	1188.21	18.14	**各市辖区平均**	79.68	1229.89	15.44
简阳市	150.32	553.41	3.68	都江堰市	62.22	424.51	6.82
彭州市	79.87	525.48	6.58	邛崃市	65.19	330.73	5.07
崇州市	66.09	381.11	5.77	金堂县	90.36	440.44	4.87
新津县	31.88	374.72	11.75	大邑县	50.92	285.69	5.61
浦江县	26.75	167.82	6.27	**各行政区平均**	75.00	850.63	11.34
成都高新区	106.90	2285.60	21.38	/	/	/	/

注:[1]本表数据基本上来源于成都市统计局、国家统计局成都调查队编:《成都统计年鉴2020》,中国统计出版社2020年版,第27、275、282页。其中,"人均地区生产总值"系由前两列计算所得。本表所列武侯区的数据包括成都高新技术开发区南部园区的数据,郫都区的数据包括该开发区西部园区的数据,简阳市的数据包括该开发区东部园区的数据。因此,成都高新区的数据与以上三个行政区的数据有部分重复。本表所列数值均四舍五入保留两位小数。

[2]按照户籍人口计算。

其次来看苏州工业园区。由表5-3可知,苏州工业园区在地区生产总值、人均地区生产总值这两个方面均明显高于苏州市县级行政区的平均水平。如果以苏州工业园区为基础设立县级行政区,其在上述两个指标上分别位列第二和第一。但是,苏州工业园区的常住人口数低于各市辖区的平均水平和各县级行政区的平均水平。因此,苏州工业园区独立成为一个县级行政区的可能性相对较小。

表 5-3 苏州工业园区与苏州市县级行政区的人口规模、经济体量及水平对比(2019 年)[1]

区域	常住人口数(万人)	地区生产总值(亿元)	人均地区生产总值(万元)[2]
姑苏区	96.07	801.12	8.34
吴中区	114.17	1278.72	11.20
相城区	73.71	890.08	12.08
虎丘区(高新区)	60.29	1377.24	22.84
吴江区	131.26	1958.16	14.92
各市辖区平均	95.10	1261.06	13.26
常熟市	151.89	2269.82	14.94
张家港市	126.40	2547.26	20.15
昆山市	166.92	4045.06	24.23
太仓市	72.12	1324.97	18.37
各行政区平均	110.31	1832.49	16.61
苏州工业园区	82.16	2743.36	33.39

注:[1]本表数据均来源于苏州市统计局、国家统计局苏州调查队编:《苏州统计年鉴2020》,中国统计出版社 2020 年版。另见苏州市统计局官方网站之“统计数据”栏目。本表所列行政区的数据均不包括功能区的数据,所列数值均四舍五入保留两位小数。

[2]按照常住人口计算。

最后来看同处郑州市的郑州经开区和郑州高新区。不同于表 5-2 和表 5-3,由于官方公布的信息有限,表 5-4 仅列出了常住人口数。由此可知,郑州经开区和郑州高新区在常住人口数上不仅明显低于行政区加上其他功能区的平均水平。若仅就这一指标来看,这两个国家级开发区均不太可能成为郑州市的县级行政区。实际上,相对于成都高新区和苏州工业园区,郑州经开区和郑州高新区作为国家级开发区的批准时间比较晚,发展程度相对有限。

表 5-4　郑州经开区、郑州高新区与郑州市各县级行政区以及其他功能区的人口规模对比(2019 年)[1]

区域	常住人口数(万人)	占全市常住人口比重(%)	区域	常住人口数(万人)	占全市常住人口比重(%)
中原区	96.26	7.64	二七区	106.13	8.42
管城回族区	81.94	6.50	金水区	161.75	12.84
上街区	19.74	1.57	惠济区	55.50	4.40
中牟县	70.27	5.58	巩义市	78.52	6.23
荥阳市	73.01	5.79	新密市	82.60	6.56
新郑市	117.22	9.30	登封市	72.93	5.79
各行政区平均	84.66	6.72	航空港经济综合实验区	62.14	4.93
郑东新区	94.52	7.50	**各行政区以及其他功能区平均**	83.75	6.65
郑州经开区	32.88	2.61	郑州高新区	54.62	4.33

注:[1]本表数据均来源于郑州市统计局、郑州市第七次全国人口普查领导小组办公室:《郑州市第七次全国人口普查公报(第一号)——全市常住人口情况》,载郑州市统计局官方网站之"统计数据"栏目。本表所列行政区的数据均不包括功能区的数据,所列数值均四舍五入保留两位小数。

如果主要考虑人口规模、经济体量、经济水平这三个因素,相当一部分国家级开发区已经具备设为行政区的基本条件了。在这些国家级开发区中,绝大多数有可能成为县级行政区,基于较高的城镇化水平,它们更适合成为市辖区或者不设区的市。① 而在这些国家级开发区中,极少数有可能成为乡级行政区,基于较高的城镇化水平,它们更适合成为镇或者街道。如若成为市辖区、不设区的市等县级行政区以及镇等乡级行政区,相应的地方国家机关将自动得以设立;如果成为街道,街道办事处等派出组织则将由县级政府予以设立。无论在何种情况下,原先的国家级

① 其中,部分国家级开发区(主要是国家级高新区)距离直辖市或者设区的市主城区较近,更适合成为设立市辖区;部分国家级开发区(主要是国家级经开区)距离设区的市主城区较远,更适合成为不设区的市。

开发区国家机关既无必要也不应该予以保留。

较之于国家级开发区，国家级新区的设立时间总体上比较晚。但经过一定时间的发展，多数国家级新区均有可能设为行政区。根据不同的人口规模、经济体量，少数国家级新区有可能成为县级行政区——主要是市辖区、不设区的市，部分国家级新区则有可能成为设区的市级行政区——主要是设区的市。另外，一些国家级新区由地理上相互隔离的若干部分——比如园区、组团等组成，当两个以上的部分具有足够的人口规模、经济体量和经济水平时，为了防止飞地的出现，这些部分还有可能各自成为乡级、县级行政区。[①] 但无论如何，原先的国家级新区国家机关均应撤销。

二、合并"两区"国家机关的条件

前面已述，这里所说的"合并'两区'国家机关"具体系指将"两区"管理机构、法院、检察院与相应的地方国家机关合并。此种合并不存在充分条件，原因在于：但凡可以与一般地方国家机关合并的"两区"国家机关也完全可以撤销。不过，此种合并存在必要条件，即"两区"与行政区的合并。当前在一些地区进行的"区政合一"管理体制改革即为典型实践。在这一改革的特定语境下，所谓"区政合一"是指特定的开发区与行政区、开发区管理机构与地方政府的融合统一。此一概念的含义具有双重维度：在空间维度上，它是指特定的开发区与行政区的融合统一；在组织维度上，它是指特定的开发区管理机构与一般地方政府的融合统一。

在实务中，"两区"与行政区的合并不乏其例。当前，一些国家级开发区已经同行政区实现了合并。典型实例包括：宁波经开区与宁波市北仑区的合并、桂林高新区与桂林市七星区的合并、苏州高新区（后更名为苏州新区）与苏州市虎丘区的合并、无锡高新区（后更名为无锡新区）与无锡市新吴区的合并、常州高新区（后更名为常州新区）与常州市新北区的合并、广州南沙经开区与广州市南沙区的合并。此外，两个国家级新区也已经同行政区实现了合并：青岛西海岸新区与青岛市黄岛区进行了合

---

① 实际上，人口规模、经济体量较大的国家级开发区也有可能成为两个以上的乡级、县级行政区。

并,浙江舟山群岛新区与舟山市进行了合并。而在“两区”与行政区的合并过程中,一部分“两区”国家机关——包括但不限于“两区”管理机构并未撤销,而是与相应的一般地方国家机关完成了合并。

以某种意义上看,“两区”国家机关的合并可以说是一种不彻底的“撤销”。经过合并以后,“两区”之“一委两院”在很大程度上失去了相对于行政区之“一府两院”的独立地位。值得一提的是,中央和地方的某些主管机关曾经将“两区”管理机构的建制与“两区”政策优惠的存续绑定在一起,从而试图阻止这些管理机构同一般地方政府的合并。然而,此种绑定在逻辑上不具有合理性。严格来说,当“两区”与行政区合并时,撤销“两区”国家机关才是最为理想的进路,而合并这些国家机关本来已属退而求其次的方案了。当然,如果说一般地方国家机关与“两区”国家机关合并以后可以扩充编制,那么此种做法的现实考虑或许是为转隶安置后者的公务员提供便利。但从长远来看,“两区”国家机关的最终归宿依然是撤销。

第三节 撤销、合并“两区”国家机关的主体分析

本节尝试从广义上界定撤销、合并主体。以撤销主体为例,有权决定撤销“两区”国家机关的国家机关当然属于撤销主体。但应该看到,基于特定的制度设计,这一撤销决定确有可能必须征得其他国家机关的批准、同意方才得以作出。鉴于这些国家机关对“两区”国家机关的去留确有实质性影响,本书将其一并界定为撤销主体。需要说明的是,“两区”国家机关在实务中的撤销、合并主体未必一定是其在规范意义上的撤销、合并主体。

本节分为两个部分。第一部分主要从解释论角度对“两区”国家机关的撤销主体进行相对系统的规范认定。第二部分主要从立法论角度对“两区”国家机关的合并主体进行基本的制度设计。

一、“两区”国家机关的撤销主体

作为特殊的地方国家机关,“两区”国家机关的规范性有限,我国现

行实定法对于其撤销主体的具体规定实不多见。尽管如此，基于以下三步走的方案（见图5-1），我们依然有可能在规范意义上认定各类“两区”国家机关的撤销主体。

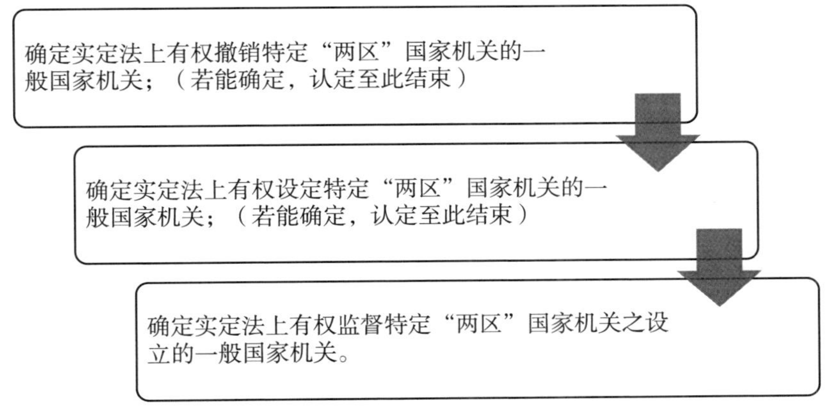

图5-1 “两区”国家机关之撤销主体的确定方案

第一步是确定实定法上有权撤销特定“两区”国家机关的一般国家机关。如果相关的实定法本身具备合宪性、合法性，这些国家机关当然就是“两区”国家机关的撤销主体。

我国目前的实定法仅涉及“两区”管理机构的撤销主体。比较典型的立法例当属《地方各级人民政府机构设置和编制管理条例》第9条和《行政区划管理条例》第10条。先来看前一个条文。根据它的规定可知，地方各级政府行政机构的撤销，由本级政府提出方案，经上一级政府机构编制管理机关审核后，报上一级政府批准。根据第二章所述，该条规定的“地方各级政府行政机构”在外延上可以涵盖“两区”管理机构。仅由这一规定来看，“两区”管理机构在规范意义上的撤销主体似乎就是其所属的地方政府以及该政府的上级政府。再来看后一个条文。根据它的规定可知，地方政府的派出机关的撤销，由批准设立该派出机关的政府审批。如第二章所述，倘若可以通过修法将“两区”管理机构定性为特定地方政府的派出机关，我们似乎也可以得出类似的结论。

尽管如此，作为行政法规，《地方各级人民政府机构设置和编制管理条例》和《行政区划管理条例》充当确定“两区”管理机构之撤销主体的组织法依据不无规范障碍。《宪法》和《地方组织法》《立法法》等法律并未就此直接授权国务院制定行政法规。此外,全国人大及其常委会亦未根据《立法法》第 12 条授权国务院就这一政府组织事项先行制定行政法规。

第二步是确定实定法上有权设定特定"两区"国家机关的一般国家机关。尽管这些国家机关在法律文本中只是设立主体,但依据有权设立者即有权撤销的一般组织逻辑,我们或许可以将其推定为撤销主体。

这里继续讨论"两区"管理机构之撤销主体的认定。如第二章所述,几乎所有国家级开发区管理机构以及部分国家级新区管理机构的设立本身均缺乏规范依据,至于其设立主体则更是法无明示了。但作为例外,部分国家级新区管理机构则并非如此。《地方组织法》第 85 条第 1 款规定:"省、自治区的人民政府在必要的时候,经国务院批准,可以设立若干派出机关。"这里规定的"派出机关"应该可以涵盖部分国家级新区的管理机构。作为批准机关的国务院以及作为设立机关的省、自治区政府均属于广义上的设立主体。由此可以将二者推定为撤销主体。

至于"两区"监察机构的设立主体,现行实定法不乏具体的规定。《监察法》第 12 条第 1 款规定:"各级监察委员会可以向本级中国共产党机关、国家机关、法律法规授权或者委托管理公共事务的组织和单位以及所管辖的行政区域、国有企业等派驻或者派出监察机构、监察专员。"该款中的"监察机构"在外延上可以包括"两区"监察机构。由此可以推导,"两区"监察机构的法定撤销主体也就是派出它们的地方监委,主要是设区的市级、省级监委。

我国现行的实定法同样涉及"两区"检察院的设立主体。《人民检察院组织法》第 16 条规定:"省级人民检察院和设区的市级人民检察院根据检察工作需要,经最高人民检察院和省级有关部门同意,并提请本级人民代表大会常务委员会批准,可以在辖区内特定区域设立人民检察院,作为派出机构。"该条中的"省级有关部门",笔者推测,有可能主要是指省级编制管理机关。根据第二章的分析,"两区"检察院可以归属于该条规定的作为派出机构的检察院。因此,从广义上说,其设立主体就包括:最高检察院、省级有关部门、省级或者设区的市级人大常委会以及省级或者设区的市级检察院。基于前述逻辑，这些设立主体也就是法定的撤销主体。换句话说，先前设立特定“两区”检察院的省级或者设区的市级检察院，经最高检察院和省级有关部门同意，并提请本级人大常委会批准，可以撤销该“两区”检察院。当然，从合理性来说，设立主体的多元化固然可以使“两区”检察院的设立相对审慎，但撤销主体的多元化则有可能导致这些检察院的撤销遭到过多的掣肘。

第三步是确定实定法上有权监督特定“两区”国家机关之设立的一般国家机关。这是解释论维度的最后方案。诚然，若仅考虑现实的可操作性，或许也可以采用“由何者实际设立便由何者撤销”这一规则。譬如，许多“两区”法院就是由最高人民法院批复设立的，按照上述规则，最高人民法院即可充当这些“两区”法院的撤销主体。然而，如果特定国家机关作为设立主体原本就缺乏充分的合法性，再由其充当撤销主体不免有将错就错之嫌。这也不符合有权设立者即有权撤销的一般组织逻辑。有鉴于此，本书认为，如若现行的实定法既没有就已经设立的“两区”国家机关规定适格的设立主体，也没有就其规定具体的撤销主体，那么，由有权监督其设立的特定国家机关作为撤销主体应该符合一般法理。

接下来继续研讨“两区”管理机构之撤销主体的确定。在实务中，这些管理机构基本上都是由特定地方政府设立的，一般而言，它们的设立还经过了上一级地方政府的批准。另外，《地方组织法》第 73 条第 3 项规定：“改变或者撤销所属各工作部门的不适当的命令、指示和下级人民政府的不适当的决定、命令。”但从该项的文义以及该法的规范语境来看，此处的“撤销”所体现的主要是合理性层面而非合法性层面的监督。而根据《地方组织法》第 11 条第 1 项的规定，县级以上地方人大常委会有权“在本行政区域内，保证宪法、法律、行政法规和上级人民代表大会及其常务委员会决议的遵守和执行”。本书认为，撤销不具备充分合宪性、合法性基础的“两区”管理机构正是保证《宪法》、法律之遵守和执行的体现。根据该条第 11 项的规定，县级以上地方人大常委会有权“撤销本级人民政府的不适当的决定和命令”。如若结合第 1 项来解读该项，这里的“不适当的决定和命令”似乎可以涵盖不合宪、不合法的决定和命令。总之，倘若特定地方政府设立及其上一级政府批准设立“两区”管理机构的决定缺乏合宪性、合法性，本级人大常委会——或者在经上一级人大常委会同意的情况下，应当有权予以撤销。综上，设立和批准设立“两区”管理机构之地方政府的本级人大常委会在规范意义上应当有权撤销这些管理机构。

至于如何确定“两区”人大工作机构和“两区”法院的撤销主体，这里仅作简要分析。“两区”人大工作机构无法根据《地方组织法》第59条的规定以及其他有关的组织法规范得以设立。《地方组织法》第59条只是规定地方人大常委会可以在地区、街道设立工作机构。那么，特定地方人大常委会对于“两区”人大工作机构的设立行为究竟应该由何者加以监督呢？本书倾向于给出的答案为：该地方人大常委会的上级人大常委会，包括全国人大常委会和上级地方人大常委会。当然，考虑到《宪法》、法律监督的成本和功效，设立“两区”人大工作机构之特定地方人大常委会的上一级地方人大常委会应该是第一顺位的监管主体，因而也就是第一顺位的撤销主体。但应该看到，一些国家级新区的人大工作机构本身就是由省级人大常委会设立的，在此情形下，全国人大常委会就是唯一有权监督此种设立行为的人大常委会，因而也就是唯一有权撤销这些国家级新区之人大工作机构的人大常委会。而根据《地方组织法》第11条第10项的规定可知，省级人大有权撤销或者改变省级人大常委会不适当的决定。基于此种监督主体的身份，前者应该也可以充当撤销上述国家级新区人大工作机构的主体。

考虑到“两区”法院的实际设立主体或为最高人民法院或为特定地方人大常委会或者两者兼而有之，这些法院在规范意义上的撤销主体也应该存在不同情形。但若要统一确定单一的撤销主体，全国人大常委会或许是唯一的选择。如前所述，它可以针对地方人大常委会的组织行为进行宪法监督。不仅如此，根据《宪法》第67条第6项的规定可知，全国人大常委会有权监督最高人民法院的工作。一般来说，最高人民法院的主要工作就是审判工作。不过，最高人民法院批复设立“两区”法院的组织活动在广义上也属于其工作的范畴，此种解读与上述规定并不存在明显抵触。另外，根据《宪法》《人民法院组织法》的相关规定，最高人民法院批复设立“两区”法院的行为在一定程度上挤压了全国人大及其常委会的职权,由全国人大常委会加以监督理所当然。

最后需要讨论的是,在规范意义上,国务院的“两区”归口管理部门是否可以同时充当“两区”国家机关——尤其是“两区”管理机构的撤销主体?本书认为,“两区”和“两区”管理机构分别属于功能区和地方国家机关的范畴,二者不能混为一谈。诚然,国务院归口管理部门有权在全国范围内对于“两区”进行业务上的领导和指导,甚至也可以在“两区”的存废议题上为国务院的决策提供意见、建议以及在国务院的领导下开展具体工作。但是,这些管理部门在规范上和实务中均不是“两区”国家机关的设立主体,自然无法充当后者的撤销主体。另外,考虑到部门利益的影响,国务院归口管理部门也不适合承担这一任务。

二、“两区”国家机关的合并主体

就实质而论,“两区”国家机关的合并与撤销只存在有限的差异。本书认为,从某种意义上说,此种“合并”虽无“撤销”之名却有“撤销”之实。综观“两区”国家机关与一般地方国家机关合并的一系列实例可知,后者为主,前者为从。合并对于二者的影响迥然有别:对于一般地方国家机关有可能产生量的影响,其内设机构、工作人员的数量有可能增加;而对于“两区”国家机关则将产生质的影响,其无疑会发生由实到虚的变化,从实体组织转化为挂牌机关。从这个意义上说,将“两区”管理机构的法定撤销主体作为其合并主体就不乏一定的合理性。

当然,合并毕竟是双方而非单方的。仅将“两区”国家机关的撤销主体作为合并主体在操作层面未必可行,原因在于:进行合并的“两区”国家机关与一般地方国家机关在所辖地域范围上有可能是并列或者交叉关系而非包含关系。如前所述,此种合并有可能引起后者之内设机构、工作人员的变化。基于《公务员法》规定的党管干部原则以及《地方各级人民政府机构设置和编制管理条例》、有关党内法规的相关规定,由于涉及内设机构和工作人员的变动,此种合并应该需要经过上述地方国家机关的上级、本级党委及其组织部门、机构编制管理部门的审批。这些审批机关主要是执政党的组织而非国家机关。但是,此种合并也有可能引起地方政府之组成人员以及一般地方法院之审判人员、一般地方检察院之检察人员的变动。由于这种变动涉及本级人大常委会的组织性权力，该合并也应该由本级人大常委会决定。由此观之，与“两区”管理机构合并一般地方国家机关的本级人大常委会也是有权决定合并的主体。

第四节 撤销、合并“两区”国家机关的程序探究

目前，“两区”国家机关的撤销、合并程序的规范性非常有限，既有的相关实践存在明显的时空差异。本节并不打算在立法论层面进行全面系统的规范建构，这里仅就两个论题展开研讨：其一是撤销“两区”国家机关的启动程序；其二是合并“两区”国家机关的实施程序。

一、撤销“两区”国家机关的启动程序

这里需要探究的核心论题是：“两区”国家机关的撤销是否需要由其本身或者其上一级地方国家机关通过申请予以启动？此种启动程序机制在实务中并不鲜见。但本书认为，由法定撤销主体直接启动“两区”国家机关的撤销程序更加适当。相较而言，通过自下而上的申请启动来撤销程序不仅没有必要，而且存在明显的局限。

《行政区划管理条例（草案征求意见稿）》第 14 条曾为变更行政区划设置了申请程序，[①]此种申请程序也可以说是启动程序。根据该条第 1、2 项的规定可知，不跨行政区的变更，由变更地的地方政府或者派出机关提出申请；省级以下跨行政区的变更，由所跨行政区的共同上一级地方政府或者派出机关提出申请。而这两种情况下的申请均应逐级上报审批。然而，在最终通过的《行政区划管理条例》中，草案征求意见稿第 14 条的规定未被保留。根据该条例第 2 条的规定可知，行政区划应当保持总体稳定，必须变更时，制订变更方案，逐级上报审批。该条例并未明确规定变更行政区划的启动主体以及程序。由此观之，立法者对于该启动机制似

---

① 详见《民政部关于〈行政区划管理条例（草案征求意见稿）〉公开征求意见的通知》，载民政部官方网站。

乎存在某种顾虑，本书权且作出如下揣摩：与行政区划变更关联较大、层级较低的地方政府或其派出机关受地方利益、部门利益的影响较大，它们往往缺乏启动变更行政区划的原生动力。既然国务院和较高层级地方政府在行政区划变更方面具有主导性职权，那么《行政区划管理条例》既无必要也不适宜将较低层级地方政府作为变更行政区划程序的启动主体。

同理，如若将"两区"国家机关设置为启动主体，出于对自身利益的考虑，其工作人员——尤其是领导人员和组成人员确有可能不会赞同其所任职之国家机关的撤销。即便将这些国家机关之上一级地方国家机关设置为启动主体，由于上下级机关之间的利益纠葛，它们在很多情况下恐怕也会缺乏启动撤销程序的动机。与其由作为法定撤销主体的上级国家机关指令其启动，莫不如直接由前者予以启动。

综上，若要为"两区"国家机关的撤销专门设计启动程序，立法有理由赋予作为法定撤销主体的国家机关对启动程序的主导权。当然，"两区"国家机关以及相关的下级地方国家机关可以申请启动撤销程序，但该程序应当主要是依职权启动而非依申请启动。

二、合并"两区"国家机关的实施程序

"两区"国家机关之合并的实施程序在很大程度上可以参照撤销它们的启动程序予以构建，这里不再赘述。不过，相对于撤销"两区"国家机关的实施程序，合并它们的实施程序具有一定的特殊性。虽然二者均涉及原国家机关工作人员的转隶安置和下岗分流，但在"两区"国家机关之合并的实施程序中，原"两区"国家机关的工作人员有可能会转隶到与之合并的一般地方国家机关——地方政府、一般的地方法院和检察院。这些工作人员的转隶应该属于党委组织部门、编制机构管理部门的职权范围。然而，如若原"两区""一委两院"的组成人员有意在"一府两院"担任类似职务，则需要由该"一府两院"的本级人大及其常委会依照法定程序进行选任——前提是"一府两院"的组成人员仍有缺额或者可以扩充。需要注意的是，这一选任程序不容回避，任何上级国家机关直接将"一委两院"的组成人员任命为"一府两院"的组成人员都不符合《宪法》《地方

组织法》《人民法院组织法》《人民检察院组织法》的相关规定。实际上，按照全国人大常委会法工委就《地方组织法》有关规定对于地方人大常委会机关的答复，当两个同级地方政府改设为一个地方政府时，其组成人员的任职也需要经由本级人大及其常委会选任。虽然此种"二合一"的改设并不被官方称为"合并"，但其人员重组的一般规则应该同样适用于"两区"国家机关与一般地方国家机关的合并。

附录一　各省级行政区的各类型国家级开发区数量(2023年)[1]

单位:个

省级行政区	经济技术开发区数量	高新技术产业开发区数量	海关特殊监管区域数量	边境/跨境经济合作区数量	其他类型开发区数量	总数
北京市	1	1	1	0	0	3
天津市	6	1	5	0	0	12
河北省	6	5	4	0	0	15
山西省	4	2	1	0	0	7
内蒙古自治区	3	3	3	2	1	12
辽宁省	9	8	5	1	3	26
吉林省	5	5	2	2	0	14
黑龙江省	8	3	2	2	1	16
上海市	6	2	10	0	2	20
江苏省	26	17	21	0	3	67
浙江省	21	8	8	0	1	38
安徽省	12	8	4	0	0	24

续表

省级行政区	经济技术开发区数量	高新技术产业开发区数量	海关特殊监管区域数量	边境/跨境经济合作区数量	其他类型开发区数量	总数
福建省	10	7	7	0	6	30
江西省	10	9	4	0	0	23
山东省	15	13	9	0	1	38
河南省	9	9	3	0	0	21
湖北省	7	12	3	0	0	22
湖南省	8	9	5	0	0	22
广东省	6	14	12	0	0	32
广西壮族自治区	4	4	4	2	1	15
海南省	1	1	2	0	1	5
重庆市	3	4	3	0	0	10
四川省	8	8	2	0	0	18
贵州省	2	3	3	0	0	8
云南省	5	3	2	5	1	16
西藏自治区	1	1	0	0	0	2
陕西省	5	7	4	0	0	16
甘肃省	5	2	1	0	0	8

续表

省级行政区	经济技术开发区数量	高新技术产业开发区数量	海关特殊监管区域数量	边境/跨境经济合作区数量	其他类型开发区数量	总数
青海省	2	1	0	0	0	3
宁夏回族自治区	2	2	1	0	0	5
新疆维吾尔自治区	9	5	4	5	2	25
总计	219	177	135	19	23	573

注:[1]本表数据主要来源于《中国开发区审核公告目录(2018年版)》(国家发展改革委、科技部、原国土资源部、住房城乡建设部、商务部、海关总署2018年第4号公告公布),此外,本表数据还包括该目录发布之后因国务院批复新增的21个国家级高新区。

附录二　已经查实之“两区”法院的名称[1]

省级行政区	设区的市级行政区	人民法院	对应“两区”
天津市	/	天津市滨海新区人民法院	天津滨海新区
河北省	石家庄市	石家庄高新技术产业开发区人民法院	石家庄高新技术产业开发区
	唐山市	唐山高新技术产业开发区人民法院[2]	唐山高新技术产业开发区
	秦皇岛市	秦皇岛经济技术开发区人民法院	秦皇岛经济技术开发区
	邯郸市	邯郸经济技术开发区人民法院	邯郸经济技术开发区
	保定市	河北雄安新区中级人民法院	河北雄安新区
		保定高新技术产业开发区人民法院	保定高新技术产业开发区
	廊坊市	廊坊经济技术开发区人民法院	廊坊经济技术开发区
内蒙古自治区	包头市	包头稀土高新技术产业开发区人民法院	包头稀土高新技术产业开发区
辽宁省	沈阳市	沈阳高新技术产业开发区人民法院	沈阳高新技术产业开发区
		沈阳经济技术开发区人民法院	沈阳经济技术开发区
	大连市	大连长兴岛经济技术开发区人民法院	大连长兴岛经济技术开发区
		大连高新技术产业园区人民法院	大连高新技术产业园区
		大连经济技术开发区人民法院	大连经济技术开发区

续表

省级行政区	设区的市级行政区	人民法院	对应“两区”
吉林省	长春市	长春新区人民法院	长春新区
		长春经济技术开发区人民法院	长春经济技术开发区
		长春汽车经济技术开发区人民法院	长春汽车经济技术开发区
		长春净月高新技术产业开发区人民法院	长春净月高新技术产业开发区
	吉林市	吉林高新技术产业开发区人民法院	吉林高新技术产业开发区
黑龙江省	大庆市	大庆高新技术产业开发区人民法院	大庆高新技术产业开发区
上海市	/	上海市浦东新区人民法院	上海浦东新区
江苏省	南京市	南京江北新区人民法院	南京江北新区
		江宁经济技术开发区人民法院	江宁经济技术开发区
	无锡市	无锡高新技术产业开发区人民法院（无锡市新吴区人民法院）	无锡高新技术产业开发区
	常州市	常州高新技术产业开发区人民法院（常州市新北区人民法院）	常州高新技术产业开发区
	徐州市	徐州经济技术开发区人民法院	徐州经济技术开发区
	苏州市	苏州工业园区人民法院	苏州工业园区
		苏州高新技术产业开发区人民法院（苏州市虎丘区人民法院）	苏州高新技术产业开发区

续表

省级行政区	设区的市级行政区	人民法院	对应“两区”
江苏省	南通市	南通经济技术开发区人民法院	南通经济技术开发区
	连云港市	连云港经济技术开发区人民法院	连云港经济技术开发区
	淮安市	淮安经济技术开发区人民法院	淮安经济技术开发区
	盐城市	盐城经济技术开发区人民法院	盐城经济技术开发区
	扬州市	扬州经济技术开发区人民法院	扬州经济技术开发区
	镇江市	镇江经济开发区人民法院	镇江经济技术开发区
	泰州市	泰州医药高新技术产业开发区人民法院	泰州医药高新技术产业开发区
浙江省	杭州市	杭州经济技术开发区人民法院	杭州经济技术开发区
	宁波市	宁波高新技术产业开发区人民法院	宁波高新技术产业开发区
安徽省	合肥市	合肥高新技术产业开发区人民法院	合肥高新技术产业开发区
	芜湖市	芜湖经济技术开发区人民法院	芜湖经济技术开发区
江西省	南昌市	南昌高新技术产业开发区人民法院	南昌高新技术产业开发区
		南昌经济技术开发区人民法院	南昌经济技术开发区
	九江市	九江经济技术开发区人民法院	九江经济技术开发区
	赣州市	赣州经济技术开发区人民法院	赣州经济技术开发区

续表

省级行政区	设区的市级行政区	人民法院	对应“两区”
山东省	济南市	济南高新技术产业开发区人民法院	济南高新技术产业开发区
	淄博市	淄博高新技术产业开发区人民法院	淄博高新技术产业开发区
	东营市	东营经济技术开发区人民法院	东营经济技术开发区
	烟台市	烟台经济技术开发区人民法院	烟台经济技术开发区
		烟台高新技术产业开发区人民法院	烟台高新技术产业开发区
	潍坊市	潍坊高新技术产业开发区人民法院	潍坊高新技术产业开发区
		潍坊滨海经济技术开发区人民法院	潍坊滨海经济技术开发区
	济宁市	济宁高新技术产业开发区人民法院	济宁高新技术产业开发区
	泰安市	泰安高新技术产业开发区人民法院	泰安高新技术产业开发区
	威海市	威海火炬高技术产业开发区人民法院	威海火炬高技术产业开发区
		威海经济技术开发区人民法院	威海经济技术开发区
	日照市	日照经济技术开发区人民法院	日照经济技术开发区
	临沂市	临沂经济技术开发区人民法院	临沂经济技术开发区
		临沂高新技术产业开发区人民法院	临沂高新技术产业开发区
	德州市	德州经济技术开发区人民法院	德州经济技术开发区
	滨州市	滨州经济技术开发区人民法院	滨州经济技术开发区

续表

省级行政区	设区的市级行政区	人民法院	对应“两区”
河南省	郑州市	郑州高新技术产业开发区人民法院	郑州高新技术产业开发区
	洛阳市	洛阳高新技术产业开发区人民法院	洛阳高新技术产业开发区
湖北省	武汉市	武汉经济技术开发区人民法院	武汉经济技术开发区
		武汉东湖新技术开发区人民法院	武汉东湖新技术开发区
	襄阳市	襄阳高新技术产业开发区人民法院	襄樊高新技术产业开发区
广东省	湛江市	湛江经济技术开发区人民法院	湛江经济技术开发区
	惠州市	大亚湾经济技术开发区人民法院	惠州大亚湾经济技术开发区
海南省	/	海南省洋浦经济开发区人民法院	海南洋浦经济开发区
重庆市	/	重庆两江新区人民法院	重庆两江新区
四川省	成都市	四川天府新区成都片区人民法院（四川自由贸易试验区人民法院）	四川天府新区成都片区
		成都高新技术产业开发区人民法院	成都高新技术产业开发区
	绵阳市	绵阳高新技术产业开发区人民法院	绵阳高新技术产业开发区
		绵阳经济技术开发区人民法院	绵阳经济技术开发区
甘肃省	兰州市	兰州新区人民法院	兰州新区

注：[1]本表信息主要来源于“中国法院网”之“地方法院导航”以及最高人民法院和百度公司共同开发的“百度·中国法院地图”。

[2]相关信息来源于该法院官方网站。

附录三　已经查实之“两区”检察院的名称[1]

省级行政区划单位	设区的市级行政区划单位	人民检察院	对应“两区”
天津市	/	天津市滨海新区人民检察院	天津滨海新区
河北省	石家庄市	石家庄高新技术产业开发区人民检察院	石家庄高新技术产业开发区
	唐山市	唐山高新技术产业开发区人民检察院	唐山高新技术产业开发区
	秦皇岛市	秦皇岛经济技术开发区人民检察院	秦皇岛经济技术开发区
	邯郸市	邯郸经济技术开发区人民检察院	邯郸经济技术开发区
	保定市	河北省人民检察院雄安新区分院	河北雄安新区
		保定高新技术产业开发区人民检察院	保定高新技术产业开发区
	廊坊市	廊坊经济技术开发区人民检察院	廊坊经济技术开发区
内蒙古自治区	包头市	包头稀土高新技术产业开发区人民检察院	包头稀土高新技术产业开发区
辽宁省	沈阳市	沈阳高新技术产业开发区人民检察院	沈阳高新技术产业开发区
		沈阳经济技术开发区人民检察院	沈阳经济技术开发区
	大连市	大连长兴岛经济技术开发区人民检察院	大连长兴岛经济技术开发区
		大连高新技术产业园区人民检察院	大连高新技术产业园区
		大连经济技术开发区人民检察院	大连经济技术开发区

续表

省级行政区划单位	设区的市级行政区划单位	人民检察院	对应"两区"
吉林省	长春市	长春新区人民检察院	长春新区
		长春经济技术开发区人民检察院	长春经济技术开发区
		长春汽车经济技术开发区人民检察院	长春汽车经济技术开发区
		长春净月高新技术产业开发区人民检察院	长春净月高新技术产业开发区
	吉林市	吉林高新技术产业开发区人民检察院	吉林高新技术产业开发区
黑龙江省	大庆市	大庆高新技术产业开发区人民检察院	大庆高新技术产业开发区
上海市	/	上海市浦东新区人民检察院	上海浦东新区
江苏省	南京市	南京江北新区人民检察院	南京江北新区
		江宁经济技术开发区人民检察院	江宁经济技术开发区
	无锡市	无锡高新技术产业开发区人民检察院（无锡市新吴区人民检察院）	无锡高新技术产业开发区
	常州市	常州高新技术产业开发区人民检察院（常州市新北区人民检察院）	常州高新技术产业开发区
	徐州市	徐州经济技术开发区人民检察院	徐州经济技术开发区
	苏州市	苏州工业园区人民检察院	苏州工业园区
		苏州高新技术产业开发区人民检察院（苏州市虎丘区人民检察院）	苏州高新技术产业开发区

续表

省级行政区划单位	设区的市级行政区划单位	人民检察院	对应“两区”
江苏省	南通市	南通经济技术开发区人民检察院	南通经济技术开发区
	连云港市	连云港经济技术开发区人民检察院	连云港经济技术开发区
	淮安市	淮安经济技术开发区人民检察院	淮安经济技术开发区
	盐城市	盐城经济技术开发区人民检察院	盐城经济技术开发区
	扬州市	扬州经济技术开发区人民检察院	扬州经济技术开发区
	镇江市	镇江经济开发区人民检察院	镇江经济技术开发区
	泰州市	泰州医药高新技术产业开发区人民检察院	泰州医药高新技术产业开发区
浙江省	杭州市	杭州经济技术开发区人民检察院	杭州经济技术开发区
	宁波市	宁波高新技术产业开发区人民检察院	宁波高新技术产业开发区
安徽省	合肥市	合肥高新技术产业开发区人民检察院	合肥高新技术产业开发区
	芜湖市	芜湖经济技术开发区人民检察院	芜湖经济技术开发区
江西省	南昌市	南昌高新技术产业开发区人民检察院	南昌高新技术产业开发区
		南昌经济技术开发区人民检察院	南昌经济技术开发区
	九江市	九江经济技术开发区人民检察院	九江经济技术开发区
	赣州市	赣州经济技术开发区人民检察院	赣州经济技术开发区

续表

省级行政区划单位	设区的市级行政区划单位	人民检察院	对应“两区”
山东省	济南市	济南高新技术产业开发区人民检察院	济南高新技术产业开发区
	淄博市	淄博高新技术产业开发区人民检察院	淄博高新技术产业开发区
	东营市	东营经济技术开发区人民检察院	东营经济技术开发区
	烟台市	烟台经济技术开发区人民检察院	烟台经济技术开发区
		烟台高新技术产业开发区人民检察院	烟台高新技术产业开发区
	潍坊市	潍坊高新技术产业开发区人民检察院	潍坊高新技术产业开发区
		潍坊滨海经济技术开发区人民检察院	潍坊滨海经济技术开发区
	济宁市	济宁高新技术产业开发区人民检察院	济宁高新技术产业开发区
	泰安市	泰安高新技术产业开发区人民检察院	泰安高新技术产业开发区
	威海市	威海火炬高技术产业开发区人民检察院	威海火炬高技术产业开发区
		威海经济技术开发区人民检察院	威海经济技术开发区
	日照市	日照经济技术开发区人民检察院	日照经济技术开发区
	临沂市	临沂经济技术开发区人民检察院	临沂经济技术开发区
		临沂高新技术产业开发区人民检察院	临沂高新技术产业开发区
	德州市	德州经济技术开发区人民检察院	德州经济技术开发区
	滨州市	滨州经济技术开发区人民检察院	滨州经济技术开发区

续表

省级行政区划单位	设区的市级行政区划单位	人民检察院	对应“两区”
河南省	郑州市	郑州高新技术产业开发区人民检察院	郑州高新技术产业开发区
	洛阳市	洛阳高新技术产业开发区人民检察院	洛阳高新技术产业开发区
湖北省	武汉市	武汉经济技术开发区人民检察院	武汉经济技术开发区
		武汉东湖新技术开发区人民检察院	武汉东湖新技术开发区
	襄阳市	襄阳高新技术产业开发区人民检察院	襄樊高新技术产业开发区
广东省	湛江市	湛江经济技术开发区人民检察院	湛江经济技术开发区
	惠州市	大亚湾经济技术开发区人民检察院	惠州大亚湾经济技术开发区
海南省	/	海南省洋浦经济开发区人民检察院	海南洋浦经济开发区
重庆市	/	重庆市两江新区检察室	重庆两江新区
四川省	成都市	四川天府新区成都片区人民检察院（四川自由贸易试验区人民检察院）	四川天府新区成都片区
		成都高新技术产业开发区人民检察院	成都高新技术产业开发区
	绵阳市	绵阳高新技术产业开发区人民检察院	绵阳高新技术产业开发区
		绵阳经济技术开发区人民检察院	绵阳经济技术开发区
甘肃省	兰州市	兰州新区人民检察院	兰州新区

注：[1]本表信息部分来源于“中国检察网”之“检察门户网站”。

附录四　部分国家级开发区管理机构的机构设置[1]

单位：个

序号	国家级开发区管理机构	国家级开发区代码	机构设置		
			种类	名称	数量
1	石家庄经济技术开发区管理委员会	G131055	内设机构	综合办公室（人力资源和社会保障局、考核办公室）、行政审批局、规划建设局、招商局、财政局、经济发展局（应急管理局）、社区事务管理办公室	7
2	石家庄高新技术产业开发区管理委员会	G132003	机构	工委管委办公室、行政服务局、经济发展局、社会发展局、人力资源和社会保障局（挂工委组织部、工委机构编制委员会办公室牌子）、财政局、自然资源和规划住建局、城市管理局、投资服务局、市场监督管理局、生态环境局、科技创业园区管理处、工委政法委★、人民武装部▲、综合党委★、科学技术局（金融办、科协）、应急管理局、政府投资项目建设中心	18
3	长春经济技术开发区管理委员会	G221009	机关（27）	党工委办公室★、群团工作办公室★、纪检监察工作委员会●、管委会办公室、政策研究室、营商环境建设局、人力资源和社会保障局、财政局、国有资产监督管理委员会、经济发展局、商务局、规划局、建设发展局、社会发展局、文教局、审计局、应急管理局、产业发展研究办公室、金融服务办公室、工商业联合会、政法与维护社会稳定工作办公室、市容环境卫生管理局、国土资源分局、保税区综合信息处、综保区经贸发展处（投资促进五局）、保税区规划建设处、项目服务一局（保税区口岸经济局）、统计局	35

续表

序号	国家级开发区管理机构	国家级开发区代码	机构设置		
			种类	名称	数量
3	长春经济技术开发区管理委员会	G221009	驻区（8）	长春食品药品监督管理局经济技术开发区分局、长春市环境保护局经济技术开发区分局、长春市公安局经济技术开发区分局、长春市工商局经济技术开发区分局、国家税务总局长春经济技术开发区税务局、经开交警大队、经开消防大队、长春市质量技术监督局经济技术开发区分局	
4	长春净月高新技术产业开发区管理委员会	G222065	政府机构	党政综合办公室、纪检监察工委●、组织部★、宣传部★、经济发展局、商务和国际合作局、财政局、政策法规室、科创委、社会发展局、教育局、卫生健康局、建设发展局、应急管理局、农业农村和水务局、审计局、统计局、文化旅游和体育局、金融产业发展局、政务服务与数字化建设管理局、林业和园林局、党群工作部★、政法与维护稳定办公室、城市管理局、重点工作推进办公室、投资促进一局、投资促进二局、投资促进三局、投资促进四局、投资促进五局、投资促进六局、工商业联合会、政府采购中心、项目审核中心、土地收购储备中心、规自服务中心、规划委员会办公室、住房保障和房屋管理局、汽车文化园管理局、土地和房屋征收管理办公室、房屋征收第一办公室、房屋征收第二办公室、房屋征收第三办公室、房屋征收第四办公室、房屋征收第五办公室、城市建设联合执法大队	46

续表

序号	国家级开发区管理机构	国家级开发区代码	机构设置		
			种类	名称	数量
5	合肥经济技术开发区管理委员会	G341022	党工委机构（1）	工委办公室（融媒体办公室）★	14
			管委会内设机构（13）	管委会办公室、经贸发展局、建设发展局、财政局（国有资产管理局）、人事劳动局、社会发展局（社会发展局党委）、社区管理局、市场监督管理局（知识产权局）、投资促进局、科学技术局（数据资源局）、应急管理局、城市管理局（城市管理行政执法大队）、生态环境分局	
6	合肥高新技术产业开发区管理委员会	G342020	党工委机构（3）	纪检监察工作委员会（巡察办公室）●、工委办公室（融媒体办公室）★、政法办公室（信访局）★	16
			管委会内设机构（13）	管委会办公室、经济贸易局（上市企业服务办公室）、建设发展局、财政局（国有资产管理局）、人事劳动局、社会事业局、农村工作局、市场监督管理局、投资促进局、科学技术局（数据资源局）、应急管理局、城市管理局（城市管理行政执法大队）、生态环境局	
7	南昌经济技术开发区管理委员会	G361027	机构	财政金融局、经济贸易发展局、社会发展局、招商局、安全生产监督管理局、组织人事和社会保障部、住房保障和建设管理局、工委巡查办★、纪工委（监察室）★、党工委管委会办公室、项目办、城环局、儒乐湖新城办	13
8	南昌高新技术产业开发区管理委员会	G362023	机关部门	工委办公室（管委会办公室）★、投资促进局、经济发展局（统计局、普查办）、城乡建设局、科创局、政法委★、社会发展局、财政局、组织与人力资源部、城市管理局、纪工委（监察组）★、巡察督查办	12

续表

序号	国家级开发区管理机构	国家级开发区代码	机构设置		
			种类	名称	数量
9	苏州工业园区管理委员会	G321090	机构	宣传和统战部★、财政审计局、人力资源和社会保障局、市场监督管理局、生态环境局、自贸区制度创新局、阳澄湖半岛旅游度假区工委和管委会、独墅湖科教创新区党工委和管委会	8
10	郑州经济技术开发区管理委员会	G411031	工作部门	区人事局、区农经委、区安监局、区科技局、区口岸办、区计生办、区规划局、区执法局、区财政局、区留学人员创业园、区国土局、区建设环保局、区房管局、区国资办、国际物流园区、区统计局、区商务局、区汽车产业服务局、区社区局、区工信局、区城镇办、区征收办、区金融办、区审批中心、区食药监局、出口加工区	26
11	郑州高新技术产业开发区管理委员会	G412029	工作部门	党工委管委会党政办公室、监察审计局、党工委管委会党群工作部、人力资源局、财政金融局、环保安监局、创新发展局、国土规划住建局、社会事业局、城市管理局、政务服务中心、农业农村局	12
12	长沙经济技术开发区管理委员会	G431033	机关局室（11）	办公室、人力资源与社会保障局、党群工作局★、招商合作局（自贸试验区办公室）、经济发展和企业服务局、财政局（PPP工作领导小组办公室）、社会事业局、重点项目推进服务局、自然资源和规划建设局、市场监督管理局（知识产权局）、行政审批服务局	12
			纪检监察机构（1）	纪检监察审计室	

续表

序号	国家级开发区管理机构	国家级开发区代码	机构设置		
			种类	名称	数量
13	长沙高新技术产业开发区管理委员会	G432033	内设机构（15）	党政办公室（研究室）、组织人事局（人力资源和社会保障局）、党群工作局★、经济发展局、招商合作局、住房和建设管理局、城管环保局、社会事业局、社会治安综合治理局、行政审批服务局、市场监督管理局、自然资源和规划局、人大政协联络工作办公室（督察室）▲、科技创新办公室、纪检监察审计局	21
			驻区机构（6）	市应急管理局高新区分局、市公安局交通警察支队高新区大队、消防救援大队、市公安局高新区分局、税务局、市财政局高新区分局	
14	南宁经济技术开发区管理委员会	G451038	机构	党政办公室、劳动人事局、财政局、招商局、经济发展局	5
15	南宁高新技术产业开发区管理委员会	G452041	内设机构	机关党委（党工委办公室、“两新”组织党工委）★、纪检监察室●、办公室、人力资源和社会保障局、财政局、经济发展局、投资促进局、建设房产局、安全生产监督管理局、社会事业局、城市管理局（城市管理综合行政执法队）、南宁综合保税区管理委员会	12
16	成都高新技术产业开发区管理委员会	G512045	部门	两委办公室、纪工委和监察工委●、党群工作部★、政法委应急局★、市人大高新工委▲、市政协高新工委、法院▲、检察院▲、发展规划局、国际合作投服局、电子信息产业局、生物产业局、新经济局、经济运行局、科技人才局、公园城市局、财政金融局、社治保障局、教文卫健局、生态环境城管局、市场监管局、网络理政办、税务局、公安分局	24

续表

序号	国家级开发区管理机构	国家级开发区代码	机构设置		
			种类	名称	数量
17	贵阳经济技术开发区管理委员会	G521041	职能部门（9）	党政办、纪检监察工委●、财政金融局、组织和人力资源部、生态环境局、产业发展局、建设管理局、工业和信息化局（大数据局）、投资促进和商务局	17
			垂管部门（8）	贵阳市公安局经济技术开发区分局、贵阳市工商行政管理局贵阳经济技术开发区分局、贵阳市国土资源局经济技术开发区分局、国家税务总局贵阳经济技术开发区税务局、贵阳市质监局经济技术开发区分局、贵阳市城乡规划局贵阳经济技术开发区分局、贵阳市公安交通管理局经开分局、贵阳市城市综合执法局贵阳经济技术开发区分局	
18	贵阳高新技术产业开发区管理委员会	G522047	内设机构	高新区党政办公室、高新区质监分局、高新区工商分局、贵阳高新区税务局、高新区国土分局、高新区社会事务局（城市管理局）、高新区监察室▲、高新区产业发展局、高新区科技创新创业局、高新区财政局（国资委、金融办、审计局）、高新区规划建设局（生态文明建设局）、高新区投资促进局（商务局）、高新区组织与人力资源部、高新区国际合作促进中心、高新区行政审批局、高新区大数据发展办公室、贵阳大数据创客公园管理办公室、高新区共同管理园区办公室、高新区贵州大数据城管理办公室、贵州大数据应用展示中心	20
19	昆明经济技术开发区管理委员会	G531042	内设机构（12）	综合管理部、制度创新部、社会事务局、城市管理局、行政审批局、商务金融服务局、工业和科技局、规划建设局、招商合作局、经济发展局、机关党委★、党群工作部★	19
			驻区机构（7）	昆明市纪委市监委驻昆明经济技术开发区纪检监察组●、国家税务总局昆明经济技术开发区税务局、昆明市公安局国家经济技术开发区分局、昆明市生态环境局经开分局、昆明市土地矿产储备中心昆明国家经济技术开发区分中心、昆明市财政局昆明经济技术开发区财政分局、昆明市市场监督管理局经济技术开发区分局	

续表

序号	国家级开发区管理机构	国家级开发区代码	机构设置		
			种类	名称	数量
20	昆明高新技术产业开发区管理委员会	G532048	机构	综合执法大队、中共昆明高新技术产业开发区机关委员会★、商务和投资促进部、企业综合服务部、经济发展部、规划建设局、行政审批局（加挂政务服务中心、公共资源监督管理委员会办公室牌子）、党风政风监督办公室、党群工作部★、综合管理部、财政分局、市场监督管理局（原质监、工商、食药监局）、住建局、滇池管理局、安监局、纪工委办公室（监察审计局）★、消防大队、经济发展局、政法委员会综合办公室（与高新区社会管理综合治理委员会办公室、高新区维护稳定工作领导小组办公室、高新区国家安全人民防线领导小组办公室、高新区依法治理领导小组办公室、高新区铁路护路办、高新区防范处理邪教办公室合署办公）★、法制局、信访局、司法局、目督办、文化教育体育旅游局	24
21	西安经济技术开发区管理委员会	G611044	党工委管委会内设机构	中共西安经济技术开发区工作委员会办公室★、西安经济技术开发区管理委员会办公室、中共西安经济技术开发区工作委员会组织部★、中共西安经济技术开发区工作委员会宣传部★、中共西安经济技术开发区工作委员会政法工作办公室★、中共西安经济技术开发区工作委员会重大工作推进办公室★、中共西安经济技术开发区工作委员会政策研究室★、中共西安经济技术开发区工作委员会考核督查办公室★、中共西安经济技术开发区工作委员会军民融合发展工作领导小组办公室★、西安经济技术开发区管理委员会发展和改革局（中共西安经济技术开发区工作委员会现代产业发展建设推进工作领导小组办公室）、西安经济技术开发区管理委员会教育局（中共西安经济技术开发区工作委员会教育工作领导小组办公室）、西安经济技术开发区管理委员会文化卫生局、西安经济技术开发区管理委员会科学技术局、西安经济技术开发区管理委员会社会事务	33

续表

序号	国家级开发区管理机构	国家级开发区代码	机构设置		
			种类	名称	数量
21	西安经济技术开发区管理委员会	G611044	党工委管委会内设机构	管理局、西安经济技术开发区管理委员会财政局、西安经济技术开发区管理委员会人力资源和社会保障局、西安经济技术开发区管理委员会自然资源和规划局（与市自然资源和规划局经开分局合署办公）、西安经济技术开发区管理委员会生态环境局（与市生态环境局经开分局合署办公）、西安经济技术开发区管理委员会住房和城市建设局（加挂西安经济技术开发区管理委员会河湖长制领导小组办公室牌子）、西安经济技术开发区管理委员会城市管理和综合执法局（加挂西安铁路北客站广场管理办公室牌子）、西安经济技术开发区管理委员会投资促进服务局、西安经济技术开发区管理委员会招商一局（加挂西安经济技术开发区管理委员会机器人产业招商局牌子）、西安经济技术开发区管理委员会招商二局、西安经济技术开发区管理委员会招商三局、西安经济技术开发区管理委员会招商四局、西安经济技术开发区管理委员会应急管理局、西安经济技术开发区管理委员会审计局、西安经济技术开发区管理委员会国有资产监督管理局、西安经济技术开发区管理委员会统计局、西安经济技术开发区管理委员会行政审批服务和大数据资源管理局（中共西安经济技术开发区工作委员会营商环境和行政效能革命工作领导小组办公室）、西安经济技术开发区管理委员会金融工作局、西安经济技术开发区管理委员会统筹城乡建设办公室（加挂西安经济技术开发区管理委员会棚户区改造办公室牌子）、西安经济技术开发区管理委员会自由贸易试验区管理办公室（与西安经济技术开发区管理委员会出口加工区管理办公室合署办公）	

续表

序号	国家级开发区管理机构	国家级开发区代码	机构设置		
			种类	名称	数量
22	西安高新技术产业开发区管理委员会	G612049	内设机构(36)	党工委办公室(督查考评办公室)★、管委会办公室(法制办公室)、纪检监察工委综合室●、纪检监察工委第一纪检监察室●、纪检监察工委第二纪检监察室●、机构编制委员会办公室和中共西安高新区非公有制经济组织和社会组织工作委员会、党工委宣传部(中共西安高新区工委精神文明建设指导委员会办公室)★、党工委统战部(工商业联合会、民族宗教事务局)★、党工委政法委员会(平安建设工作办公室)★、党工委巡察工作领导小组办公室★、党工委党群工作部(人大政协联络办公室)★、党工委政策研究室★、信访局、互联网信息办公室、发展改革和商务局(自贸办)、硬科技创新局(科学技术局)、投资合作委员会、行政审批服务局(政务服务中心)、自然资源局、交通和住房建设局、工业和信息化局、军民融合产业发展局、金融服务办公室、综合保税区产业发展局、环境保护局(市生态环境局高新分局)、应急管理局、审计局(与纪工委合署办公)、财政局(国有资产监督管理局)、教育局(教育督导室)、统计局、人力资源和社会保障局(医疗保障局)、民政局(退役军人事务局)、城市管理局(西安市城管综合行政执法总队高新区支队)、农业农村和水务局、文旅健康局、秦岭生态环境保护和综合执法局(林业局)	47
			园区管理机构(7)	城市客厅建设管理办公室、长安通讯产业园管理办公室、综合保税区管理办(出口加工区 B 区管理办)、草堂科技产业基地管理办、创业园发展中心(生产力促进中心)、软件园发展中心(软件新城管理办公室、军民融合产业园管理办公室)、集贤园管理办公室	
			支撑体系(4)	工商高新分局、国家税务总局西安高新技术产业开发区税务局、西安市公安局高新分局、交警高新大队	

续表

序号	国家级开发区管理机构	国家级开发区代码	机构设置		
			种类	名称	数量
23	兰州经济技术开发区管理委员会	G621045	机构	党政办公室、纪工委(监察局)★、组织人事局、财政局、经济发展局、规划建设及房地产管理局、国土资源局、招商服务局、财务结算中心、投融资中心	10
24	兰州高新技术产业开发区管理委员会	G622052	工作部门	党政办公室、组织人事和社会保障局、纪工委(监察局)★、党群工作局★、经济发展和科技局(安全生产监督管理局)、招商服务局、财政局、国土规划局(不动产登记中心)、建设和房地产管理局(环境保护局)、社会事业和农村工作局、综合行政执法局	11

注:[1]本表信息均来源于国家级开发区门户网站或者国家级开发区管理机构官方网站,本表中“种类”均为相关网站所示。在本表中,带有“★”的组织为中国共产党的机构,带有“●”的组织为中国共产党与非行政组织合署办公的机构,带有“▲”的组织为非行政组织。

附录五　国家级新区管理机构的机构设置[1]

单位:个

序号	国家级新区管理机构	行政级别	机构设置		
			种类	名称	数量
1	上海市浦东新区人民政府	副部	政府部门(23)	区政府办公室、发改委(统计局)、科经委(信息委)、商务委(粮食和物资储备局、航运服务办公室)、教育局、民政局(退伍军人局、社会组织局)、司法局、财政局、人社局(医保局)、规划和自然资源局、生态环境局(水务局、海洋局、绿化市容局)、建交委(住房保障房屋管理局、民防办、人防办)、农业农村委、文体旅游局(新闻办)、卫健委(中医药办)、审计局、市场监管局、金融工作局、国资委(集资委)、应急管理局、城管执法局、知识产权局、民宗办	29
			开发区管委会(6)	度假区管委会、自贸区保税区管理局、自贸区陆家嘴管理局、自贸区金桥管理局、自贸区张江管理局、自贸区世博管理局	
2	天津市滨海新区人民政府	副部	/	办公室(挂区政府外事办公室、区政府研究室、机关事务管理局牌子)、发展和改革委员会(挂粮食局牌子)、教育体育局(挂区政府教育督导室牌子)、科学技术局(挂外国专家局牌子)、工业和信息化局、公安局、民政局、司法局、财政局、人力资源和社会保障局、生态环境局、住房和建设委员会(挂区人民政府防空办公室、区政府民防办公室牌子)、城市管理委员会、交通运输局、水务局、农业农村	30

续表

序号	国家级新区管理机构	行政级别	机构设置		
			种类	名称	数量
2	天津市滨海新区人民政府	副部	/	委员会、商务和投资促进局、文化和旅游局(挂广播电视局牌子)、卫生健康委员会(挂爱国卫生运动委员会办公室牌子)、退役军人事务局、应急管理局、审计局、市场监督管理局(挂知识产权局牌子)、国有资产监督管理委员会、统计局、医疗保障局、金融工作局、信访办公室、政务服务办公室(挂行政审批局、营商环境办公室牌子)、中国(天津)自由贸易试验区管理委员会办公室	
3	重庆两江新区管理委员会	副部	内设机构(19)	重庆两江新区自贸办(两江中新办)、重庆两江新区政法委(信访办)★、重庆两江新区招商合作局、重庆两江新区办公室(机关党办)、重庆两江新区组织人事部(非公工委、老干局、机关党办)、重庆两江新区经济运行局、重庆两江新区城市管理局(城市管理执法局)、重庆两江新区党工委宣传部(文明办)★、重庆两江新区产业促进局、重庆两江新区现代服务业局、重庆两江新区科技创新局、重庆两江新区财政局(国资局)、重庆两江新区建设管理局(民防办)、重庆两江新区司法局、重庆两江新区社会发展局、重庆两江新区教育局、重庆两江新区社会保障局、重庆两江新区审计局、重庆两江新区应急管理局	29
			直属机构(3)	重庆两江新区市场监督管理局、重庆两江新区政务中心、重庆火车北站地区综合管理局	

续表

序号	国家级新区管理机构	行政级别	机构设置		
			种类	名称	数量
3	重庆两江新区管理委员会	副部	驻区机构（7）	重庆两江新区公安消防支队、重庆市两江新区检察室▲、重庆两江新区纪工委监察室●、重庆两江新区规划和自然资源局、两江新区生态环境分局、国家税务总局重庆两江新区税务局、重庆两江新区公安分局	
4	浙江舟山群岛新区管理委员会	正局	常设机构（4）	浙江舟山群岛新区党工委管委会办公室（与舟山市委办公室、市政府办公室合署办公）、浙江舟山群岛新区政策研究室（挂市委市政府政策研究室、市经济发展研究中心牌子）、浙江舟山群岛新区督查考核办公室（挂市委市政府督查考核办公室牌子）、浙江舟山群岛新区口岸与海防管理办公室（挂市口岸与海防管理办公室牌子）	10
			直属机构（6）	浙江舟山群岛新区新城管理委员会、浙江舟山群岛新区普陀山——朱家尖管理委员会、浙江舟山群岛新区金塘管理委员会、浙江舟山群岛新区六横管理委员会、浙江舟山群岛新区海洋产业集聚区管理委员会（与舟山经济开发区管理委员会合署办公）、舟山港综合保税区管理委员会	
5	兰州新区管理委员会	正局	/	党工委办公室★、管委会办公室、纪工委监工委●、组织部★、党群工作部★、法院▲、检察院▲、经济发展局、城乡建设和交通管理局、财政局、公安局、自然资源局、教育体育局、科技发展局、卫生健康委员会、农林水务局、民政司法和社会保障局、商务和文化旅游局、生态环境局、经济合作局、审计局、市场监督管理局、应急管理局	29

续表

序号	国家级新区管理机构	行政级别	机构设置		
			种类	名称	数量
5	兰州新区管理委员会	正局	/	税务局、公共资源交易局、公安消防支队	
			/	中川园区、秦川园区、西岔园区	
6	陕西省西咸新区开发建设管理委员会	正局	内设部门	党工委管委会办公室、纪工委机关★、党工委组织部★、党工委宣传部★、党工委政法工作部★、发展改革局（商务局、统计局）、工业和信息化局（军民融合办、科学技术局、外国专家局、双创办、信息办）、财政局、人社民政局、自然资源和规划局、住房和城乡建设局、招商局、教育卫体局、生态环境局、应急管理局、审计局、市场监督管理局、行政审批与政务服务局、农业农村局、城市管理与交通运输局	20
7	贵州贵安新区管理委员会	正局	内设机构（7）	办公室、组织人事部、经济发展局、财政局、产业发展局、住房和城乡建设局、社会事务协调局	14
			管理机构（4）	贵安新区行政审批局、贵安新区生态环境局、贵安新区政策法规局、贵安新区市场监督管理局	
			省派出机构（3）	公安局、自然资源局、公路管理局	

续表

序号	国家级新区管理机构	行政级别	机构设置		
			种类	名称	数量
8	大连金普新区管理委员会	正局	政府机构（19）	发展和改革局、教育和文化旅游局、科学技术局、民族和宗教事务局、司法局、财政局、人社局、住房和城乡建设局、交通运输局、农业农村局、商务局、卫生健康局、退役军人事务局、应急管理局、审计局、国有资产监管局、市场监督管理局、统计局、营商环境建设局	22
			功能园区（3）	大连普湾经济区管委会、大连金石滩国家旅游度假区管委会、大连保税区管委会	
9	四川天府新区管理委员会	正局	部门（直属机构、垂管机构）	两委办、纪工委★、党群工作部★、战略研究局、国际合作和投服局、新经济局、总部经济局、文创会展局、科创和人才局、发展和经济运行局、财政金融局、自然资源和规划建设局、生态环境和城管局、统筹城乡局、市场监管局、社区治理和社事局、行政审批局、公安分局、税务局、政法委★	20
10	湖南湘江新区管理委员会	正局	工作机构（9）	党政综合部、经济发展局（安全生产监督管理局）、财政局（金融办）、国土规划局、住建环保局、产业促进局、纪工委（监察室）★、土地储备中心、政务服务中心	14
			园区（5）	长沙高新技术产业开发区、宁乡经济技术开发区、望城经济技术开发区、宁乡高新技术产业开发区、岳麓科技产业园	

续表

序号	国家级新区管理机构	行政级别	机构设置		
			种类	名称	数量
11	南京江北新区管理委员会	正局	职能机构（16）	综合部、党群工作部★、宣传和统战部★、综合治理局、科技创新局、经济发展局（统计局）、财政局、规划和自然资源局、建设与交通局、生态环境和水务局、教育和社会保障局、卫生健康和民政局、应急管理局、市场监督管理局、综合行政执法局（城市管理局）、行政审批局（政务服务管理办公室）	21
			派出机构（5）	南京市江北新区中央商务区建设管理办公室、南京市江北新区产业技术研创园管理办公室（南京软件园管理办公室）、南京市江北新区枢纽经济发展管理办公室、南京市江北新区生命健康产业发展管理办公室、南京江北新材料科技园管理办公室（南京市江北新区化工产业转型发展管理办公室）	
12	福州新区管理委员会	正局	工作机构	综合协调办公室、规划发展局、福州新区财政与投融资局（在福州市财政局加挂牌子）、福州新区统计局（在福州市统计局加挂牌子）	4
13	云南滇中新区管理委员会	正局	组织架构	云南滇中新区综合管理部、云南滇中新区党群工作部★、云南滇中新区经济发展部、云南滇中新区规划建设管理部、云南滇中新区财政局、云南滇中新区行政审批局、云南滇中新区投资促进服务中心、云南滇中新区公共资源交易中心、云南滇中新区土地储备中心、云南滇中新区人力资源开发中心	10

续表

序号	国家级新区管理机构	行政级别	机构设置		
			种类	名称	数量
14	长春新区管理委员会	正局	组织机构	党政综合办公室(机关事务管理局、督查办公室、国家保密局、保密委员会办公室)、党群工作办公室(组织部、宣传部、机关党委、非公有制企业和社会组织党委、总工会、共青团、妇联、人才工作办公室)★、政务服务与营商环境局、纪检监察工作委员会●、人力资源和社会保障局(机构编制委员会办公室、劳动保障监察大队、劳动人事争议仲裁委员会办公室、人才劳务交流服务中心、就业服务局、被征地农民社会保障管理中心)、财政局(财政投资项目工程造价评审中心、政府和社会资本合作办公室)、国有资产监督管理委员会(国有资产管理中心)、审计局、政策研究室(区志办公室、全面深化改革领导小组办公室)、发展改革与工业信息化局(物价局、企业服务和政务中心管理办公室、网络建设管理办公室)、统计局、科学技术局(知识产权局)、金融工作办公室、商务外事局(贸易促进委员会)、政法与维护社会稳定综合管理办公室(政法委、人民内部矛盾调处中心、防范和处置邪教问题领导小组办公室、法制和法律事务办公室)、应急管理局(安全生产监察大队、安全生产委员会办公室)、社会事业发展局(民生工作办公室)、教育局、卫生健康局、城乡建设和管理委员会(人民防空办公室、地震办公室)、规划和自然资源管理服务中心(土地交易中心、房屋征收综合管理办公室)、城市管理局(城市管理行政执法局、市容环境卫生管理局、城市管理委员会办公室)、农业委员会(林业局、水利局、畜牧业管理局)、新闻中心、长春高新技术产业开发区、长春北湖科技开发区、长春空港经济开发区	27

续表

序号	国家级新区管理机构	行政级别	机构设置		
			种类	名称	数量
15	江西赣江新区管理委员会	正局	省纪委省监委派出机构(1)	赣江新区纪检监察工作委员会●	18
			新区职能部门(11)	党工委管委会办公室、党群工作部★、经济发展局、创新发展局、开放发展局、财政金融局、城乡建设和交通局、社会发展局、生态环境局、行政审批局、综合行政执法局	
			驻区单位(2)	赣江新区自然资源局、国家税务总局江西赣江新区税务局	
			组团机构(4)	赣江新区经开组团、赣江新区临空组团、赣江新区永修组团、赣江新区共青组团	
16	河北雄安新区管理委员会	副部	机构设置	党政办公室、党群工作部★、改革发展局、规划建设局、公共服务局、综合执法局、安全监管局、公安局、生态环境局	9

注:[1]本表信息均来源于国家级新区门户网站或者国家级新区管理机构官方网站,本表中“种类”均为相关网站所示。在本表中,带有“★”的组织为中国共产党的机构,带有“●”的组织为中国共产党与非行政组织合署办公的机构,带有“▲”的组织为非行政组织。

附录六　实际脱离所属上一级行政区管辖的乡级行政区[1]

单位：个

省级行政区	设区的市级行政区	县级行政区	脱离的乡级行政区
河北省（31）	石家庄市	藁城区	邱头镇
	唐山市	路北区	高新区街道
		丰南区	新华路街道、振兴街道、海北镇、汉丰镇
	秦皇岛市	海港区	珠江道街道、黄河道街道、腾飞路街道
		山海关区	船厂路街道、渤海乡
	邯郸市	邯山区	马头镇
	邢台市	襄都区	火炬街道、王快镇
		邢台县	祝村镇、东汪镇
		宁晋县	徐家河乡、大曹庄乡
		沙河市	沙河城镇、留村镇
	保定市	竞秀区	大马坊乡
		高碑店市	白沟镇

续表

省级行政区	设区的市级行政区	县级行政区	脱离的乡级行政区
河北省（31）	张家口市	桥东区	南站街道、马路东街道
		桥西区	沈家屯镇
		张北县	沙沟镇、宇宙营乡
	承德市	双桥区	冯营子镇、上板城镇
	衡水市	桃城区	大麻森乡、彭杜村乡
内蒙古自治区（3）	鄂尔多斯市	东胜区	哈巴格希街道、青春山街道、滨河街道
辽宁省（20）	沈阳市	浑南区	英达街道、高坎街道、满堂街道
		沈北新区	望滨街道
	大连市	甘井子区	凌水街道
		旅顺口区	龙王塘街道
		金州区	二十里堡街道、亮甲店街道
		瓦房店区	长兴岛街道、交流岛街道
		庄河市	明阳街道
	锦州市	太和区	王家街道、天桥街道、杏山街道、凌南街道、松山街道、娘娘宫街道
	盘锦市	兴隆台区	东郭街道
		盘山县	石新镇、羊圈子镇

续表

省级行政区	设区的市级行政区	县级行政区	脱离的乡级行政区
江苏省（48）	南京市	六合区	冶山街道、大厂街道
	徐州市	鼓楼区	金山桥街道、东环街道
		贾汪区	大庙街道、大黄山街道
	苏州市	虎丘区	娄葑街道、斜塘街道
		吴中区	唯亭街道、胜浦街道
		相城区	北河泾街道、漕湖街道
	南通市	崇川区	新开街道、中兴街道、小海街道、竹行街道
	连云港市	连云区	中云街道、猴嘴街道、朝阳街道、徐圩街道
		海州区	云台街道
	盐城市	亭湖区	伍佑街道、黄海街道、步凤镇
		盐都区	新都街道
	扬州市	邗江区	八里镇、施桥镇
		仪征市	朴席镇
	镇江市	京口区	丁卯街道、大港街道、丁岗镇、大路镇、姚桥镇
	泰州市	海陵区	凤凰路街道、寺港街道、明珠街道、红旗街道
		高港区	沿江街道、野徐镇
	宿迁市	宿城区	仓集镇、郑楼镇、洋河镇、南蔡乡、三棵树乡
		宿豫区	黄墩镇、晓店镇、皂河镇、井头乡

续表

省级行政区	设区的市级行政区	县级行政区	脱离的乡级行政区
浙江省（5）	嘉兴市	南湖区	城南街道、长水街道
		秀洲区	嘉北街道、塘汇街道
	丽水市	莲都区	南明山街道
安徽省（15）	合肥市	瑶海区	七里塘街道、三十头镇、磨店乡
		蜀山区	高刘镇
	芜湖市	鸠江区	龙山街道、万春街道
	蚌埠市	龙子湖区	龙湖新村街道、长淮卫镇
		蚌山区	胜利街道
		禹会区	秦集镇
	淮南市	凤台县	全集镇
	安庆市	迎江区	老峰镇
		宜秀区	菱北街道
	滁州市	琅琊区	凤凰街道
	阜阳市	颍州区	京九街道
福建省（7）	莆田市	秀屿区	湄洲镇、忠门镇、东埔镇、山亭镇
	泉州市	德化县	美湖镇
	龙岩市	武平县	永平镇、万安镇

续表

省级行政区	设区的市级行政区	县级行政区	脱离的乡级行政区
江西省（17）	南昌市	东湖区	沙井街道
		青山湖区	蛟桥镇
		南昌县	昌东镇、麻丘镇
	九江市	濂溪区	七里湖街道、牯岭镇
		浔阳区	滨兴街道、西二路街道
		九江县	永安乡
	新余市	渝水区	河下镇、水西镇、九龙山乡
	赣州市	章贡区	黄金岭街道、蟠龙镇、湖边镇、潭东镇、潭口镇
山东省（75）	济南市	历下区	舜华路街道
	淄博市	周村区	萌水镇、商家镇
	枣庄市	薛城区	兴仁街道、兴城街道、张范街道
	烟台市	福山区	福莱山街道、古现街道、八角街道、大季家街道
		莱山区	马山街道
	潍坊市	寒亭区	大家洼街道、央子街道
		坊子区	王家庄街道、太保庄街道
		奎文区	新城街道、清池街道
	济宁市	任城区	接庄街道、柳行街道、洸河街道、许庄街道、石桥镇
		兖州区	兴隆庄街道、王因街道

续表

省级行政区	设区的市级行政区	县级行政区	脱离的乡级行政区
山东省（75）	泰安市	泰山区	大津口乡
		岱岳区	北集坡街道
	威海市	环翠区	皇冠街道、凤林街道、西苑街道、怡园街道、田和街道、桥头镇、崮山镇、泊于镇、初村镇、草庙子镇、汪疃镇、苘山镇
	日照市	东港区	奎山街道、北京路街道
	莱芜市	莱城区	鹏泉街道
	临沂市	兰山区	马厂湖镇
		罗庄区	罗西街道
		河东区	芝麻墩街道、梅埠街道、朝阳街道
		平邑县	柏林镇
		莒南县	团林镇、坪上镇、壮岗镇、朱芦镇
	德州市	德城区	运河街道、长河街道、宋官屯街道、赵虎镇、抬头寺镇、袁桥镇
	聊城市	东昌府区	东城街道、蒋官屯街道、北城街道、许营镇、顾官屯镇、韩集乡、广平乡
	滨州市	滨城区	青田街道、小营街道、杜店街道、沙河街道、里则街道
		无棣县	马山子镇
	菏泽市	牡丹区	万福街道、丹阳街道、岳程街道、佃户屯街道、吕陵镇

续表

省级行政区	设区的市级行政区	县级行政区	脱离的乡级行政区
湖北省（20）	武汉市	洪山区	九峰街道、左岭街道、花山街道、八吉府街道
		蔡甸区	沌口街道、军山街道、沌阳街道
		江夏区	关东街道、佛祖岭街道、豹澥街道、流芳街道、滨湖街道
	黄石市	西塞山区	章山街道
		阳新县	太子镇、大王镇
		大冶市	金山街道、汪仁镇
	宜昌市	西陵区	东苑街道、南苑街道、北苑街道
广东省（7）	深圳市	宝安区	光明街道、公明街道
		龙岗区	坪山街道、坑梓街道、葵涌街道、大鹏街道、南澳街道
广西壮族自治区（7）	南宁市	江南区	那洪街道、金凯街道
		西乡塘区	安宁街道、心圩街道
	柳州市	鱼峰区	阳和街道、洛埠镇、雒容镇
四川省（12）	成都市	武侯区	肖家河街道、芳草街道、石羊街道、桂溪街道
		郫都区	合作街道、西园街道
	自贡市	自流井区	丹桂街道、学苑街道、红旗乡
	广元市	利州区	盘龙镇
	甘孜藏族自治州	泸定县	磨西镇、新兴乡

续表

省级行政区	设区的市级行政区	县级行政区	脱离的乡级行政区
贵州省（9）	黔西南布依族苗族自治州	兴义市	郑屯镇、万屯镇、鲁屯镇、顶效镇
		兴仁县	雨樟镇
		安龙县	龙广镇、德卧镇、海子镇、笃山镇
云南省（15）	昆明市	官渡区	阿拉街道
		东川区	红土地镇、舍块乡
		呈贡区	马金浦街道、洛羊街道、大渔街道、七甸街道
		宜良区	汤池街道
		禄劝彝族苗族自治县	转龙镇、乌蒙乡、雪山乡
		寻甸回族彝族自治县	倘甸镇、凤合镇、联合乡、金源乡
陕西省（5）	西安市	未央区	建章路街道
		长安区	斗门街道、王寺街道、高桥街道
	汉中市	汉台区	鑫源街道
青海省（5）	海西蒙古族藏族自治州	天峻县	茫崖镇、花土沟镇、大柴旦镇、锡铁山镇、冷湖镇
总计	301	占全国乡级行政区总数（40381）的 0.745%	

注：[1]本表信息均来源于中华人民共和国民政部编：《中华人民共和国乡镇行政区划简册·2017》，中国统计出版社 2017 年版。该简册显示：黑龙江省大兴安岭地区的 20 镇、2 乡实际上脱离了所属上一级行政区管辖。详见中华人民共和国民政部编：《中华人民共和国乡镇行政区划简册·2017》，中国统计出版社 2017 年版，第 157 页。但此种脱离并非开发区托管所致，本表故未列入。另外，由中华人民共和国民政部编写的《中华人民共和国乡镇行政区划简册·2019》也显示了实际脱离所属上一级行政区管辖的乡级行政区，但数量大幅减少，仅有 28 个。该数据统计自中华人民共和国民政部编：《中华人民共和国乡镇行政区划简册·2019》，中国社会出版社 2019 年版。根据笔者的考察，本表所示的乡级行政区基本上依然由开发区托管，实际上仍然不由上一级行政区管辖。

附录七　部分国家级开发区托管行政区简况[1]

单位:个

序号	国家级开发区	国家级开发区管理机构	行政区	备注[2]	跨行政区情况
1	石家庄高新技术产业开发区	石家庄高新技术产业开发区管理委员会	长江街道	乡级行政区,属石家庄市裕华区(13)	跨县级行政区
			太行街道		
			宋营镇		
			郄马镇	乡级行政区,属石家庄市栾城区(8)	
2	长春经济技术开发区	长春经济技术开发区管理委员会	临河街道	乡级行政区,属长春市南关区(25)	跨县级行政区
			会展街道		
			兴隆山镇	乡级行政区,属长春市宽城区(18)	
			东方广场街道	乡级行政区,属长春市二道区(13)	
			世纪街道		
3	长春净月高新技术产业开发区	长春净月高新技术产业开发区管理委员会	永兴街道	乡级行政区,属长春市南关区(25)	跨乡级行政区
			净月街道		
			彩织街道		
			博硕街道		
			德正街道		

续表

序号	国家级开发区	国家级开发区管理机构	行政区	备注	跨行政区情况
3	长春净月高新技术产业开发区	长春净月高新技术产业开发区管理委员会	福祉街道	乡级行政区，属长春市南关区（25）	跨乡级行政区
			德容街道		
			新立城镇		
			新湖镇		
			玉潭镇		
4	南昌经济技术开发区	南昌经济技术开发区管理委员会	蛟桥镇	乡级行政区，属南昌市青山湖区（9）	不跨行政区
5	苏州工业园区	苏州工业园区管理委员会	斜塘街道	乡级行政区，属苏州市虎丘区（8）	跨县级行政区
			娄葑街道		
			唯亭街道	乡级行政区，属苏州市吴中区（8）	
			胜浦街道		
6	郑州高新技术产业开发区	郑州高新技术产业开发区管理委员会	石佛镇	乡级行政区，属郑州市中原区（16）	跨乡级行政区
			沟赵乡		
			枫杨街道	相关信息暂缺	/
			梧桐街道		
			双桥街道		

续表

序号	国家级开发区	国家级开发区管理机构	行政区	备注	跨行政区情况
7	长沙高新技术产业开发区	长沙高新技术产业开发区管理委员会	麓谷街道	乡级行政区，属长沙市岳麓区(18)	跨县级行政区
			雷锋街道	乡级行政区，属长沙市望城区(15)	
			东方红街道	相关信息暂缺	/
			白马街道		
8	南宁经济技术开发区	南宁经济技术开发区管理委员会	那洪街道	乡级行政区，属南宁市江南区(9)	跨县级行政区
			金凯街道		
			吴圩镇		
9	成都高新技术产业开发区	成都高新技术产业开发区管理委员会	肖家河街道	乡级行政区，属成都市武侯区(17)	跨县级行政区
			芳草街街道		
			石羊街道		
			桂溪街道		
			合作街道	乡级行政区，属成都市郫都区(16)	
			西园街道		
			中和街道	乡级行政区，属成都市双流区(26)	
10	昆明经济技术开发区	昆明经济技术开发区管理委员会	阿拉街道	乡级行政区，属昆明市官渡区(10)	跨县级行政区
			洛羊街道	乡级行政区，属昆明市呈贡区(10)	

续表

序号	国家级开发区	国家级开发区管理机构	行政区	备注	跨行政区情况
11	昆明高新技术产业开发区	昆明高新技术产业开发区管理委员会	马金铺街道	乡级行政区，属昆明市呈贡区（10）	不跨行政区
12	西安高新技术产业开发区	西安高新技术产业开发区管理委员会	鱼化寨街道	乡级行政区，属西安市雁塔区（10）	跨县级行政区
			丈八街道		
			东大街道	乡级行政区，属西安市长安区（25）	
			细柳街道		
			兴隆街道		
			灵沼街道		
			五星街道		
			秦渡街道	乡级行政区，属西安市鄠邑区（14）	
			草堂街道		
			庞光街道		
			集贤镇	乡级行政区，属西安市周至县（20）	
			九峰镇		

续表

序号	国家级开发区	国家级开发区管理机构	行政区	备注	跨行政区情况
13	燕郊高新技术产业开发区	燕郊高新技术产业开发区管理委员会	行宫东大街街道	乡级行政区,属廊坊市三河市(15)	跨乡级行政区
			迎宾北路街道		
			高楼镇		
			燕郊镇		
			燕顺路街道	相关信息暂缺	/
			康城街道		
14	大连高新技术产业园区	大连高新技术产业园区管理委员会	凌水街道	乡级行政区,属大连市甘井子区(16)	跨县级行政区
			七贤岭街道		
			龙王塘街道	乡级行政区,属大连市旅顺口区(13)	
15	吉林高新技术产业开发区	吉林高新技术产业开发区管理委员会	新北街道	乡级行政区,属吉林市船营区(16)	跨县级行政区
			高新街道	乡级行政区,属吉林市丰满区(11)	
16	常州高新技术产业开发区	常州高新技术产业开发区管理委员会	丁堰街道	乡级行政区,属常州市武进区(11)	跨乡级行政区
			戚墅堰街道		
			潞城街道		
			遥观镇		
			横林镇		
			横山桥镇		

续表

序号	国家级开发区	国家级开发区管理机构	行政区	备注	跨行政区情况
17	镇江经济技术开发区	镇江经济技术开发区管理委员会	丁卯街道	乡级行政区,属镇江市京口区(11)	跨乡级行政区
			大港街道		
			丁岗街道		
			大路镇		
			姚桥镇		
18	金华经济技术开发区	金华经济技术开发区管理委员会	江南街道	乡级行政区,属金华市婺城区(27)	跨乡级行政区
			三江口街道		
			西关街道		
			秋滨街道		
			汤溪镇		
			罗埠镇		
			洋埠镇		
19	泉州台商投资区	泉州台商投资区管理委员会	洛阳镇	乡级行政区,属泉州市惠安县(16)	跨乡级行政区
			东园镇		
			张坂镇		
			百崎回族乡		

续表

序号	国家级开发区	国家级开发区管理机构	行政区	备注	跨行政区情况
20	芜湖经济技术开发区	芜湖经济技术开发区管理委员会	龙山街道	乡级行政区,属芜湖市鸠江区(11)	跨乡级行政区
			万春街道		
21	威海火炬高技术产业开发区	威海火炬高技术产业开发区管理委员会	怡园街道	乡级行政区,属威海市环翠区(19)	跨乡级行政区
			田和街道		
			初村镇		
			双岛街道	相关信息暂缺	/
22	潍坊滨海经济技术开发区	潍坊滨海经济技术开发区管理委员会	大家洼街道	乡级行政区,属潍坊市寒亭区(7)	跨乡级行政区
			央子街道		
23	洛阳经济技术开发区	洛阳经济技术开发区管理委员会	寇店镇	乡级行政区,属洛阳市洛龙区(19)	跨乡级行政区
			李村镇		
			诸葛镇		
			庞村镇		
			佃庄镇		
24	洛阳高新技术产业开发区	洛阳高新技术产业开发区管理委员会	徐家营街道	乡级行政区,属洛阳市涧西区(13)	跨县级行政区
			瀛洲街道		
			辛店街道	乡级行政区,属洛阳市洛龙区(19)	
			丰李镇		

续表

序号	国家级开发区	国家级开发区管理机构	行政区	备注	跨行政区情况
25	武汉东湖新技术开发区	武汉东湖新技术开发区管理委员会	九峰街道	乡级行政区，属武汉市洪山区(14)	跨县级行政区
			左岭街道		
			花山街道		
			关东街道	乡级行政区，属武汉市江夏区(15)	
			佛祖岭街道		
			豹澥街道		
			龙泉街道		
			滨湖街道		
26	湘潭高新技术产业开发区	湘潭高新技术产业开发区管理委员会	板塘街道	乡级行政区，属湘潭市岳塘区(12)	跨乡级行政区
			双马街道		
27	上饶经济技术开发区	上饶经济技术开发区管理委员会	兴园街道	乡级行政区，属上饶市上饶县(24)	跨县级行政区
			董团乡		
			鹅湖镇	乡级行政区，属上饶市铅山县(部分区域)(17)	
28	珠海高新技术产业开发区	珠海高新技术产业开发区管理委员会	唐家湾镇	乡级行政区，属珠海市香洲区(14)	不跨行政区

续表

序号	国家级开发区	国家级开发区管理机构	行政区	备注	跨行政区情况
29	湛江经济技术开发区	湛江经济技术开发区管理委员会	乐华街道	乡级行政区，属湛江市霞山区（12）	跨县级行政区
			泉庄街道		
			东山街道	乡级行政区，属湛江市麻章区（7）	
			东简街道		
			民安街道		
			硇洲镇		
30	内江经济技术开发区	内江经济技术开发区管理委员会	壕子口街道	乡级行政区，属内江市市中区（20）	跨乡级行政区
			靖民镇		
			交通镇		

注：［1］本表有关行政区名称的信息均来源于中华人民共和国民政部编：《中华人民共和国乡镇行政区划简册·2019》，中国社会出版社2019年版；国家级开发区管理机构托管行政区的信息主要来源于国家级开发区的门户网站或者国家级开发区管理机构的官方网站。

［2］“备注”一列显示的数字系指县级行政区所辖的乡级行政区数量。

附录八　国家级新区直管行政区简况[1]

单位：个

序号	国家级新区	国家级新区管理机构	直管行政区	备注[2]	跨行政区情况
1	上海浦东新区	上海市浦东新区人民政府	（已设立上海市浦东新区）	/	/
2	天津滨海新区	天津市滨海新区人民政府	（已设立天津市滨海新区）	/	/
3	重庆两江新区	重庆两江新区管理委员会	郭家沱街道	乡级行政区，属重庆市江北区（12）	跨县级行政区
			鱼嘴镇		
			复盛镇		
			水土街道	乡级行政区，属重庆市北碚区（17）	
			复兴街道		
			大竹林街道	乡级行政区，属重庆市渝北区（30）	
			天宫殿街道		
			鸳鸯街道		
			翠云街道		

续表

序号	国家级新区	国家级新区管理机构	直管行政区	备注	跨行政区情况
3	重庆两江新区	重庆两江新区管理委员会	礼嘉街道	乡级行政区，属重庆市渝北区（30）	跨县级行政区
			金山街道		
			康美街道		
			人和街道		
			龙兴镇		
			石船镇		
4	浙江舟山群岛新区	浙江舟山群岛新区新城管理委员会	临城街道	乡级行政区，属舟山市定海区（13）	跨乡级行政区
			千岛街道		
5	兰州新区	兰州新区管理委员会	中川镇	乡级行政区，属兰州市永登县（18）	跨县级行政区
			秦川镇		
			树屏镇		
			上川镇		
			西岔镇	乡级行政区，属兰州市皋兰县（7）	
			水阜镇		
6	广州南沙新区	广州市南沙区人民政府	（已与广州市南沙区合并）	/	/

续表

序号	国家级新区	国家级新区管理机构	直管行政区	备注	跨行政区情况
7	陕西西咸新区	陕西省西咸新区开发建设管理委员会	三桥街道	乡级行政区,属西安市未央区(12)	跨设区的市级行政区
			建章路街道		
			马王街道	乡级行政区,属西安市长安区(25)	
			斗门街道		
			王寺街道		
			高桥街道		
			大王街道	乡级行政区,属西安市鄠邑区(14)	
			沣东街道	乡级行政区,属咸阳市秦都区(12)	
			钓台街道		
			双照街道		
			渭城街道	乡级行政区,属咸阳市渭城区(10)	
			窑店街道		
			正阳街道		
			周陵街道		
			底张街道		
			北杜街道		

续表

序号	国家级新区	国家级新区管理机构	直管行政区	备注	跨行政区情况
7	陕西西咸新区	陕西省西咸新区开发建设管理委员会	泾干街道	乡级行政区，属咸阳市泾阳县(13)	跨设区的市级行政区
			永乐镇		
			高庄镇		
			太平镇		
			崇文镇		
			南位镇	乡级行政区，属咸阳市兴平市(13)	
8	贵州贵安新区	贵州贵安新区管理委员会	党武镇	乡级行政区，属贵阳市花溪区(11)	跨设区的市级行政区
			湖潮苗族布依族乡		
			高峰镇	乡级行政区，属安顺市平坝区(11)	
			马场镇		
9	青岛西海岸新区	青岛西海岸新区管理委员会（青岛市黄岛区人民政府）	（已与青岛市黄岛区合并）	/	/
10	大连金普新区	大连金普新区管理委员会	拥政街道	乡级行政区，属大连市金州区(27)	跨乡级行政区
			友谊街道		
			站前街道		
			先进街道		
			华家街道		

续表

序号	国家级新区	国家级新区管理机构	直管行政区	备注	跨行政区情况
10	大连金普新区	大连金普新区管理委员会	登沙河街道	乡级行政区,属大连市金州区(27)	跨乡级行政区
			杏树街道		
			大魏家街道		
			向应街道		
			七顶山街道		
			马桥子街道		
			海青岛街道		
			大孤山街道		
			湾里街道		
			董家沟街道		
			金石滩街道		
			得胜街道		
			大李家街道		
			二十里堡街道		
			亮甲店街道		
			炮台街道		
			复州湾街道		
			三十里堡街道		
			石河街道		

续表

序号	国家级新区	国家级新区管理机构	直管行政区	备注	跨行政区情况
11	四川天府新区	四川天府新区管理委员会	华阳街道	乡级行政区，属成都市双流区（26）	跨乡级行政区
			太平街道		
			永兴街道		
			籍田街道		
			正兴街道		
			煎茶街道		
			新兴街道		
			兴隆街道		
			万安街道		
12	湖南湘江新区	湖南湘江新区管理委员会	无	/	/
13	南京江北新区	南京江北新区管理委员会	泰山街道	乡级行政区，属南京市浦口区（9）	跨县级行政区
			顶山街道		
			沿江街道		
			盘城街道		
			大厂街道	乡级行政区，属南京市六合区（9）	
			葛塘街道		
			长芦街道		
14	福州新区	福州新区管理委员会	无	/	/

续表

序号	国家级新区	国家级新区管理机构	直管行政区	备注	跨行政区情况
15	云南滇中新区	云南滇中新区管理委员会	大板桥街道	乡级行政区,属昆明市官渡区(10)	跨县级行政区
			嵩明县	县级行政区,属昆明市(14)	
			安宁市		
16	哈尔滨新区	哈尔滨新区管理委员会	松北区	县级行政区,属哈尔滨市(18)	跨县级行政区
			利民街道	乡级行政区,属哈尔滨市呼兰区(26)	
			学院路街道		
			南京路街道		
			裕民街道		
			裕田街道		
			裕强街道		
			利业街道		
17	长春新区	长春新区管理委员会	北湖街道	乡级行政区,属长春市宽城区(18)	跨县级行政区
			长德街道		
			奋进乡		
			硅谷街道	乡级行政区,属长春市朝阳区(13)	
			双德乡		
			西营城街道	乡级行政区,属长春市九台区(19)	
			兴港街道		

续表

序号	国家级新区	国家级新区管理机构	直管行政区	备注	跨行政区情况
18	江西赣江新区	江西赣江新区管理委员会	乐化镇	乡级行政区,属南昌市新建区(19)	跨设区的市级行政区
			溪霞镇		
			金桥乡		
			马口镇	乡级行政区,属九江市永修县(15)	
19	河北雄安新区	河北雄安新区管理委员会	龙化乡	乡级行政区,属保定市高阳县(9)	跨设区的市级行政区
			容城县	县级行政区,属保定市(24)	
			安新县		
			雄县		
			鄚州镇	乡级行政区,属沧州市任丘市(22)	
			苟各庄镇		
			七间房乡		

注:[1]本表有关行政区名称的信息均来源于中华人民共和国民政部编:《中华人民共和国乡镇行政区划简册·2019》,中国社会出版社2019年版;有关国家级新区管理机构直管行政区的信息主要来源于国家级新区的门户网站或者国家级新区管理机构的官方网站。另外,重庆两江新区直管的行政区以《重庆两江新区管理办法》第45条所规定的为准。

[2]"备注"一列显示的数字是指县级行政区所辖的乡级行政区数量。

主要参考文献

一、专著以及其他图书

1. [古希腊]亚里士多德:《政治学》,吴寿彭译,商务印书馆 1965 年版。

2. 王德祥、徐炳:《〈中华人民共和国宪法〉注释》,群众出版社 1984 年版。

3. 乔晓阳、张春生主编:《选举法和地方组织法释义与解答》,北京出版社 1995 年版。

4. 乔晓阳、张春生主编,王世瑚、陈斯喜、许安标副主编:《选举法和地方组织法释义与解答》(二次修订版),法律出版社 1997 年版。

5. 北京大学法学百科全书编委会编:《北京大学法学百科全书·宪法学　行政法学》,北京大学出版社 1999 年版。

6. 朱永新等:《中国开发区组织管理体制与地方政府机构改革》,天津人民出版社 2001 年版。

7. 鲍克:《中国开发区研究——入世后开发区微观体制设计》,人民出版社 2002 年版。

8. 应松年、薛刚凌:《行政组织法研究》,法律出版社 2002 年版。

9. 陈潮、陈洪玲主编:《中华人民共和国行政区划沿革地图集》,中国地图出版社 2003 年版。

10. 许安标、刘松山:《中华人民共和国宪法通释》,中国法制出版社 2004 年版。

11. 田穗生、罗辉、曾伟:《中国行政区划概论》,北京大学出版社 2005 年版。

12. 许崇德:《中华人民共和国宪法史》,福建人民出版社 2003 年版。

13. 蔡定剑:《宪法精解》(第 2 版),法律出版社 2006 年版。

14. 乔晓阳、张春生主编:《〈中华人民共和国地方各级人民代表大会和地方各级人民政府组织法〉释义及问题解答》(修订版),中国民主法制出版社 2006 年版。

15. 闫国庆等:《开发区治理》,中国社会科学出版社 2006 年版。

16. 李森等:《困境和出路:转型期中国开发区发展研究》,中国财政经济出版社 2008 年版。

17. 阎川:《开发区蔓延反思及控制》,中国建筑工业出版社 2008 年版。

18. 叶飞文:《中国经济区比较》,社会科学文献出版社 2010 年版。

19. 郑国:《开发区发展与城市空间重构》,中国建筑工业出版社 2010 年版。

20. 曹云:《国家级新区比较研究》,社会科学文献出版社 2014 年版。

21. 黄建洪:《中国开发区治理与地方政府体制改革研究》,广东人民出版社 2014 年版。

22. 白雪洁、李扬、杜传忠编著:《两岸高新区比较研究》,南开大学出版社 2015 年版。

23. 李适时主编:《地方组织法、选举法、代表法导读与释义》,中国民主法制出版社 2015 年版。

24. 钱宁峰:《行政组织法立法论研究》,东南大学出版社 2015 年版。

25. 许安标主编:《宪法及宪法相关法解读》,中国法制出版社 2015 年版。

26. 张稷锋:《法治与改革:国家级新区的成熟范本与两江实践》,中国政法大学出版社 2015 年版。

27. 佘宗良:《中国开发区模式的法治化研究》,中国政法大学出版社

2016 年版。

28. 盛毅、方茜、魏良益:《国家级新区建设与产业发展》,人民出版社 2016 年版。

29.《王名扬全集 · 法国行政法》,北京大学出版社 2016 年版。

30. 王一鸣:《中国开发区实践与思考》,中国商务出版社 2016 年版。

31. 阚珂:《人民代表大会那些事》,法律出版社 2017 年版。

32. 西咸新区研究院:《国家级新区体制与政策比较研究》,中国社会科学出版社 2017 年版。

33. 中国社会科学院语言研究所词典编辑室编:《现代汉语词典》(第 7 版),商务印书馆 2016 年版。

34. 中华人民共和国民政部编:《中华人民共和国乡镇行政区划简册 · 2017》,中国统计出版社 2017 年版。

35. 黄建洪:《中国经济特区治理改革与地方政府管理体制创新研究》,人民出版社 2018 年版。

36. 黄胜平:《中国开发区人大工作探索与创新》,中国社会科学文献出版社 2018 年版。

37. 梁凤云:《行政诉讼法司法解释讲义》,人民法院出版社 2018 年版。

38. 马海韵:《国家级新区社会治理创新研究——以南京江北新区为例》,法律出版社 2018 年版。

39. 应松年主编:《当代中国行政法》(第 2 卷),人民出版社 2018 年版。

40. 中共中央纪律检查委员会、中华人民共和国国家监察委员会法规室编写:《〈中华人民共和国监察法〉释义》,中国方正出版社 2018 年版。

41. 最高人民法院行政审判庭编著:《最高人民法院行政诉讼法司法解释理解与适用》(上),人民法院出版社 2018 年版。

42. 国家发展和改革委员会编:《国家级新区发展报告 · 2019》,中国计划出版社 2019 年版。

43. 姜明安主编:《行政法与行政诉讼法》(第 7 版),北京大学出版社、高等教育出版社 2019 年版。

44. 卢山冰、黄孟芳主编:《国家级新区研究报告 · 2019》,社会科学文献出版社 2019 年版。

45. 秦前红主编:《监察法学教程》,法律出版社 2019 年版。

46. 杨万明主编:《〈中华人民共和国人民法院组织法〉条文理解与适用》,人民法院出版社 2019 年版。

47. 章剑生:《现代行政法总论》(第 2 版),法律出版社 2019 年版。

48. 张艳、赵民:《中国国家级开发区的实践及转型——政策视角的研究》,同济大学出版社 2019 年版。

49. 中国开发区协会编:《中国开发区年鉴・2018》,首都经济贸易大学出版社 2019 年版。

50. 中华人民共和国民政部编:《中华人民共和国乡镇行政区划简册・2019》,中国社会出版社 2019 年版。

51. 全国人大常委会法制工作委员会宪法室编:《中华人民共和国制宪修宪重要文献资料选编》,中国民主法制出版社 2021 年版。

52. 武常岐、涂政等:《国家高新技术产业开发区政策与管理》,科学出版社 2020 年版。

53. 陈至立主编:《辞海》(第 7 版缩印本),上海辞书出版社 2022 年版。

54. 何海波:《行政诉讼法》(第 3 版),法律出版社 2022 年版。

55. 胡建淼:《行政法学》(第 5 版),法律出版社 2023 年版。

56. Bryan A. Garner, et al, *Black's Law Dictionary* (11*th edition*), Thomson Reuters, 2019.

二、期刊论文

1. 薛刚凌:《我国行政主体理论之检讨——兼论全面研究行政组织法的必要性》,载《政法论坛》1998 年第 6 期。

2. 李听:《中外行政主体理论之比较分析》,载《行政法学研究》1999 年第 1 期。

3. 沈岿:《重构行政主体范式的尝试》,载《法律科学(西北政法学院学报)》2000 年第 6 期。

4. 袁明圣:《派出机构的若干问题》,载《行政法学研究》2001 年第

3 期。

5. 林拓、刘君德:《开发区与乡镇行政体制关系问题研究》,载《经济地理》2002 年第 2 期。

6. 郭会文:《国家级开发区管理机构的行政主体资格》,载《法学》2004 年第 11 期。

7. 刘松山:《开发区法院是违宪违法设立的审判机关》,载《法学》2005 年第 5 期。

8. 潘波:《开发区管理委员会的法律地位》,载《行政法学研究》2006 年第 1 期。

9. 王慧:《开发区运作机制对城市管治体系的影响效应》,载《城市规划》2006 年第 5 期。

10. 徐丹:《开发区管理委员会的行政主体资格再思考》,载《中共郑州市委党校学报》2007 年第 4 期。

11. 钟芳:《开发区管理委员会的主体地位研究》,载《海南大学学报(人文社会科学版)》2007 年第 4 期。

12. 伊士国:《开发区管理委员会法律地位问题探析》,载《行政论坛》2010 年第 2 期。

13. 任进:《依法规范地方人大常委会与垂直管理机构的关系》,载《法学杂志》2010 年第 6 期。

14. 安子明:《行政托管的实证研究——以西安市沣渭新区“托管模式”为例》,载《行政法学研究》2011 年第 2 期。

15. 陆天然、丁南:《闽东城变:开发区与行政区的冲撞》,载《改革内参》2011 年第 27 期。

16. 胡弘弘、张磊:《国家级开发区人大机构设置概况考察》,载《人大研究》2012 年第 4 期。

17. 刘海潮、葛傲天:《中国开发区的法律地位问题刍议》,载《重庆社会主义学院学报》2013 年第 1 期。

18. 佘宗良:《困境与出路:开发区管委会法律性质之辩》,载《中南大学学报(社会科学版)》2013 年第 1 期。

19. 朱晓明:《地方立法中管委会的合法性危机及其化解进路——基

于杭州市地方立法中管委会合法性的考量》，载《中共浙江省委党校学报》2013 年第 2 期。

20. 杨如冰、宋冬梅：《开发区管委会及其职能部门的行政诉讼被告资格研究》，载《山东审判》2013 年第 4 期。

21. 苏庆亮：《关于在开发区设立人大工作机构的思考》，载《人大研究》2013 年第 8 期。

22. 王卉青、牛玉兵：《管委会主导型开发区管理模式的法律风险与防范》，载《辽宁行政学院学报》2014 年第 5 期。

23. 庞明礼、徐干：《开发区扩张、行政托管与治权调适——以 H 市经济技术开发区为例》，载《郑州大学学报（哲学社会科学版）》2015 年第 2 期。

24. 王磊：《开发区人大工作调查与思考》，载《人大建设》2015 年第 3 期。

25. 徐晓明：《向开发区下放行政权力法律问题研究》，载《天津行政学院学报》2016 年第 5 期。

26. 李敏：《开发区管委会规范性文件的行政诉讼附带审查问题——从上海自贸区"行政异议审查"谈起》，载《南都学坛（南阳师范学院人文社会科学学报）》2017 年第 4 期。

27. 吴晓林：《模糊行政：国家级新区管理体制的一种解释》，载《公共管理学报》2017 年第 4 期。

28. 潘国红：《开发区人大机构：法律定位与实际运行》，载《人大研究》2018 年第 2 期。

29. 叶必丰：《论行政机关间行政管辖权的委托》，载《中外法学》2019 年第 1 期。

30. 吴金群：《网络抑或统合：开发区管委会体制下的府际关系研究》，载《政治学研究》2019 年第 5 期。

31. 吕长城：《开发区管理机构被告资格辨识》，载《人民司法》2019 年第 22 期。

32. 强卉：《国家级新区司法创新的法理及其限度》，载《哈尔滨工业大学学报（社会科学版）》2020 年第 6 期。

33. 郑磊:《论我国开发区行政复议体制的抉择》,载《河南财经政法大学学报》2020 年第 6 期。

34. 王敬波:《面向整体政府的改革与行政主体理论的重塑》,载《中国社会科学》2020 年第 7 期。

35. 程雪阳:《跨行政区划法院改革的合宪性制度通道》,载《法律科学(西北政法大学学报)》2021 年第 4 期。

三、学位论文

1. 周芳:《国家级开发区管委会行政主体资格研究》,湖南师范大学 2009 年硕士学位论文。

2. 朱旭光:《西咸新区管委会职能定位及机构设置研究》,西北大学 2013 年硕士学位论文。

3. 杨谊:《国家级新区行政权力的合理化配置研究》,西南政法大学 2015 年硕士学位论文。

4. 马梦婷:《国家级开发区招商引资困境及政府职能研究——以江西省抚州高新区为例》,南昌大学 2018 年硕士学位论文。

5. 代冬冬:《国家级新区权力配置实证研究》,四川大学 2020 年硕士学位论文。

6. 丁勤:《国家级开发区纪检监察机构履行监督责任的困境与对策——以 G 开发区为例》,江西师范大学 2020 年硕士学位论文。

四、中央立法[①]

(一)宪法

《中华人民共和国宪法》

(全国人民代表大会 1982 年 12 月 4 日通过、2018 年 3 月 11 日最新修正)

① 下列中央立法基本上均为现行有效的版本,其中,个别重要的中央立法同时列出已经失效的版本,收录的截止时间为 2023 年 9 月 1 日。主要按照法律位阶从高到低排序,对于法律位阶相同的中央立法,再按照通过或者发布时间由早及晚排序。

（二）法律

1.《中华人民共和国地方各级人民代表大会和地方各级人民政府组织法》

（全国人民代表大会 1979 年 7 月 1 日通过，全国人民代表大会 2022 年 3 月 11 日最新修正）

2.《中华人民共和国人民法院组织法》

（全国人民代表大会 1979 年 7 月 1 日通过，全国人民代表大会常务委员会 2018 年 10 月 26 日最新修订）

3.《中华人民共和国人民检察院组织法》

（全国人民代表大会 1979 年 7 月 1 日通过，全国人民代表大会常务委员会 2018 年 10 月 26 日最新修订）

4.《中华人民共和国刑事诉讼法》

（全国人民代表大会 1979 年 7 月 1 日通过，全国人民代表大会常务委员会 2018 年 10 月 26 日最新修正）

5.《中华人民共和国行政诉讼法》

（全国人民代表大会 1989 年 4 月 4 日通过，全国人民代表大会常务委员会 2017 年 6 月 27 日最新修正）

6.《中华人民共和国民事诉讼法》

（全国人民代表大会 1991 年 4 月 9 日通过，全国人民代表大会常务委员会 2021 年 12 月 24 日最新修正）

7.《中华人民共和国科学技术进步法》

（全国人民代表大会常务委员会 1993 年 7 月 2 日通过、2021 年 12 月 24 日最新修订）

8.《中华人民共和国行政处罚法》

（全国人民代表大会 1996 年 3 月 17 日通过，全国人民代表大会常务委员会 2021 年 1 月 22 日最新修订）

9.《中华人民共和国行政复议法》

（全国人民代表大会常务委员会 1999 年 4 月 29 日通过、2023 年 9 月 1 日最新修订）

10.《中华人民共和国立法法》

（全国人民代表大会2000年3月15日通过、2023年3月13日最新修正）

11.《中华人民共和国安全生产法》

（全国人民代表大会常务委员会2002年6月29日通过、2021年6月10日最新修正）

12.《中华人民共和国行政许可法》

（全国人民代表大会常务委员会2003年8月27日通过、2019年4月23日最新修正）

13.《中华人民共和国行政强制法》

（全国人民代表大会常务委员会2011年6月30日通过）

14.《中华人民共和国监察法》

（全国人民代表大会2018年3月20日通过）

15.《中华人民共和国公职人员政务处分法》

（全国人民代表大会常务委员会2020年6月20日通过）

（三）行政法规

1.《国务院关于鼓励外商投资的规定》

（国务院1986年10月11日发布）

2.《国家高新技术产业开发区若干政策的暂行规定》

（国务院1991年3月6日批准发布）

3.《国家高新技术产业开发区税收政策的规定》

（国务院1991年3月6日批准发布）

4.《地方各级人民政府机构设置和编制管理条例》

（国务院2007年2月14日通过）

5.《行政区划管理条例》

（国务院2017年11月22日通过）

（四）部门规章

1.《国家高新技术产业开发区管理暂行办法》

（国家科学技术委员会1996年2月9日发布）

2.《安全生产违法行为行政处罚办法》

（原国家安全生产监督管理总局2007年11月30日发布、2015年4

月 2 日最新修改）

3.《行政区划管理条例实施办法》

（民政部 2019 年 12 月 11 日发布）

（五）国务院的其他规范性文件

1.《国务院关于严格审批和认真清理各类开发区的通知》

（国务院 1993 年 4 月 28 日发布）

2.《国务院批转民政部关于调整设市标准报告的通知》

（国务院 1993 年 5 月 17 日发布）

3.《国务院办公厅关于暂停审批各类开发区的紧急通知》

（国务院办公厅 2003 年 7 月 18 日发布）

4.《国务院办公厅转发商务部等部门关于促进国家级经济技术开发区进一步提高发展水平若干意见的通知》

（国务院办公厅 2005 年 3 月 21 日发布，国务院 2015 年 11 月 27 日废止）

5.《国务院办公厅关于促进国家级经济技术开发区转型升级创新发展的若干意见》

（国务院办公厅 2014 年 11 月 21 日发布）

6.《国务院办公厅关于促进开发区改革和创新发展的若干意见》

（国务院办公厅 2017 年 1 月 19 日发布）

7.《国务院关于推进国家级经济技术开发区创新提升打造改革开放新高地的意见》

（国务院 2019 年 5 月 18 日发布）

8.《国务院办公厅关于支持国家级新区深化改革创新加快推动高质量发展的指导意见》

（国务院办公厅 2019 年 12 月 31 日发布）

9.《国务院关于促进国家高新技术产业开发区高质量发展的若干意见》

（国务院办公厅 2020 年 7 月 13 日发布）

五、地方立法[①]

（一）省级地方性法规

1.《宁波经济技术开发区条例》

（浙江省人民代表大会常务委员会 1988 年 5 月 18 日通过，浙江省人民代表大会常务委员会 2001 年 12 月 28 日最新修改）

2.《上海市经济技术开发区条例》

（上海市人民代表大会常务委员会 1988 年 11 月 10 日通过）

3.《上海市漕河泾新兴技术开发区暂行条例》

（上海市人民代表大会常务委员会 1990 年 4 月 8 日通过）

4.《温州经济技术开发区条例》

（浙江省人民代表大会常务委员会 1992 年 9 月 26 日通过，浙江省人民代表大会常务委员会 2001 年 12 月 28 日最新修正）

5.《河北省经济技术开发区条例》

（河北省人民代表大会常务委员会 1992 年 10 月 30 日通过，河北省人民代表大会常务委员会 2010 年 7 月 30 日最新修正）

6.《湛江经济技术开发区条例》

（广东省人民代表大会常务委员会 1993 年 5 月 14 日通过）

7.《芜湖经济技术开发区条例》

（安徽省人民代表大会常务委员会 1993 年 11 月 10 日通过，安徽省人民代表大会常务委员会 2007 年 8 月 24 日最新修正）

8.《长春经济技术开发区管理条例》

（吉林省人民代表大会常务委员会 1994 年 1 月 15 日通过）

9.《杭州经济技术开发区条例》

（浙江省人民代表大会常务委员会 1994 年 4 月 28 日通过，浙江省人民代表大会常务委员会 2001 年 12 月 28 日最新修改）

10.《萧山经济技术开发区条例》

（浙江省人民代表大会常务委员会 1994 年 4 月 28 日通过，浙江省人

① 下列地方立法均为现行有效的版本，收录的截止时间为 2023 年 6 月 30 日。主要按照法律位阶从高到低排序，对于法律位阶相同的中央立法，再按照通过或者发布时间由早及晚排序。本书参考的地方立法数量众多，此处仅列出部分与本书主题直接相关的地方立法。

民代表大会常务委员会 2001 年 12 月 28 日最新修改）

11.《河南省开发区条例》

（河南省人民代表大会常务委员会 1994 年 11 月 1 日通过，河南省人民代表大会常务委员会 2010 年 7 月 30 日最新修正）

12.《吉林省省级开发区管理条例》

（吉林省人民代表大会常务委员会 1995 年 1 月 18 日通过）

13.《北京经济技术开发区条例》

（北京市人民代表大会常务委员会 1995 年 4 月 14 日通过）

14.《福建省东山经济技术开发区条例》

（福建省人民代表大会常务委员会 1995 年 11 月 24 日通过，福建省人民代表大会常务委员会 2002 年 5 月 31 日最新修正）

15.《四川省开发区管理条例》

（四川省人民代表大会常务委员会 1996 年 12 月 24 日通过）

16.《安徽省省级开发区条例》

（安徽省人民代表大会常务委员会 1997 年 1 月 30 日通过，安徽省人民代表大会常务委员会 2004 年 4 月 23 日最新修正）

17.《广西壮族自治区高新技术产业开发区条例》

（广西壮族自治区人民代表大会常务委员会 2001 年 5 月 26 日通过，广西壮族自治区人民代表大会常务委员会 2016 年 11 月 30 日最新修正）

18.《河北省高新技术产业开发区条例》

（河北省人民代表大会常务委员会 2002 年 3 月 30 日通过）

19.《天津滨海新区条例》

（天津市人民代表大会常务委员会 2002 年 10 月 24 日通过，天津市人民代表大会常务委员会 2015 年 5 月 21 日最新修订）

20.《天津经济技术开发区条例》

（天津市人民代表大会常务委员会 2003 年 1 月 9 日通过，天津市人民代表大会常务委员会 2019 年 5 月 30 日最新修正）

21.《石河子经济技术开发区管理条例》

（新疆维吾尔自治区人民代表大会常务委员会 2005 年 5 月 27 日通过）

22.《云南省机构编制管理条例》
（云南省人民代表大会常务委员会 2007 年 11 月 29 日通过）
23.《贵州省开发区条例》
（贵州省人民代表大会常务委员会 2012 年 5 月 25 日通过）
24.《山东省经济开发区条例》
（山东省人民代表大会常务委员会 2016 年 7 月 22 日通过）
25.《阿拉尔经济技术开发区条例》
（新疆维吾尔自治区人民代表大会常务委员会 2016 年 9 月 29 日通过）
26.《喀什经济开发区条例》
（新疆维吾尔自治区人民代表大会常务委员会 2016 年 9 月 29 日通过）
27.《山东省青岛西海岸新区条例》
（山东省人民代表大会常务委员会 2017 年 12 月 1 日通过）
28.《江苏省开发区条例》
（江苏省人民代表大会常务委员会 2018 年 1 月 24 日通过）
29.《辽宁省开发区条例》
（辽宁省人民代表大会常务委员会 2018 年 10 月 11 日通过）
30.《河北省人民代表大会常务委员会关于河北雄安新区中级人民法院和河北省人民检察院雄安新区分院人事任免暂行办法》
（河北省人民代表大会常务委员会 2018 年 11 月 23 日通过）
31.《山西省开发区条例》
（山西省人民代表大会 2019 年 1 月 30 日通过）
32.《江西省开发区条例》
（江西省人民代表大会常务委员会 2019 年 7 月 26 日通过）
33.《湖北省开发区条例》
（湖北省人民代表大会常务委员会 2019 年 11 月 29 日通过）
34.《黑龙江省哈尔滨新区条例》
（黑龙江省人民代表大会常务委员会 2019 年 12 月 18 日通过）
35.《广西壮族自治区开发区条例》
（广西壮族自治区人民代表大会常务委员会 2020 年 7 月 24 日通过）

36.《河北雄安新区条例》

（河北省人民代表大会常务委员会2021年7月29日通过）

37.《海南自由贸易港洋浦经济开发区条例》

（海南省人民代表大会常务委员会2021年12月30日通过）

38.《海南自由贸易港海口国家高新技术产业开发区条例》

（海南省人民代表大会常务委员会2022年3月25日通过）

39.《四川天府新区条例》

（四川省人民代表大会常务委员会2023年7月25日通过）

（二）设区的市级地方性法规

1.《广州经济技术开发区条例》

（广州市人民代表大会常务委员会1986年10月7日通过，广州市人民代表大会常务委员会2021年5月27日最新修正）

2.《大连经济技术开发区条例》

（大连市人民代表大会常务委员会1987年6月25日通过，大连市人民代表大会常务委员会2010年8月25日最新修正）

3.《福州市经济技术开发区条例》

（福州市人民代表大会常务委员会1993年7月29日通过，福州市人民代表大会常务委员会2002年4月29日最新修正）

4.《无锡国家高新技术产业开发区条例》

（无锡市人民代表大会常务委员会1993年7月31日通过）

5.《哈尔滨经济技术开发区条例》

（哈尔滨市人民代表大会常务委员会1993年8月28日通过，哈尔滨市人民代表大会常务委员会2002年6月21日最新修正）

6.《武汉经济技术开发区条例》

（武汉市人民代表大会常务委员会1993年12月21日通过，武汉市人民代表大会常务委员会2020年11月18日最新修正）

7.《宁波大榭开发区条例》

（宁波市人民代表大会常务委员会1994年6月30日通过，宁波市人民代表大会常务委员会2013年4月26日最新修正）

8.《苏州国家高新技术产业开发区条例》

（苏州市人民代表大会常务委员会 1994 年 7 月 7 日通过，苏州市人民代表大会常务委员会 2010 年 12 月 22 日最新修正）

9.《杭州高新技术产业开发区条例》

（杭州市人民代表大会 1994 年 11 月 25 日通过，杭州市人民代表大会常务委员会 2004 年 8 月 27 日最新修订）

10.《鞍山高新技术产业开发区管理条例》

（鞍山市人民代表大会常务委员会 1994 年 12 月 9 日通过，鞍山市人民代表大会常务委员会 2002 年 9 月 27 日最新修订）

11.《吉林高新技术产业开发区管理条例》

（吉林市人民代表大会常务委员会 1995 年 6 月 23 日通过，吉林市人民代表大会常务委员会 1997 年 5 月 29 日最新修正）

12.《石家庄高新技术产业开发区管理条例》

（石家庄市人民代表大会常务委员会 1996 年通过）

13.《福清融侨经济技术开发区条例》

（福州市人民代表大会常务委员会 1996 年 5 月 15 日通过，福州市人民代表大会常务委员会 2002 年 4 月 29 日最新修正）

14.《长春净月潭旅游经济开发区管理条例》

（长春市人民代表大会常务委员会 1998 年通过）

15.《包头稀土高新技术产业开发区条例》

（包头市人民代表大会常务委员会 1999 年 7 月 23 日通过）

16.《乌鲁木齐高新技术产业开发区管理条例》

（乌鲁木齐市人民代表大会常务委员会 2000 年 10 月 12 日通过，乌鲁木齐市人民代表大会常务委员会 2020 年 9 月 25 日最新修订）

17.《乌鲁木齐经济技术开发区管理条例》

（乌鲁木齐市人民代表大会常务委员会 2000 年 10 月 12 日通过，乌鲁木齐市人民代表大会常务委员会 2020 年 9 月 25 日最新修订）

18.《南昌高新技术产业开发区条例》

（南昌市人民代表大会常务委员会 2002 年 7 月 26 日通过）

19.《西安市开发区条例》

（西安市人民代表大会常务委员会 2002 年 11 月 27 日通过，西安市

人民代表大会常务委员会 2020 年 11 月 26 日最新修正）

20.《济南高新技术产业开发区条例》

（济南市人民代表大会常务委员会 2002 年 12 月 19 日通过）

21.《南宁高新技术产业开发区管理规定》

（南宁市人民代表大会常务委员会 2003 年 5 月 29 日通过，南宁市人民代表大会常务委员会 2015 年 9 月 30 日最新修正）

22.《长春高新技术产业开发区条例》

（长春市人民代表大会常务委员会 2003 年 6 月 27 日通过）

23.《南昌市经济技术开发区条例》

（南昌市人民代表大会常务委员会 2004 年 10 月 29 日通过）

24.《兰州高新技术产业开发区条例》

（兰州市人民代表大会常务委员会 2005 年 7 月 12 日通过）

25.《呼和浩特经济技术开发区条例》

（呼和浩特市人民代表大会常务委员会 2005 年 12 月 23 日通过，呼和浩特市人民代表大会常务委员会 2010 年 8 月 27 日最新修正）

26.《南宁经济技术开发区条例》

（南宁市人民代表大会常务委员会 2006 年 3 月 24 日通过）

27.《长春汽车产业开发区条例》

（长春市人民代表大会常务委员会 2007 年 8 月 31 日通过）

28.《宁波国家高新技术产业开发区条例》

（宁波市人民代表大会常务委员会 2009 年 4 月 10 日通过，宁波市人民代表大会常务委员会 2016 年 7 月 1 日最新修正）

29.《兰州经济技术开发区条例》

（兰州市人民代表大会常务委员会 2009 年 11 月 6 日通过）

30.《南宁-东盟经济开发区条例》

（南宁市人民代表大会常务委员会 2010 年 3 月 26 日通过）

31.《贵阳高新技术产业开发区条例》

（贵阳市人民代表大会 2010 年 12 月 30 日通过，贵阳市人民代表大会常务委员会 2020 年 10 月 30 日最新修正）

32.《银川经济技术开发区条例》

（银川市人民代表大会常务委员会 2012 年 5 月 4 日通过）

33.《广州市南沙新区条例》
(广州市人民代表大会常务委员会 2014 年 6 月 20 日通过)
34.《昆明高新技术产业开发区条例》
(昆明市人民代表大会常务委员会 2014 年 8 月 29 日通过)
35.《昆明经济技术开发区条例》
(昆明市人民代表大会常务委员会 2014 年 8 月 29 日通过)
36.《长沙高新技术产业开发区条例》
(长沙市人民代表大会常务委员会 2014 年 10 月 31 日通过)
37.《库尔勒经济技术开发区条例》
(巴音郭楞蒙古自治州人民代表大会 2018 年 1 月 16 日通过)
38.《乌鲁木齐甘泉堡经济技术开发区(工业区)条例》
(乌鲁木齐市人民代表大会 2022 年 4 月 19 日通过)
39.《保定国家高新技术产业开发区条例》
(保定市人民代表大会常务委员会 2022 年 12 月 21 日通过)
40.《广州市增城经济技术开发区条例》
(广州市人民代表大会常务委员会 2022 年 12 月 22 日通过)

(三)省级地方政府规章

1.《吉林省经济技术开发区若干规定(试行)》
(吉林省人民政府 1991 年 3 月 25 日发布)
2.《内蒙古自治区开发区管理办法(暂行)》
(内蒙古自治区人民政府 1996 年 7 月 12 日发布)
3.《湛江经济技术开发区条例实施细则》
(广东省人民政府 1997 年 9 月 1 日发布)
4.《北京市人民政府关于实施〈北京经济技术开发区条例〉办法》
(北京市人民政府 1998 年 4 月 29 日发布,北京市人民政府 2006 年 12 月 5 日最新修改)
5.《四川省开发区管理条例实施办法》
(四川省人民政府 1999 年 8 月 31 日发布)
6.《西藏拉萨国家级经济技术开发区管理办法》
(西藏自治区人民政府 2011 年 9 月 14 日发布)

7.《重庆两江新区管理办法》

(重庆市人民政府 2016 年 5 月 26 日发布)

(四)设区的市级地方政府规章

1.《厦门火炬高技术产业开发区暂行管理办法》

(厦门市人民政府 1992 年 8 月 6 日发布)

2.《汕头高新技术产业开发区暂行规定》

(汕头市人民政府 1992 年 8 月 14 日发布)

3.《鞍山经济开发区若干政策规定》

(鞍山市人民政府 1994 年 8 月 25 日发布)

4.《广州市南沙新区产业园区开发建设管理局设立和运行规定》

(广州市人民政府 2017 年 9 月 1 日发布)

5.《平顶山高新技术产业开发区暂行规定》

(平顶山市人民政府 2019 年 11 月 29 日发布)

后　记

我原本没有打算作此后记的，考虑到本书是自己迄今为止公开出版的第一本专著，权当纪念和自勉吧。诚如引言所述，本书同时涉及宪法学的地方国家机关理论和行政法学的行政组织法理论。对于这两大理论，我自攻读博士研究生以来始终心向往之，但一直力有未逮、未作深究。本书的主题既不是我博士学位论文的选题，亦不是我从教之初规划的研究方向。机缘巧合，我有幸以"国家级开发区、新区之政权机关的组织法问题研究"为题获得 2018 年度国家社科基金青年项目的立项，届时方才投入与本书主题直接相关的研究之中。2021 年底，我最终以研究报告的形式顺利完成了该项目。实际上，从项目的申报到结题，我并无出版专著的计划，主要是对自身的研究水平无信心。在以近 20 万字的研究报告顺利"交差"之后，我便暂时将其搁置。直到 2022 年下半年，我方才着手将研究报告修订为专著，同时多方联系出版社。毕竟，"丑媳妇总得见公婆"，批评越多，进步越大。我时常批评门下的学生写出文章来却不求发表。扪心自问，反躬自省，我写出书稿来也不求出版，对于著书立说的此种消极立场想来也需要认真检讨。

做研究通常是越做越精细，将论题越做越小。本书则是反其道而行之，免不了"大题小做"的指摘。实际上，在本书的写作之时以及之前，一定数量的相关论著就已陆续问世,它们主要集中于研讨开发区管理机构的组织法议题。在申报项目之初,我对此已有所了解。郑州大学法学院郑磊副教授主持的课题“我国开发区管理机构的法律地位研究”此前已经获得了2017年度国家社科基金青年项目的立项。思虑再三,我仍决定以“国家级开发区、新区之政权机关的组织法问题研究”为题进行项目申报。此后,在本书的出版过程中,基于当代中国出版社有关编辑老师的建议,我对书名进行了再次调整,最终将其确定为“国家级开发区、新区之国家机关的组织法治研究”。我之所以坚持这一相对宽泛的选题,主要有两个方面的考量。一方面,当前公法学界对于开发区管理机构之组织法治的研究已然起步,但有待深化。而较之于级别较低之开发区的管理机构,国家级开发区管理机构的影响较大,或可成为独立的研究对象。另一方面,同国家级开发区管理机构一样,国家级开发区的其他四类国家机关——人大工作机构、监察机构、法院、检察院,均存在不同程度的组织法争议。此外,类似于国家级开发区的国家机关,国家级新区的国家机关也存在自身的组织法议题。总之,两类功能区之不同国家机关存在的组织法议题具有关联性和相似性。鉴于这些议题在理论界——尤其是法学界,受到的关注都尚且有限,将其整合起来研究虽然不无“贪大求全”之嫌,但在现阶段或许也是必要之举。放眼当代中国,国家级开发区、国家级新区的建设依然高歌猛进,这“两区”的五类国家机关仍在陆续设立并且持续运行。因此,有必要将“两区”的组织法实践置于法度森严的规范体系之中进行比较全面的检视和研判。我认为,若非通过立法将“两区”国家机关妥善地安置于我国的宪法秩序之下和组织框架当中,这些特殊的地方国家机关只能是阶段性、过渡性的时代产物,不宜长久存续。

本书的遗憾之处较多,这并不是什么谦卑之词。作为典型的书斋式学者——其实在基础理论的研究方面亦无所成,我极少进行田野调查,与“两区”国家机关工作人员的接触较少。因此,本书还略显不够“接地气”,诸多部分都是从理论到规范,从规范到理论,对于实践的观照十分有限。2022年夏,我赴素有“开发区之乡”的苏州市参会,借此良机实地了解了苏锡常等地“两区”国家机关的组织沿革和现状。幸好,本人定居的成都市尚有两个国家级开发区(成都高新技术产业开发区和成都经济技术开发区)和一个国家级新区(四川天府新区),我可以比较方便地实地走访。此外,较之于国家级开发区的管理机构,国家级开发区的其他四类国家机关——尤其是其中的监察机构产生较晚,而相对于国家级开发区的国家机关,国家级新区的国家机关产生较晚。因此,本书对于这些较晚问世之“两区”国家机关之组织法治的研判很可能存在时间局限。

最后必须感谢给予本人关心和支持的诸多师长、家人和朋友,尤其是以下诸位。

感谢先师许崇德先生,他引领我走上治学育人之路。先生的《中华人民共和国宪法史》以及其他论著对于我写作本书多有启发。忝列门墙,今无大成,常感愧疚!感谢妻子杜洋女士,她给予我充分的理解和鼓励。本书写作之时,正值犬子诞生,诸事缠身。幸赖妻子对家庭的辛劳付出,我方才得以完成书稿。我曾在博士学位论文的“致谢”中憧憬与其步入婚姻殿堂,而今已婚八载,膝下有子,自觉幸甚!感谢李平教授、徐继敏教授、禹竹蕊教授和章华峰副处长,他们为本书的写作、修改提供了宝贵的意见和建议。感谢当代中国出版社高山副总编辑、邓颖君副主任、彭世帆编辑,感谢他们对本人的提携、襄助以及为本书的出版所作的辛勤工作。感谢全国哲学社会科学规划办公室对于本书研究的支持,感谢成都市哲学社会科学规划办公室、四川大学及其法学院对于本书出版的资助。本书的相关成果曾有幸发表于《四川师范大学学报(社会科学版)》《中南大学学报(社会科学版)》和人大复印报刊资料《宪法学、行政法学》等刊物,感谢这些刊物编辑老师的抬爱。

文章千古事,得失寸心知。请读者指正。

2024 年 2 月 1 日
于成都棕南苑